现代职业教育汽车类专业精品教材

新能源汽车原理与检修

第 2 版

主　编　李　卓　温承钦
副主编　姚立泽　缑庆伟
参　编　李曙辉　悦中原　段卫洁　张新敏
　　　　陈俊杰　唐　芳　姚建平　陈　猛

U0331446

机械工业出版社

为满足新能源汽车市场对新能源汽车人才的需求以及职业院校新能源汽车专业的教学要求,突出职业教育的特点,特编写本书。本书的教学内容紧贴实际工作岗位的具体需要,围绕新能源汽车技术的三大核心(电池、电机、电控)展开,主要内容包括新能源汽车的检查与维护、电动汽车电池管理系统检修、电动汽车电机控制系统检修、电动汽车充电系统检修、混合动力汽车检修和其他新能源汽车认知。

本书图文并茂、通俗易懂,可作为职业院校汽车类专业的教材,也可作为新能源汽车类专业培训用书。

为方便教学,本书配有电子课件、工作页等,凡选用本书作为授课教材的教师均可登录 www.cmpedu.com 以教师身份注册后免费下载。咨询电话:010-88379201。

图书在版编目(CIP)数据

新能源汽车原理与检修/李卓,温承钦主编. —2版. —北京:机械工业出版社,2023.11

现代职业教育汽车类专业精品教材

ISBN 978-7-111-74277-7

Ⅰ. ①新… Ⅱ. ①李… ②温… Ⅲ. ①新能源-汽车-检修-职业教育-教材 Ⅳ. ①U469.7

中国国家版本馆 CIP 数据核字(2023)第 222151 号

机械工业出版社(北京市百万庄大街22号 邮政编码100037)

策划编辑:于志伟   责任编辑:于志伟

责任校对:张亚楠 张 薇   责任印制:单爱军

保定市中画美凯印刷有限公司印刷

2024 年 1 月第 2 版第 1 次印刷

184mm×260mm · 14 印张 · 383 千字

标准书号:ISBN 978-7-111-74277-7

定价:54.00 元(含工作页)

电话服务   网络服务

客服电话:010-88361066   机 工 官 网:www.cmpbook.com

　　　　　010-88379833   机 工 官 博:weibo.com/cmp1952

　　　　　010-68326294   金 书 网:www.golden-book.com

封底无防伪标均为盗版   机工教育服务网:www.cmpedu.com

第2版前言

  本书自第1版出版以来，得到了同行、职业院校师生的认可，在此感谢大家的支持与厚爱。为适应新能源汽车行业的快速发展以及新能源汽车技术的不断进步，结合新的新能源汽车专业标准，特对本书进行修订。

  本次修订在保持原有结构不变的基础上，在内容上增加了混合动力汽车原理与检修、以氢能源为代表的清洁能源在汽车上的应用等内容，内容更加丰富，更符合新能源汽车的主题。

  第1版的实训车辆以北汽EV160车型为主的，第2版增加了北汽EV200、吉利EV300、Tesla、比亚迪等车型，让学习者能够更加全面地了解国内外不同车型的技术特点，为新能源汽车技术专业的学生获得更广阔的就业空间。

  本书是在"以工作过程为导向"的教学理念的指导下进行开发设计的，本次修订还增加了工作页，并且包含了实训内容的评价标准，工作页单独成册，方便使用。同时，还配套了视频动画、课件等相关内容。

  本书由北京交通运输职业学院李卓担任主编，北京交通运输职业学院姚立泽、缑庆伟担任副主编，参与编写的有北京交通运输职业学院悦中原、段卫洁，重庆五一技师学院唐芳，重庆能源工业技师学院姚建平，北京汽车技师学院陈猛。本书的实操演示、原理讲解视频由北京百通科信机械设备有限公司提供，在此表示衷心的感谢。

  由于编者水平有限，编写内容难免存在纰漏之处，恳请读者批评指正。

编　者

二维码清单

名称	图形	名称	图形
PTC 加热器认知		仪表介绍	
充电指示灯认知		充电接口_2	
充电方式		充电系统的检测	
冷却系统的检修		动力蓄电池的检修	
动力蓄电池的认知		整车 CAN 网络	
整车控制器		整车控制器的检修	
旋转变压器工作原理及波形		更换冷却液（暖风）	

新能源汽车原理与检修

第 2 版

工作页

班级＿＿＿＿＿＿＿＿＿

姓名＿＿＿＿＿＿＿＿＿

学号＿＿＿＿＿＿＿＿＿

目　　录

学习领域一　新能源汽车的检查与维护 ……………………………………………… （1）
　　工作页 1-1　汽车类型及主要部件认知 …………………………………………… （1）
　　工作页 1-2　新能源汽车高压电路检查 …………………………………………… （4）
　　工作页 1-3　电动汽车的维护 ……………………………………………………… （7）
学习领域二　电动汽车电池管理系统检修 ………………………………………… （12）
　　工作页 2-1　动力蓄电池的检修 …………………………………………………… （12）
　　工作页 2-2　充放电过快故障的检测与排除 ……………………………………… （16）
　　工作页 2-3　电池切断指示灯点亮故障检测与排除 ……………………………… （19）
学习领域三　电动汽车电机控制系统检修 ………………………………………… （22）
　　工作页 3-1　更换驱动电机 ………………………………………………………… （22）
　　工作页 3-2　更换驱动电机控制器 ………………………………………………… （26）
学习领域四　电动汽车充电系统检修 ……………………………………………… （29）
　　工作页 4-1　检修快充、慢充充电接口 …………………………………………… （29）
　　工作页 4-2　更换车载充电机 ……………………………………………………… （32）
学习领域五　混合动力汽车检修 …………………………………………………… （35）
　　工作页 5-1　混合动力汽车动力系统检修 ………………………………………… （35）
学习领域六　其他新能源汽车认知 ………………………………………………… （38）
　　工作页 6-1　燃料电池电动汽车认知 ……………………………………………… （38）
　　工作页 6-2　气体燃料汽车认知 …………………………………………………… （40）
　　工作页 6-3　氢燃料电池电动汽车认知 …………………………………………… （42）

学习领域一　新能源汽车的检查与维护

工作页 1-1　汽车类型及主要部件认知

班　级		姓　名	
地　点		日　期	

一、知识准备

1. 新能源汽车的种类可以分为_____、_____和燃料电池汽车。

2. 汽车行业"新四化"是指电动化、_____、_____、_____。

3. 请区分混合动力汽车动力系统连接方式，并说明理由。

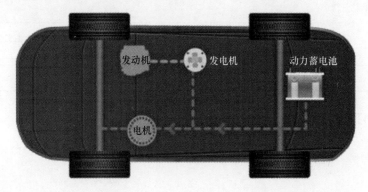

类型：_____

理由：_____

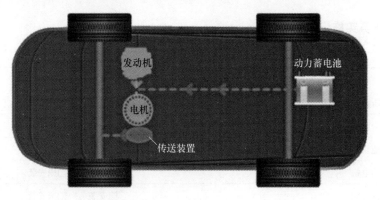

类型：_____

理由：_____

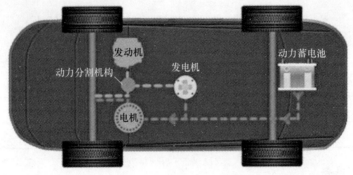

类型：_____

理由：_____

4. 电动汽车的组成主要包括_____、_____、

DC/DC 变换器、车载充电机和_____。

二、计划组织

小组成员	
车辆与设备	□车辆车型：_____ □车辆类别：_____
耗材	

三、制订检修计划

四、任务实施记录

请结合实物指出下列部件的安装位置。

序号	名称	检查结果		
1	低压蓄电池	□安装	□未安装	□未找到
2	动力蓄电池	□安装	□未安装	□未找到
3	电池管理系统	□安装	□未安装	□未找到
4	驱动电机	□安装	□未安装	□未找到
5	电控单元	□安装	□未安装	□未找到
6	发动机	□安装	□未安装	□未找到
7	充电接口	□安装	□未安装	□未找到

五、任务评价

混合动力汽车检修评分标准

序号	项目	部件名称	得分	分值	评分标准
1	车辆整体认知	车辆型号		5	正确得分，不正确不得分
		车辆类型		5	
2	部件认知	辅助蓄电池		10	一次性找到该部件得分，如果该车型未装该部件回答正确得分，否则不得分
		动力蓄电池		10	
		电池管理系统		10	
		驱动电机		10	
		电控单元		10	
		发动机		10	
		充电接口		10	
3	口试	列举五个国产电动汽车品牌		20	三道题选一题回答，酌情给分
		电动汽车冬季使用注意事项		20	
		简述新能源汽车的发展优势		20	
总分				100 分	

工作页 1-2　新能源汽车高压电路检查

班　级		姓　名	
地　点		日　期	

一、知识准备

1. 触电是指人体触及电体时，_____对人体所造成的伤害。

2. 电伤是指电流的热效应、_____和_____对人体的外表造成的局部伤害，如电灼伤、_____和_____等。

3. _____V 的交流电和_____V 以上的直流电都具有危险性。

4. 请根据绝缘电阻测试仪的实物填写标号名称。

1-_____

2-_____

3-_____

4-_____

5-_____

6-_____

7-_____

8-_____

9-_____

10-_____

11-_____

5. 电机控制器正负极输入端子与车身（外壳）绝缘阻值应大于或等于_____Ω。

6. 请根据不同大小电流通过人体会对人体造成的伤害，完成下表。

电流大小	人体表现
	会产生麻木感，但是仍可以导走电流
	达到了导出电流的极限，人体开始收缩，无法再导走电流，电流的滞留时间也相应增加
	交流电的长时间滞留会导致呼吸停止以及心室纤维性颤动
	被认为是"致命值"

二、计划组织

小组成员	
车辆与设备	□车辆车型：_____ □车辆类别：_____
耗材	

三、制订检修计划

四、任务实施记录

请结合实物指出下列部件的安装位置。

序号	名称	检测方法	测量结果	标准值	结论
1	动力蓄电池	动力蓄电池正负极与车身（外壳）绝缘电阻的检测			
2	车载充电机	车载充电机正负极电阻的检测			
3	DC/DC	DC/DC 绝缘电阻的检测			
4	空调压缩机	空调压缩机正负极绝缘电阻的检测			
5	PTC 加热电阻	PTC 正负极绝缘阻值的测量			
6	电机控制器和电机	电机控制器、驱动电机正负极输入绝缘阻值的测量			
7	高压盒	高压盒正负极绝缘阻值的测量			

五、任务评价

绝缘电阻测试仪检查电气元件评分标准

序号	项目	检查步骤	得分	分值	评分标准
1	测量前准备	穿戴好个人安全防护用具		5	正确得分，不正确不得分
		安装车辆防护		5	
		将车辆停放好，挂 N 位，拉紧驻车制动器，关闭点火开关并拔出钥匙		5	
		放置高压作业警示牌		5	

序号	项目	检查步骤	得分	分值	评分标准
2	绝缘电阻测量	动力蓄电池正负极与车身（外壳）绝缘电阻的检测		10	测量位置不正确，不得分。测量结果不正确，1 项扣 3 分；记录错误，1 处扣 2 分
		车载充电机正负极电阻的检测		10	
		DC/DC 绝缘电阻的检测		10	
		空调压缩机正负极绝缘电阻的检测		10	
		PTC 正负极绝缘阻值的测量		10	
		电机控制器、驱动电机正负极输入绝缘阻值的测量		10	
		高压盒正负极绝缘阻值的测量		10	
3	口试	简述绝缘电阻测量步骤		10	三道题选一题回答，酌情给分
		高压作业安全防护装备有哪些		10	
		高压触电后如何进行紧急救助		10	
总分				100分	

工作页 1-3　电动汽车的维护

班　级		姓　名	
地　点		日　期	

一、知识准备

1. 电动汽车与燃油汽车相比，定期维护项目大致相同的有：车辆外观状况检查、冷却系统、＿＿＿＿＿＿＿＿＿、＿＿＿＿＿＿＿＿＿＿、＿＿＿＿＿＿＿＿＿等。

2. 电动汽车空调系统由制冷系统和暖风系统两部分组成。制冷系统由＿＿＿＿＿＿＿＿＿＿＿＿、冷凝器总成和＿＿＿＿＿＿＿＿＿＿＿＿等组成。暖风系统主要的加热元件为＿＿＿＿＿＿＿＿＿＿。

3. 电动汽车制动系统真空助力由＿＿＿＿＿＿＿＿＿＿＿＿产生。

4. 电动汽车冷却系统的作用是冷却＿＿＿＿＿＿＿＿＿、＿＿＿＿＿＿＿＿＿＿或蓄电池等部件。

5. 请标出下列序号名称。

1-＿＿＿＿＿＿＿＿＿＿＿＿

2-＿＿＿＿＿＿＿＿＿＿＿＿

3-＿＿＿＿＿＿＿＿＿＿＿＿

4-＿＿＿＿＿＿＿＿＿＿＿＿

5-＿＿＿＿＿＿＿＿＿＿＿＿

6-＿＿＿＿＿＿＿＿＿＿＿＿

6. 电动真空助力系统的工作过程：当驾驶人发动汽车时，＿＿＿＿＿＿＿＿＿电源接通，＿＿＿＿＿＿＿＿＿模块开始自检，如果真空罐内的＿＿＿＿＿＿＿＿＿小于设定值，真空压力传感器输出相应电压值至＿＿＿＿＿＿＿＿＿，此时＿＿＿＿＿＿＿＿＿控制电动真空泵开始工作。

7. 请在下表中用"√"选择新能源汽车 A、B 级维护作业和行驶里程的对应关系，以北汽 EV200 为例。

维护类别	维护项目	累计行驶里程/km					
		10000	20000	30000	40000	50000	6000
A 维护	全车维护						
B 维护	高压、安全检查						

二、计划组织

小组成员	
车辆与设备	□车辆车型： _____ □维护项目级别： _____
耗材	

三、制订检修计划

四、任务实施记录

维护项目及内容							
系统类别	检查内容	处理方法	A 级维护			B 级维护		
			项目	正常	不正常	项目	正常	不正常
动力蓄电池系统	安全防护	检查并视情况处理	√			√		
	绝缘	检查并视情况处理	√			√		
	接插件状态	检查并视情况处理	√			√		
	标识螺栓紧固力矩	视情况处理	√			√		
	动力蓄电池加热功能	检查并视情况处理	√			√		
	外部	清洁处理	√			√		
	数据采集	分析并视情况处理	√			√		
电机系统	安全防护	检查并视情况处理	√			√		
	绝缘	检查并视情况处理	√			√		
	电机及控制器冷却	检查并视情况处理	√			√		
	外部	清洁处理	√			√		

维护项目及内容						
电气电控系统	机舱及各部位低压线束防护及固定	检查并视情况处理	√		√	
	机舱及底盘高压线束防护及固定	检查并视情况处理	√		√	
	机舱及底盘各高、低压电器固定及插接件连接状态	检查视情况处理并清洁	√		√	
	蓄电池	检查电量状态，并视情况处理	√		√	
	灯光、信号	检查并视情况处理	√		√	
	充电接口及高压线	检查并视情况处理	√		√	
	高压绝缘监测系统	检测并视情况处理	√		√	
	故障诊断系统报警监测	检测、检查并视情况处理	√		√	
制动系统	驻车制动器	检查效能并视情况处理	√		√	
	制动装置	泄漏检查	√		√	
	制动液	液位检查	√ 更换制动液		√ 检查视情况添加	
	制动真空泵、控制器	检查（漏气）并视情况处理	√		√	
	前、后制动摩擦副	检查并视情况处理	√		√	
转向系统	转向盘及转向管柱连接紧固状态	检查并视情况处理	√		√	
	转向机本体连接紧固状态	检查并视情况处理	√		√	
	转向横拉杆间隙及防尘套	检查并视情况处理	√		√	
	转向助力功能	路试并视情况处理	√		√	

维护项目及内容							
车身系统	风扇及刮水器	检查并视情况处理	√ 添加风窗洗涤剂			√ 检查视情况添加	
	顶窗	检查并视情况处理	√			√	
	座椅及滑道	检查并视情况处理	√			√	
	门锁及铰链	检查并视情况处理	√			√	
	机舱铰链及锁扣	检查并视情况处理	√			√	
	行李舱铰链及锁	检查并视情况处理	√			√	
传动及悬架系统	变速器（减速器）	检查减速器连接、紧固及渗漏	√ 更换减速器齿轮油			√ 检查视情况添加	
	传动轴	检查球笼间隙及护罩，并视情况处理	√			√	
	轮辋	检查、紧固，视情况处理	√			√	
	轮胎	检查胎压，并视情况处理	√			√	
	副车架及各悬置连接状态	检查、紧固	√			√	
	前后减振器	检查渗漏情况并紧固，并视情况更换	√			√	
冷却系统	冷却液液位及冰点	液位及冰点测试视情况添加	√ 更换冷却液			√ 检查视情况添加	
	冷却管路	检查渗漏情况并处理	√			√	
	水泵	检查渗漏情况并处理	√			√	
	散热器	检查并清洁	√			√	
空调系统	空调冷、暖风功能	测试并处理	√			√	
	压缩机及控制器	检查压缩机及控制器安装及线束插接件状态	√ 更换空调滤芯			√	

10

维护项目及内容							
	空调管路及连接固定	管路防护检查并视情况检漏处理	√			√	
空调系统	空调系统冷凝水排水口	检查、处理	√			√	
	空调滤芯	检查、处理	√			√ 清洁	

五、任务评价

新能源汽车定期检测维护评分标准

序号	项目	检查步骤	得分	分值	评分标准
1	检查项目确定	车辆型号		5	正确得分，不正确不得分
		检查里程表，确认检查项目		5	
2	作业项目操作	动力蓄电池系统检查维护		10	作业项目操作正确，错误扣5分，漏做一项扣2分，检查记录正确，不正确或漏记录扣2分
		电机系统检查维护		10	
		电气电控系统检查维护		10	
		制动系统检查维护		10	
		转向系统检查维护		10	
		车身系统检查维护		10	
		冷却系统检查维护		10	
		空调系统检查维护		10	
3	口试	A级维护和B级维护分别作业差别		10	三道题选一题回答，酌情给分
		空调系统检查内容有哪些		10	
		动力蓄电池检查项目有哪些		10	
总分				100分	

学习领域二 电动汽车电池管理系统检修

工作页 2-1 动力蓄电池的检修

班 级		姓 名	
地 点		日 期	

一、知识准备

1. 请根据蓄电池电解液的性质，补全蓄电池类型名称。

蓄电池类型	特征
	以硫酸水溶液作为电解质，以铅酸蓄蓄电池使用最为广泛
	以氢氧化钾水溶液作为电解质，常见的有锌锰蓄蓄电池、镍镉蓄蓄电池和镍氢蓄电池等
	以盐溶液作为电解质，由于稳定性较差，在电动汽车上很少使用
	以有机溶液作为电解质，常见的有锂离子蓄电池等

2. 请根据蓄电池正、负极材料分类，补全正负极材料。

锌系列蓄电池正负极材料一般采用_____和_____等

镍系列蓄电池正负极材料有_____、_____和_____等

铅系列蓄电池正负极材料为_____和_____

锂系列蓄电池正极材料为_____，负极材料为_____

金属空气蓄电池常见正负极材料为_____和_____

3. 请根据所需填充下图中部件名称，并写出图中动力蓄电池名称。

1-_____

2-_____

3-_____

4-_____

5-_____

6-_____

7-_____

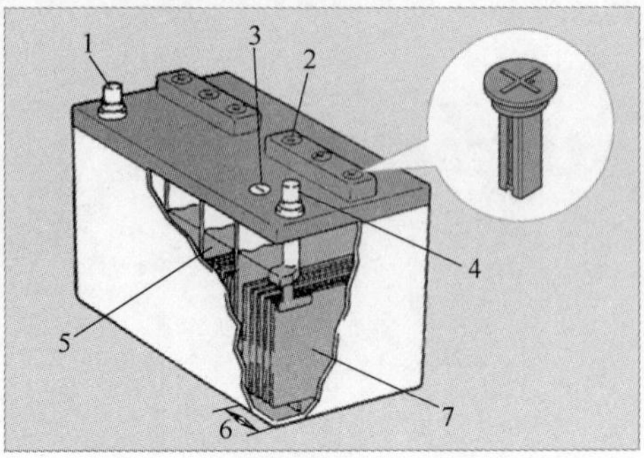

动力蓄电池类型：

_____

8-_____

9-_____

10-_____

11-_____

12-_____

13-_____

14-_____

15-_____

16-_____

17-_____

18-_____

19-_____

20-_____

21-_____

22-_____

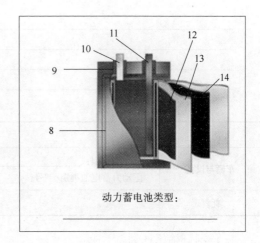

动力蓄电池类型：

_____

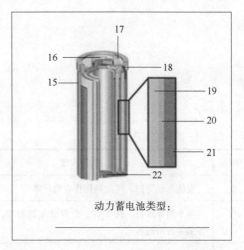

动力蓄电池类型：

_____

4. 请结合下图，简要说明锂电池的工作过程。

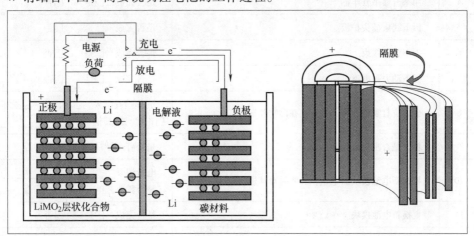

_____

_____

_____

_____

_____

_____

二、计划组织

小组成员	
车辆与设备	□车辆车型：_____ □动力蓄电池类别/型号：_____
耗材	

三、制订检修计划

四、任务实施记录

序号	操作步骤	工作记录
1	安装车辆防护，树立高压作业警示牌	是否完成 □是　　　□否
2	将车辆停放好，挂 N 位，拉紧驻车制动器，关闭点火开关并拔出钥匙	是否完成 □是　　　□否
3	断开蓄电池负极，确定系统无电压	电压测量结果 □有　　　□无
4	用举升器举升车辆	是否完成 □是　　　□否
5	拆下线束插头护板	是否完成 □是　　　□否
6	拆下连接线束	是否完成 □是　　　□否
7	拆下动力蓄电池	是否完成 □是　　　□否
8	全方位直观检查壳体是否存在污物和损坏	壳体检查结果 □有污物 □损坏 □正常 □其他_____
9	检查是否出现热异常	是否有热异常 □是　　　□否
10	检查新电池模块的电量，必要时对其进行充电	电量记录_____ 是否需要充电 □是　　　□否
11	更换新电池模块	是否完成 □是　　　□否
12	按照拆卸相反顺序进行安装	是否完成 □是　　　□否
13	使用诊断仪对故障码进行读取、清除等操作	是否完成 □是　　　□否

五、任务评价

动力电池组更换评分标准

序号	项目	操作	得分	分值	评分标准
1	维修前准备	穿戴好个人安全防护用具		5	未穿一项扣5分
2		安装车辆防护		5	漏做一项扣1分
3		将车辆停放好，挂N位，拉紧驻车制动器，关闭点火开关并拔出钥匙		5	未做扣5分
4		放置高压作业警示牌		5	未做扣5分
5	维修作业	断开蓄电池负极，确定系统无电压		5	漏做一项扣5分，操作不当酌情扣分，每项最高不超过5分
6		用举升器举升车辆		5	
7		拆下线束插头护板		5	
8		拆下连接线束		5	
9		拆下动力蓄电池		5	
10		全方位直观检查壳体是否存在污物和损坏		5	
11		检查是否出现热异常		5	
12		检查新电池模块的电量，必要时对其进行充电		5	
13		更换新电池模块		5	
14	维修后恢复	按照拆卸相反顺序进行安装		25	
15		使用诊断仪对故障码进行读取、清除等操作		5	酌情扣分
16	安全作业	操作过程中无人员、设备、车辆、工具安全事故		5	有事故扣5分
总分				100分	

工作页 2-2　充放电过快故障的检测与排除

班　级		姓　名	
地　点		日　期	

一、知识准备

1. 动力蓄电池的不一致性是指规格型号相同的单体电池在＿＿＿＿＿＿＿、＿＿＿＿＿＿＿和容量等参数上存在的差别。

2. 单体电池的初识不一致性来自生产环节。由于材料的＿＿＿＿＿＿＿＿＿、生产制造过程中的＿＿＿＿＿＿＿＿＿＿＿＿以及环境温度等原因，电池的＿＿＿＿＿＿＿＿＿和＿＿＿＿＿＿＿存在差别，对外即表现为初始性能参数的不一致性。

3. 动力蓄电池的连接方式有＿＿＿＿＿＿＿＿＿＿＿、＿＿＿＿＿＿＿＿＿＿＿＿和＿＿＿＿＿＿＿＿＿＿。

4. 充放电率，用来表示动力蓄电池充放电时＿＿＿＿＿＿＿＿＿＿的数值。

5. 充放电率会影响动力蓄电池的使用寿命。通常小电流充放电情况下，电池＿＿＿＿＿＿＿＿较好，大电流充放电下，特别是过充电、过放电会更大程度地增加了电池的＿＿＿＿＿＿＿＿＿。

二、计划组织

小组成员	
车辆与设备	□车辆车型：＿＿＿＿＿＿＿＿＿＿＿＿＿＿＿＿ □动力蓄电池类别/型号：＿＿＿＿＿＿＿＿＿＿＿
耗材	

三、制订检修计划

四、任务实施记录

序号	操作步骤	工作记录
1	安装车辆防护，树立高压作业警示牌	是否完成　□是　　　□否
2	将车辆停放好，挂 N 位，拉紧驻车制动器，关闭点火开关并拔出钥匙	是否完成　□是　　　□否
3	断开蓄电池负极，确定系统无电压	电压测量结果　□有　　　□无
4	拆卸动力电池组	是否完成　□是　　　□否

序号	操作步骤	工作记录
5	打开动力电池组外壳	是否完成　□是　　　□否
6	检查动力电池组内部的工作情况，找到需要更换的单体电池	是否完成　□是　　　□否
7	拆卸需要更换的单体电池	是否完成　□是　　　□否
8	安装相同规格的新的单体电池	是否完成　□是　　　□否
9	初步检查动力电池组的工作情况	检查结果记录：
10	连接动力电池组	是否完成　□是　　　□否
11	检查动力电池组的工作情况	检查结果记录：
12	安装动力蓄电池外壳	是否完成　□是　　　□否 蓄电池密封性　□良好　　　□不良
13	安装并连接动力蓄电池	是否完成　□是　　　□否
14	检查各部件机械安装牢固性	是否完成　□是　　　□否
15	检查线缆连接电源的极性及其连接正确性	是否完成　□是　　　□否
16	检查各电气插接器连接是否到位	是否完成　□是　　　□否
17	使用诊断仪对故障码进行读取、清除等操作	是否完成　□是　　　□否

五、任务评价

单体电池更换评分标准

序号	项目	操作	得分	分值	评分标准
1	维修前准备	穿戴好个人安全防护用具		5	未穿一项扣5分
2		安装车辆防护		5	漏做一项扣1分
3		将车辆停放好，挂N位，拉紧驻车制动器，关闭点火开关并拔出钥匙		5	未做扣5分
4		放置高压作业警示牌		5	未做扣5分
5	维修作业	拆卸动力电池组		15	漏做一项扣5分，操作不当酌情扣分，每项最高不超过5分
6		打开动力电池组外壳		5	
7		检查动力电池组内部的工作情况，找到需要更换的单体电池		5	
8		拆卸需要更换的单体电池		5	
9		安装相同规格的新的单体电池		5	

序号	项目	操作	得分	分值	评分标准
10		初步检查动力电池组的工作情况		5	
11		连接动力电池组		5	
12	维修作业	检查动力电池组的工作情况		5	漏做一项扣5分，操作不当酌情扣分，每项最高不超过5分
13		安装动力蓄电池外壳		5	
14		安装并连接动力蓄电池		5	
15		检查各部件机械安装牢固性		5	
16	作业后的检查	检查线缆连接电源的极性及其连接正确性		5	酌情扣分
17		检查各电气插接器连接是否到位		5	
18	安全作业	操作过程中无人员、设备、车辆和工具安全事故		5	有事故扣5分
总分				100分	

工作页 2-3　电池切断指示灯点亮故障检测与排除

班　级		姓　名	
地　点		日　期	

一、知识准备

1. 电池管理系统是连接车载动力蓄电池和电动汽车的重要纽带，其主要功能包括电池物理参数的_____，电池_____，在线诊断与预警，充、放电与_____，_____和热管理。

2. 电池管理系统主要由_____、_____和彩色液晶屏等组成。

3. 电池管理系统测量功能包括单体电池电压测量和_____、电池包_____、电池_____、电池包流体_____、电流测量、绝缘电阻检测、_____。

4. 请写出下面图标的含义。

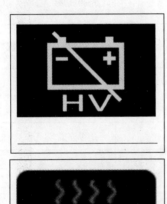

二、计划组织

小组成员	
车辆与设备	□车辆车型：_____ □动力蓄电池类别/型号：_____ □诊断软件版本号：_____
耗材	

三、制订检修计划

四、任务实施记录

序号	操作步骤	工作记录		
1	安装车辆防护，树立高压作业警示牌	是否完成	□是	□否
2	将车辆停放好，挂 N 位，拉紧驻车制动器，关闭点火开关	是否完成	□是	□否
3	使用诊断仪连接到 OBD 诊断座，查看电源指示灯是否点亮	电源指示灯点亮情况	□有	□无
4	检查 WiFi 是否自动连接成功	是否成功	□是	□否
5	手动连接 WiFi	是否完成	□是	□否
6	启动诊断软件，单击汽车诊断图标	是否完成	□是	□否
7	选择对应车型、单击软件版本，进入对应车型诊断程序	是否完成	□是	□否
8	读取故障码并记录	检查结果记录：		
9	按照故障索引进行检查，并确认故障点	故障点：		
10	若无故障码，使用万用表测量线束端的 12V 是否导通	是否导通	□是	□否
11	若不导通，检查低压蓄电池及相关线束	检查结果记录：		
12	检查 MSD 是否松动，重新插拔后问题仍然存在	是否存在	□是	□否
13	插拔高压线束，看是否存在接触不良问题	是否完成	□是	□否

五、任务评价

电池切断指示灯点亮评分标准

序号	项目	操作	得分	分值	评分标准
1	维修前准备	穿戴好个人安全防护用具		5	未穿一项扣5分
2		安装车辆防护		5	漏做一项扣1分
3		将车辆停放好，挂N位，拉紧驻车制动器，关闭点火开关		5	未做扣5分
4		放置高压作业警示牌		5	未做扣5分
5	维修作业	使用诊断仪连接到OBD诊断座，查看电源指示灯是否点亮		10	漏做一项扣5分，操作不当酌情扣分，每项最高不超过5分
6		检查WiFi是否自动连接成功		5	
7		手动连接WiFi		5	
8		启动诊断软件，单击汽车诊断图标		5	
9		选择对应车型、单击软件版本，进入对应车型诊断程序		5	
10		读取故障码并记录		5	
11		按照故障索引进行检查，并确认故障点		5	
12		若无故障码，使用万用表测量线束端的12V是否导通		5	
13		若不导通，检查低压蓄电池及相关线束		5	
14		检查MSD是否松动，重新插拔后问题仍然存在		5	
15		插拔高压线束，看是否存在接触不良问题		5	
16		检查动力蓄电池切断指示灯是否熄灭		5	
17		检查故障现象是否消失		5	
18		使用诊断仪对故障码进行读取、清除等操作		5	
19	安全作业	操作过程中无人员、设备、车辆、工具安全事故		5	有事故扣5分
总分				100分	

学习领域三　电动汽车电机控制系统检修

工作页 3-1　更换驱动电机

班　级		姓　名	
地　点		日　期	

一、知识准备

1. 目前，常采用的驱动电机主要有直流电机、＿＿＿＿＿＿＿＿＿、＿＿＿＿＿＿＿＿＿和开关磁阻电机。

2. 由于＿＿＿＿＿＿＿＿＿和＿＿＿＿＿＿＿＿＿之间存在转速差，因此称为异步电机。

3. 永磁同步电机可分为＿＿＿＿＿＿＿＿＿、＿＿＿＿＿＿＿＿＿和新型永磁电机三大类。

4. 请根据所学内容，将下表补全。

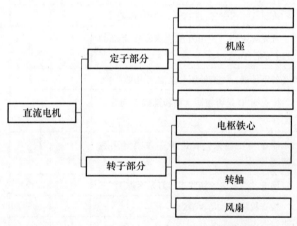

5. 开关磁阻电机是基于＿＿＿＿＿＿＿＿＿＿的原理设计的新型具有凸极结构的电机。

6. 请根据所需填充下图中部件名称。

1-＿＿＿＿＿＿＿＿＿＿＿

2-＿＿＿＿＿＿＿＿＿＿＿

3-＿＿＿＿＿＿＿＿＿＿＿

4-＿＿＿＿＿＿＿＿＿＿＿

5-＿＿＿＿＿＿＿＿＿＿＿

6-＿＿＿＿＿＿＿＿＿＿＿

7-＿＿＿＿＿＿＿＿＿＿＿

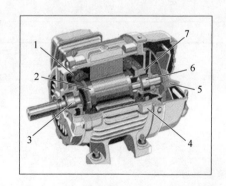

7. 直流电机的控制方式包括改变电枢电压调速、_____、改变电枢电阻调速。

8. 异步电机的控制方式包括矢量控制和直接转矩控制两种。_____的基本原理是通过测量和控制异步电机定子电流_____，根据_____分别对异步电机的_____和_____进行控制。_____也称为"直接自控制"，通过检测电机定子电压和电流，借助瞬时空间矢量理论计算电机的磁链和_____，并根据与给定值比较所得_____，实现_____和_____的直接控制。

9. 永磁同步电机的控制方式包括直接转矩控制和_____。

10. 开关磁阻电机的控制方式包括脉宽调制控制和_____。

二、计划组织

小组成员	
车辆与设备	□车辆车型：_____ □电机型号：_____ □诊断仪型号：_____
耗材	

三、制订检修计划

四、任务实施记录

序号	操作步骤	工作记录
1	安装车辆防护，树立高压作业警示牌	是否完成　□是　　□否
2	将车辆停放好，挂 N 位，拉紧驻车制动器，关闭点火开关并拔出钥匙	是否完成　□是　　□否
3	使用放电仪在快充接口处放电	状态是否完好　□是　　□否
4	等待 1min 后使用万用表测量快充接口高压端子处于无电状态	状态是否完好　□是　　□否
5	用毛巾盖在散热器盖上，轻轻转动散热器盖，打开散热器盖，以免烫伤	是否完成　□是　　□否
6	拆卸下护板螺栓并取下	是否完成　□是　　□否
7	松开散热器冷却液排放开关将冷却液回收	是否完成　□是　　□否

序号	操作步骤	工作记录		
8	拆卸辅助蓄电池固定螺栓将蓄电池与车身分离，拆卸蓄电池托盘	是否完成	□是	□否
9	拆卸电机控制器	是否完成	□是	□否
10	拆卸底盘部件	是否完成	□是	□否
11	拆卸驱动电机高压线束	是否完成	□是	□否
12	拆卸空调压缩机	是否完成	□是	□否
13	拆卸电子真空泵	是否完成	□是	□否
14	拆卸驱动电机部件	是否完成	□是	□否
15	拆卸驱动电机及变速器	是否完成	□是	□否
16	更换安装驱动电机	是否完成	□是	□否
17	使用诊断仪对故障码进行读取、清除等操作	是否完成	□是	□否

五、任务评价

更换驱动电机评分标准

序号	项目	操作	得分	分值	评分标准
1	维修前准备	穿戴好个人安全防护用具		5	未穿一项扣5分
2		安装车辆防护		5	漏做一项扣1分
3		将车辆停放好，挂N位，拉紧驻车制动器，关闭点火开关并拔出钥匙		5	未做扣5分
4		放置高压作业警示牌		5	未做扣5分
5	维修作业	使用放电仪在快充接口处放电		5	酌情扣分
6		等待1min后使用万用表测量快充接口高压端子处于无电状态		5	
7		用毛巾盖在散热器盖上，轻轻转动散热器盖，打开散热器盖，以免烫伤		5	
8		拆卸下护板螺栓并取下		5	
9		松开散热器冷却液排放开关将冷却液回收		5	
10		拆卸辅助蓄电池固定螺栓将蓄电池与车身分离，拆卸蓄电池托盘		5	
11		拆卸电机控制器		5	
12		拆卸底盘部件		5	
13		拆卸驱动电机高压线束		5	

序号	项目	操作	得分	分值	评分标准
14	维修作业	拆卸空调压缩机		5	酌情扣分
15		拆卸电子真空泵		5	
16		拆卸驱动电机部件		5	
17		拆卸驱动电机及变速器		5	
18		更换安装驱动电机		5	
19	维修后恢复	使用诊断仪对故障码进行读取、清除等操作		5	酌情扣分
20		目视检查外观，使用扭力扳手确认拧紧力矩		5	酌情扣分
总分				100分	

工作页 3-2　更换驱动电机控制器

班　级		姓　名	
地　点		日　期	

一、知识准备

1. 驱动电机控制系统是车辆行驶的主要＿＿＿＿＿＿＿＿，其特性决定了车辆的主要性能指标，直接影响＿＿＿＿＿＿＿＿＿＿＿、＿＿＿＿＿＿＿＿＿＿＿＿和＿＿＿＿＿＿＿＿＿＿＿＿。

2. 驱动电机控制系统由＿＿＿＿＿＿＿＿＿＿＿、＿＿＿＿＿＿＿＿＿＿＿和＿＿＿＿＿＿＿＿＿＿＿等组成。

3. 整车控制器根据驾驶人的意图发出各种指令，＿＿＿＿＿＿＿＿响应并反馈，实时调整驱动电机输出，以实现整车的怠速、行驶、倒车、停车、能量回收以及驻坡等功能。

4. 请写出下面部件名称。

＿＿＿＿＿＿＿＿＿　　＿＿＿＿＿＿＿＿＿　　＿＿＿＿＿＿＿＿＿

二、计划组织

小组成员	
车辆与设备	□车辆车型：＿＿＿＿＿＿＿＿＿＿＿＿＿＿＿＿＿＿ □驱动电机控制器型号：＿＿＿＿＿＿＿＿＿＿＿＿＿＿ □诊断仪型号：＿＿＿＿＿＿＿＿＿＿＿＿＿＿＿＿＿＿
耗材	

三、制订检修计划

四、任务实施记录

序号	操作步骤	工作记录
1	安装车辆防护	是否完成 □是 □否
2	将车辆停放好，挂 N 位，拉紧驻车制动器，关闭点火开关并拔出钥匙，将钥匙妥善保管	是否完成 □是 □否
3	拔下紧急维修开关	状态是否完好 □是 □否
4	车辆放电：树立高压作业警示牌	状态是否完好 □是 □否
5	使用放电仪放电	是否完成 □是 □否
6	等待 1min 后使用万用表测量快充接口高压端子处于无电状态	是否完成 □是 □否
7	拔下维修开关检测开关插头，拆卸驱动电机控制器线束	是否完成 □是 □否
8	拆卸驱动电机控制器	是否完成 □是 □否
9	选择同一型号驱动电机控制器，按照电机控制器拆卸相反顺序安装	是否完成 □是 □否
10	查询标准并检查：按照维修手册拧紧力矩，进行螺栓拧紧力矩检查	是否完成 □是 □否
11	对驱动电机及相关连接部件进行外观检查	是否完成 □是 □否
12	对车辆仪表检查	是否完成 □是 □否
13	使用诊断仪对故障码进行读取、清除等操作	是否完成 □是 □否

五、任务评价

更换驱动电机控制器评分标准

序号	项目	操作	得分	分值	评分标准
1	维修前准备	穿戴好个人安全防护用具		5	未穿一项扣5分
2		安装车辆防护		5	漏做一项扣1分
3		将车辆停放好，挂 N 位，拉紧驻车制动器，关闭点火开关并拔出钥匙		5	未做扣5分
4		放置高压作业警示牌		5	
5	维修作业	使用放电仪在快充接口处放电		5	酌情扣分
6		等待 1min 后使用万用表测量快充接口高压端子处于无电状态		5	
7		拔下维修开关检测开关插头，拆卸驱动电机控制器线束		5	
8		拆卸驱动电机控制器		5	

序号	项目	操作	得分	分值	评分标准
9	维修作业	选择同一型号驱动电机控制器，按照驱动电机控制器拆卸相反顺序安装		5	酌情扣分
10		查询标准并检查：按照维修手册拧紧力矩，进行螺栓拧紧力矩检查		5	
11		对驱动电机及相关连接部件进行外观检查		10	
12		对车辆仪表检查		10	
13		拆卸驱动电机高压线束		10	
14	维修后恢复	使用诊断仪对故障码进行读取、清除等操作		10	酌情扣分
15		目视检查外观、使用扭力扳手确认拧紧力矩		10	酌情扣分
总分				100分	

学习领域四 电动汽车充电系统检修

工作页 4-1 检修快充、慢充充电接口

班 级		姓 名	
地 点		日 期	

一、知识准备

1. 电动汽车充换电场站分为_____和_____，其中换电站主要服务于公交车和出租车等_____，需要配备替换电池包及替换电池包的专用设备。充电站的常见充电模式有_____和_____两种。

2. 请填写直流快充充电接口序号名称。

1-_____

2-_____

3-_____

4-_____

5-_____

6-_____

7-_____

8-_____

9-_____

3. 请填写交流慢充充电接口序号名称。

1-_____

2-_____

3-_____

4-_____

5-_____

6-_____

7-_____

二、计划组织

小组组别	
车辆与设备	□车型：_____
耗材	

三、制订检修计划

四、任务实施记录

序号	操作步骤	工作记录
1	安装车辆防护，树立高压作业警示牌	是否完成　□是　　□否
2	打开充电接口盖，将直流充电电缆或交流充电电缆插入桩体和车端	是否完成　□是　　□否
3	启动交流充电桩，并检查车辆充电状态	状态是否完好　□是　　□否
4	检查充电桩、充电电缆、车载充电机等设备是否状态良好	状态是否完好　□是　　□否
5	打开车端交流充电接口盖	是否完成　□是　　□否
6	关闭钥匙门并取走钥匙，确认全车电源关闭，车辆处于静止停放状态	是否完成　□是　　□否
7	断开蓄电池负极	是否完成　□是　　□否
8	断开 MSD 手动维修开关，静置 10min 以上	是否完成　□是　　□否
9	使用专用工具拆卸充电接口固定螺栓	是否完成　□是　　□否
10	断开接口后端与电池管理系统或车载充电机连接线	是否完成　□是　　□否
11	更换充电接口	是否完成　□是　　□否
12	复位蓄电池负极、充电线缆插入桩体和车端	是否完成　□是　　□否
13	启动直流或交流充电桩，并检查充电状态	是否完成　□是　　□否
14	确认充电正常，关闭充电系统	是否完成　□是　　□否
15	紧固充电接口螺栓	是否完成　□是　　□否
16	打开充电接口盖，将直流充电电缆或交流充电电缆插入桩体和车端	是否完成　□是　　□否
17	启动交流充电桩，并检查车辆充电状态	是否完成　□是　　□否

五、任务评价

更换充电接口评分标准

序号	项目	操作	得分	分值	评分标准
1	维修前准备	穿戴好个人安全防护用具		5	未穿一项扣5分
2		安装车辆防护		5	漏做一项扣1分
3		将车辆停放好，拉紧驻车制动器		5	未做扣5分
4		放置高压作业警示牌		5	未做扣5分
5	维修作业	打开充电接口盖，将直流充电电缆或交流充电电缆插入桩体和车端		5	酌情扣分
6		启动交流充电桩，并检查车辆充电状态		5	
7		检查充电桩、充电电缆、车载充电机等设备是否状态良好		5	
8		打开车端交流充电接口盖		5	
9		关闭钥匙门并取走钥匙，确认全车电源关闭，车辆处于静止停放状态		5	
10		断开蓄电池负极		5	
11		断开MSD手动维修开关，静置10min以上		5	
12		使用专用工具拆卸充电接口固定螺栓		5	
13		断开接口后端与电池管理系统或车载充电机连接线		5	
14		更换充电接口		5	
15		复位蓄电池负极、充电线缆插入桩体和车端		5	
16		启动直流或交流充电桩，并检查充电状态		5	
17		确认充电正常，关闭充电系统		5	
18		紧固充电接口螺栓		5	
19	维修后恢复	对车辆进行恢复作业		5	酌情扣分
20		确认故障已排除，车辆恢复正常		5	酌情扣分
总分				100分	

工作页 4-2　更换车载充电机

班　级		姓　名	
地　点		日　期	

一、知识准备

1. 车载充电机使用交流＿＿＿＿＿＿＿＿电源进行供电，通过整流、调压和滤波等之后，转化成＿＿＿＿＿＿＿＿进行输出。

2. 直流输出接口中 HV＋含义为＿＿＿＿＿＿＿＿＿＿＿＿＿＿＿＿＿，HV-含义为＿＿＿＿＿＿＿＿＿＿＿＿＿＿＿＿，低压接口中 EN 含义为＿＿＿＿＿＿＿＿＿＿＿＿＿＿。

3. 交流输入接口 CC 含义为＿＿＿＿＿＿＿＿＿＿＿＿＿＿＿＿＿，CP 含义为＿＿＿＿＿＿＿＿＿＿＿＿＿＿＿，PE 含义为＿＿＿＿＿＿＿＿＿＿＿＿＿＿。

4. 请在下图中用笔标出车载充电机的位置，并说明其类型。

类型：＿＿＿＿＿＿＿＿＿＿＿＿

类型：＿＿＿＿＿＿＿＿＿＿＿＿

5. 请根据车载充电机电气原理图，补全下图空白方框内容。

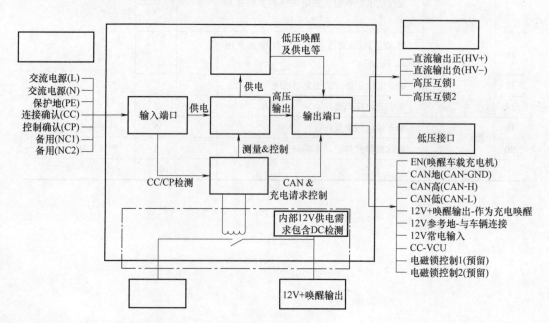

二、计划组织

小组组别	
车辆与设备	□车型：
耗材	

三、制订检修计划

四、任务实施记录

序号	操作步骤	工作记录
1	安装车辆防护，树立高压作业警示牌	是否完成　□是　　□否
2	打开充电接口盖，将直流充电电缆或交流充电电缆插入桩体和车端	是否完成　□是　　□否
3	启动交流充电桩，并检查车辆充电状态	状态是否完好　□是　　□否
4	确认车载充电机故障，断开交流充电桩与车辆的连接线缆	状态是否完好　□是　　□否
5	打开车端交流充电接口盖	是否完成　□是　　□否
6	关闭钥匙门并取走钥匙，确认全车电源关闭，车辆处于静止停放状态	是否完成　□是　　□否
7	断开蓄电池负极	是否完成　□是　　□否
8	断开 MSD 手动维修开关，静置 10min 以上	是否完成　□是　　□否
9	使用专用工具拆卸车载充电机固定螺栓	是否完成　□是　　□否
10	断开低压通信端、直流输出端和交流输入端的连接线	是否完成　□是　　□否
11	更换车载充电机	是否完成　□是　　□否
12	复位蓄电池负极、充电线缆插入桩体和车端	是否完成　□是　　□否
13	启动直流或交流充电桩，并检查充电状态	是否完成　□是　　□否
14	确认充电正常，关闭充电系统	是否完成　□是　　□否
15	紧固充电接口螺栓	是否完成　□是　　□否
16	打开充电接口盖，将直流充电电缆或交流充电电缆插入桩体和车端	是否完成　□是　　□否
17	启动交流充电桩，并检查车辆充电状态	是否完成　□是　　□否

五、任务评价

更换车载充电机评分标准

序号	项目	操作	得分	分值	评分标准
1	维修前准备	穿戴好个人安全防护用具		5	未穿一项扣5分
2		安装车辆防护		5	漏做一项扣1分
3		将车辆停放好，拉紧驻车制动器		5	未做扣5分
4		放置高压作业警示牌		5	未做扣5分
5	维修作业	打开充电接口盖，将直流充电电缆或交流充电电缆插入桩体和车端		5	酌情扣分
6		启动交流充电桩，并检查车辆充电状态		5	
7		确认车载充电机故障，断开交流充电桩与车辆的连接线缆		5	
8		关闭车端交流充电接口保护盖		5	
9		关闭钥匙门并取走钥匙，确认全车电源关闭，车辆处于静止停放状态		5	
10		断开蓄电池负极		5	
11		断开MSD手动维修开关，静置10min以上		5	
12		使用专用工具拆卸车载充电机固定螺栓		5	
13		断开低压通信端、直流输出端和交流输入端的连接线		5	
14		更换车载充电机		5	
15		复位蓄电池负极、充电线缆插入桩体和车端		5	
16		启动直流或交流充电桩，并检查充电状态		5	
17		确认充电正常，关闭充电系统		5	
18		紧固车载充电机螺栓		5	
19	维修后恢复	对车辆进行恢复作业		5	酌情扣分
20		确认故障已排除，车辆恢复正常		5	酌情扣分
总分				100分	

学习领域五　混合动力汽车检修

工作页 5-1　混合动力汽车动力系统检修

班　级		姓　名	
地　点		日　期	

一、知识准备

1. 请写出下列部件名称，并说明按动力传递类型其属于哪种混合形式。

1-_____

2-_____

3-_____

4-_____

5-_____

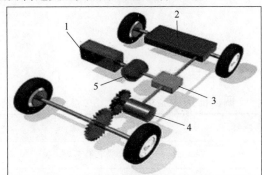

2. 请根据并联式混合动力电动汽车工作线路图，补全下图方框中部件名称。

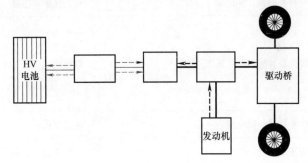

3. 请根据下图写出混联式混合动力汽车的动力传动路线。

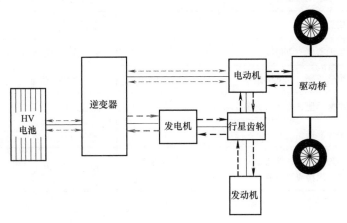

二、计划组织

小组组别	
车辆与设备	□混合动力汽车的车型：_____ □诊断设备型号：_____
耗材	

三、制订检修计划

四、任务实施记录

序号	操作步骤	工作记录	
1	安装车辆防护，树立高压作业警示牌	是否完成　□是	□否
2	确定故障现象，并记录	是否完成　□是	□否
3	对车辆进行目视检查，并记录	是否完成　□是	□否
4	使用诊断仪读取故障码和数据流	故障码： 数据流：	
5	根据获得信息确定故障原因	故障部位：	
6	将变速杆置于P位	是否完成　□是	□否
7	拉起驻车制动器器	是否完成　□是	□否
8	拔下钥匙	是否完成　□是	□否
9	断开辅助蓄电池负极端子	是否完成　□是	□否
10	戴上维修手套，拆下维修塞	是否完成　□是	□否
11	查阅维修手册，按要求更换故障部件	是否完成　□是	□否
12	更换损坏部件	是否完成　□是	□否
13	如果因为损坏或其他的原因无法取下HV电池维修塞，在发动机舱内接线盒中取下HV熔丝	是否完成　□是	□否

五、任务评价

混合动力汽车检修评分标准

序号	项目	操作	得分	分值	评分标准
1	维修前准备	穿戴好个人安全防护用具		5	未穿一项扣5分
2		配备二氧化碳类型灭火器		5	未做扣5分
3		安装车辆防护		5	漏做一项扣1分
4		树立高压作业警示牌		5	未做扣5分
5	维修作业	对车辆进行目视检查，并记录正确		10	未做扣满，缺一项扣5分
6		使用诊断仪读取故障码并记录		10	酌情扣分
7		使用诊断仪读取数据流并记录		10	酌情扣分
8		确定故障部位		5	未做扣5分
9		将变速杆置于P位，拉起驻车制动器，拔下钥匙		5	未做一项扣2分
10		断开辅助蓄电池负极端子		5	未做扣5分
11		拆下维修塞；如果因为损坏或其他的原因无法取下HV电池维修塞，在发动机舱内接线盒中取下HV熔丝		5	未做扣5分
12		查阅维修手册，按要求更换故障部件		10	酌情扣分
13	维修后恢复	对车辆进行恢复作业		10	酌情扣分
14		确认故障已排除，车辆恢复正常		10	酌情扣分
总分				100分	

学习领域六 其他新能源汽车认知

工作页 6-1 燃料电池电动汽车认知

班　级		姓　名	
地　点		日　期	

一、知识储备

1. 请写出下面单片氢燃料电池结构部件名称。

1-_____

2-_____

3-_____

4-_____

5-_____

6-_____　　　7-_____

8-_____　　　9-_____

2. 请结合下图说明氢燃料电池发电的基本原理。

电池的阳极输入_____，氢分子在阳极催化剂的作用下被离解为_____

和_____，_____穿过燃料电池的电解质层向_____方向运动，电

子（e⁻）因通不过电解质层而由一个外部电路流向_____；在电池阴极输入

_____，氧气在阴极催化剂的作用下离解成为_____，与通过外部电路

流向阴极的_____和燃料穿过电解质的_____结合生成稳定结构的水

（H_2O），完成电化学反应，放出热量。

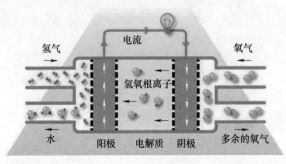

3. 燃料电池电动汽车是指以_____、_____、_____等为
燃料，通过化学反应产生_____，依靠电机驱动的汽车。

二、计划组织

小组组别	
车辆与设备	□氢燃料电池电动汽车的车型：_____ □甲醇汽车的车型：_____ □天然气汽车的车型：_____
耗材	

三、制订检修计划

四、任务实施记录

部件名称	该车型是否安装此部件	部件安装位置
燃料电池	□是　　□否	
储气罐	□是　　□否	
辅助动力源	□是　　□否	
辅助动力源类型	□蓄电池组　□飞轮储能组	
DC/DC 变换器	□是　　□否	
驱动电机	□是　　□否	
整车控制器	□是　　□否	

五、任务评价

燃料电池电动汽车检修评分标准

序号	项目	部件名称	得分	分值	评分标准
1	车辆整体认知	车辆型号		10	正确得分，不正确不得分
		车辆类型		10	
2	部件认知	燃料电池		10	一次性找到该部件得分，如果该车型未装该部件回答正确得分，否则不得分
		储气罐		10	
		辅助动力源		10	
		辅助动力源类型		10	
		DC/DC 变换器		10	
		驱动电机		10	
		整车控制器		10	
3	口试	什么样的汽车属于燃料电池电动汽车		10	三道题选一题回答，酌情给分
		燃料电池电动汽车主要包括哪些部分		10	
		燃料电池电动汽车有哪些优点		10	
	总分			100 分	

工作页 6-2　气体燃料汽车认知

班　级		姓　名	
地　点		日　期	

一、知识准备

1. 请写出下面天然气汽车部件名称。

1-_____

2-_____

3-_____

4-_____

5-_____

6-_____　　7-_____

8-_____　　9-_____

2. 天然气汽车是以_____改天然气为燃料的一种气体燃料汽车。

3. 天然气汽车改装部分由_____、_____和油气燃料转换系统三个系统组成。

二、计划组织

小组组别	
车辆与设备	□氢燃料电池电动汽车的车型：_____ □甲醇汽车的车型：_____ □天然气汽车的车型：_____
耗材	

三、制订检修计划

四、任务实施记录

部件名称	该车型是否安装此部件	部件安装位置
天然气钢瓶	□是　　□否	
压力表	□是　　□否	
压力传感器	□是　　□否	
气量显示器	□是　　□否	
充气阀	□是　　□否	
高压截止阀	□是　　□否	
减压阀	□是　　□否	
油气转换开关	□是　　□否	
点火时间转换器	□是　　□否	
混合器	□是　　□否	

五、任务评价

天然气汽车检修评分标准

序号	项目	部件名称	得分	分值	评分标准
1	车辆整体认知	车辆型号		5	正确得分，不正确不得分
		车辆类型		5	
2	部件认知	天然气钢瓶		8	一次性找到该部件得分，如果该车型未装该部件回答正确得分，否则不得分
		压力表		8	
		压力传感器		8	
		气量显示器		8	
		充气阀		8	
		高压截止阀		8	
		减压阀		8	
		油气转换开关		8	
		点火时间转换器		8	
		混合器		8	
3	口试	天然气的主要成分是什么？含量多少		10	三道题选一回答，酌情给分
		天然气汽车主要包括哪些部分		10	
		天然气汽车有哪些优点		10	
		总分		100 分	

工作页 6-3 氢燃料电池电动汽车认知

班　级		姓　名	
地　点		日　期	

一、知识准备

1. 氢的特点有_____、_____、应用场景丰富。

2. 根据氢气来源不同，加氢站分为_____和_____两种；根据加氢站内氢气储存相态不同，加氢站_____和_____两种；根据供氢压力等级不同，加氢站有_____和_____压力供氢两种。

3. 氢的制取产业主要有以下三种较为成熟的技术路线：一是以煤炭、天然气为代表的_____制氢；二是以焦炉煤气、氯碱尾气、丙烷脱氢为代表的工业_____制氢，三是_____制氢，年制取氢气规模占比约3%。

二、计划组织

小组组别	
车辆与设备	□氢燃料电池电动汽车的车型：_____ □测漏仪型号：_____
耗材	

三、制订检修计划

四、任务实施记录

序号	操作步骤	工作记录	
1	安装车辆防护，准备测漏仪	是否完成 □是	□否
2	打开加氢口	是否完成 □是	□否
3	打开行李舱	是否完成 □是	□否
4	使用测漏仪对储氢罐进行泄漏检查	是否有泄漏 □有	□无
5	使用测漏仪对管路进行泄漏检查	是否有泄漏 □有	□无
6	使用测漏仪对发动机舱进行泄漏检查	是否有泄漏 □有	□无
7	使用测漏仪对车辆底部进行泄漏检查	是否有泄漏 □有	□无

序号	操作步骤	工作记录
8	使用测漏仪对行李舱进行泄漏检查	是否有泄漏　□有　□无
9	使用测漏仪对加氢口进行泄漏检查	是否有泄漏　□有　□无
10	去除身体和手部静电	是否完成　□是　□否
11	加注氢气	是否完成　□是　□否
12	对车辆进行恢复作业	是否完成　□是　□否
13	再次进行泄漏检测	是否完成　□是　□否

五、任务评价

氢燃料电池电动汽车检修评分标准

序号	项目	操作	得分	分值	评分标准
1	加氢前准备	穿戴好个人安全防护用具		10	未穿一项扣5分
2		配备二氧化碳类型灭火器		10	未做扣5分
3		安装车辆防护		10	漏做一项扣1分
4	加氢作业	打开加氢口和行李舱		10	未做扣满，缺一项扣5分
5		使用测漏仪对储氢罐和管路进行泄漏检查		10	漏做一项扣5分
6		对发动机舱、车辆底部、行李舱、加氢口进行泄漏检查		10	漏做一项扣5分
7		去除身体和手部静电		10	漏做一项扣5分
8		加注氢气		10	注意加氢量
9	加氢后恢复	对车辆进行恢复作业		10	酌情扣分
10		再次进行泄漏检测		10	酌情扣分
总分				100分	

（续）

名称	图形	名称	图形
更换冷却液（电池）		更换动力蓄电池	
更换整车控制器		更换电机控制器	
更换直流母线		更换车载充电机	
更换驱动电机		热交换器	
电机控制器认知1		电机控制方式	
电机控制系统的检修		电池冷却原理	
空调压缩机		空调回路热管理原理图	
绝缘检测		能量回馈与制动	
高压互锁布局		认知电机控制系统	

（续）

名称	图形	名称	图形
认知高压部件		认知高压配电系统	
车载充电机认知		车辆上下电工作原理	
驱动电机		驱动电机的检修	

目　录

第 2 版前言

二维码清单

学习领域一　新能源汽车的检查与维护 ……………………………………………… 1

【学习目标】 ……………………………………………………………………………… 1

学习情景一　新能源汽车的结构认知 …………………………………………………… 1

【情景导入】 ……………………………………………………………………………… 1

【知识准备】 ……………………………………………………………………………… 1

一、新能源汽车概述 …………………………………………………………………… 1

二、电动汽车的组成及功能介绍 ……………………………………………………… 11

三、电动汽车的使用 …………………………………………………………………… 14

学习情景二　新能源汽车的检查 ………………………………………………………… 15

【情景导入】 ……………………………………………………………………………… 15

【知识准备】 ……………………………………………………………………………… 15

一、电流对人体的危害 ………………………………………………………………… 15

二、事故急救措施 ……………………………………………………………………… 15

三、电动汽车的保护用具 ……………………………………………………………… 16

【实训操作】 ……………………………………………………………………………… 17

实训一　汽车类型及主要部件认知 …………………………………………………… 17

实训二　新能源汽车高压电路检查 …………………………………………………… 18

学习情景三　电动汽车的维护 …………………………………………………………… 24

【情景导入】 ……………………………………………………………………………… 24

【知识准备】 ……………………………………………………………………………… 24

一、电动汽车空调系统的工作原理 …………………………………………………… 24

二、电动汽车制动系统的工作原理 …………………………………………………… 27

三、冷却系统的工作原理 ……………………………………………………………… 28

【实训操作】 ……………………………………………………………………………… 29

实训一　读取故障码和数据流 ………………………………………………………… 29

实训二　使用车载信息显示系统监控车辆 …………………………………………… 32

实训三　空调系统定期检查维护项目 ………………………………………………… 33

【练习与思考】 …………………………………………………………………………… 33

学习领域二　电动汽车电池管理系统检修 …………………………………… 34

【学习目标】 ……………………………………………………………………… 34

学习情景一　续驶里程下降检测与排除 ……………………………………… 34

　【情景导入】 ……………………………………………………………………… 34

　【知识准备】 ……………………………………………………………………… 35

　　一、电动汽车概述 …………………………………………………………… 35

　　二、动力蓄电池的种类及原理 …………………………………………… 36

　　三、常见动力蓄电池的性能参数及性能比较 …………………………… 39

　　四、常见动力蓄电池的实际应用 ………………………………………… 40

　　五、动力蓄电池的储运及回收 …………………………………………… 41

　【实训操作】 ……………………………………………………………………… 43

　　动力蓄电池的检修 …………………………………………………………… 43

　【练习与思考】 …………………………………………………………………… 46

学习情景二　充放电过快故障的检测与排除 ……………………………… 47

　【情景导入】 ……………………………………………………………………… 47

　【知识准备】 ……………………………………………………………………… 47

　　一、锂离子蓄电池不能"过充过放" …………………………………… 47

　　二、动力蓄电池的不一致性 ……………………………………………… 47

　　三、动力蓄电池的连接方式 ……………………………………………… 48

　　四、动力蓄电池的环境温度 ……………………………………………… 49

　　五、动力蓄电池的充放电率 ……………………………………………… 49

　【实训操作】 ……………………………………………………………………… 50

　　更换动力电池组 …………………………………………………………… 50

　【练习与思考】 …………………………………………………………………… 51

学习情景三　电池切断指示灯点亮故障检测与排除 ……………………… 53

　【情景导入】 ……………………………………………………………………… 53

　【知识准备】 ……………………………………………………………………… 53

　　一、电池管理系统的功能 ………………………………………………… 53

　　二、电池管理系统的组成 ………………………………………………… 58

　　三、检修电池管理系统 …………………………………………………… 60

　　四、电池管理系统的上位机软件 ………………………………………… 61

　　五、电池管理系统的高压电路 …………………………………………… 62

　　六、电池管理系统的低压电路 …………………………………………… 65

　【实训操作】 ……………………………………………………………………… 66

　　电池切断指示灯点亮的检修 ……………………………………………… 66

　【练习与思考】 …………………………………………………………………… 66

学习领域三　电动汽车电机控制系统检修 …………………………………… 68

【学习目标】 ……………………………………………………………………… 68

【情景导入】 ……………………………………………………………………… 68

【知识准备】 ……………………………………………………………………… 68

　　　　一、新能源汽车驱动电机的结构及性能 ……………………………………… 68
　　　　二、驱动电机控制方式及特点 ………………………………………………… 75
　　　　三、电机控制器的工作原理及控制策略 ……………………………………… 85
　　【实训操作】 ……………………………………………………………………… 93
　　　　实训一　更换驱动电机 ……………………………………………………… 93
　　　　实训二　更换驱动电机控制器 ……………………………………………… 97
　　【练习与思考】 …………………………………………………………………… 99

学习领域四　电动汽车充电系统检修 …………………………………… **101**
　　【学习目标】 ……………………………………………………………………… 101
　　【情景导入】 ……………………………………………………………………… 101
　　【知识准备】 ……………………………………………………………………… 101
　　　　一、电动汽车充电系统 ……………………………………………………… 101
　　　　二、直流充电系统结构原理及检修 ………………………………………… 104
　　　　三、交流充电系统结构原理及检修 ………………………………………… 112
　　　　四、充电系统日常维护重点和常见故障及检修 …………………………… 123
　　【实训操作】 ……………………………………………………………………… 127
　　　　实训一　检修快充、慢充充电接口 ………………………………………… 127
　　　　实训二　更换车载充电机 …………………………………………………… 129
　　【练习与思考】 …………………………………………………………………… 131

学习领域五　混合动力汽车检修 ………………………………………… **134**
　　【学习目标】 ……………………………………………………………………… 134
　　【情景导入】 ……………………………………………………………………… 134
　　【知识准备】 ……………………………………………………………………… 134
　　　　一、混合动力汽车的定义 …………………………………………………… 134
　　　　二、混合动力汽车的特点 …………………………………………………… 134
　　　　三、混合动力汽车的分类 …………………………………………………… 135
　　　　四、混合动力系统的结构 …………………………………………………… 140
　　　　五、蓄电池 …………………………………………………………………… 140
　　【实训操作】 ……………………………………………………………………… 141
　　　　混合动力汽车的检修 ………………………………………………………… 141
　　【练习与思考】 …………………………………………………………………… 143

学习领域六　其他新能源汽车认知 ……………………………………… **145**
　　【学习目标】 ……………………………………………………………………… 145
　　学习情景一　燃料电池电动汽车认知 ………………………………………… 145
　　【情景导入】 ……………………………………………………………………… 145
　　【知识准备】 ……………………………………………………………………… 145
　　　　一、燃料电池电动汽车的类型 ……………………………………………… 145
　　　　二、燃料电池电动汽车的结构原理 ………………………………………… 146
　　　　三、燃料电池电动汽车的特点 ……………………………………………… 148

　　四、燃料电池电动汽车实例 ················· 149
　　【实训操作】 ·························· 151
　　　燃料电池电动汽车结构认知 ················· 151
　　【练习与思考】 ························ 152
学习情景二　气体燃料汽车认知 ················· 152
　　【情景导入】 ·························· 152
　　【知识准备】 ·························· 153
　　　一、天然气（CNG）汽车 ················· 153
　　　二、液化石油气汽车 ···················· 154
　　【实训操作】 ·························· 155
　　　天然气汽车结构认知 ···················· 155
　　【练习与思考】 ························ 156
学习情景三　氢燃料汽车认知 ················· 156
　　【情景导入】 ·························· 156
　　【知识准备】 ·························· 156
　　　一、氢能源介绍 ······················ 157
　　　二、氢的制取 ······················· 157
　　　三、氢的储运 ······················· 159
　　　四、加氢基础设施 ····················· 160
　　　五、燃料电池介绍 ····················· 161
　　【实训操作】 ·························· 162
　　　氢燃料电池汽车加氢 ···················· 162
　　【练习与思考】 ························ 163

参考文献 ······························ 165

工作页

新能源汽车的检查与维护

学习领域一

知识目标	了解世界新能源汽车的发展趋势
	了解我国新能源汽车相关政策法规
	能够正确区分不同类型新能源汽车种类
	掌握纯电动汽车的组成
能力目标	能够按照操作规范对新能源汽车进行高压断电操作
	能够根据操作手册等指导文件对高压线束外观进行检查
	能够正确使用绝缘电阻测试仪对线束绝缘性进行检查
	能够正确使用诊断仪读取故障码和数据流
	能够按照维修手册对电动汽车进行维护
素养目标	通过学习新能源汽车发展史，增强民族自豪感
	通过学习我国新能源汽车相关政策，了解国家发展低碳经济，并在生活中践行低碳生活

新能源汽车的结构认知

　　客户吴先生想要购买一台新能源汽车，在电动汽车和混合动力汽车两种类型中选择。吴先生来到4S店想咨询一下新能源汽车的相关政策，对比电动汽车和混合动力汽车各自优势。作为一名销售顾问，请您为客户介绍新能源汽车的相关情况，特别是电动汽车的发展、国家的相关政策和电动汽车的结构以及使用注意事项。

一、新能源汽车概述

1. 新能源汽车的发展

（1）国际新能源汽车的发展　　随着地球环境的不断恶化，世界各国开始意识到节能减排的重要性，新能源汽车便是在这样的大趋势下发展起来的，并且有不少国家还宣布将禁售燃油汽车，具体见表1-1。各汽车生产企业也陆续公布了其停止生产燃油汽车的时间表，见表1-2。

表 1-1　部分国家燃油汽车退出时间表

国家	禁止销售燃油汽车目标/计划
挪威	2025 年，所有新增私家车、轻型车、公交车实现零排放
印度	2030 年停止以石油燃料为动力的车辆销售
荷兰	2030 年，所有销售新车实现 100%零排放
英国	2040 年，所有新车、货车实现零排放
法国	2040 年后，销售燃油车属于违法行为
西班牙	2040 年起，停止销售包括混动汽车在内的燃油汽车
美国加州	2045 年，各行业全面实现零排放
日本	2035 年，销售的新车 100%将为电动化车辆

表 1-2　部分燃油品牌汽车退出时间表

品牌名称	禁止销售燃油汽车目标/计划
捷豹	2030 年前，其所有销售的新车都将为纯电动汽车；2026 年之前淘汰柴油发动机汽车，并大力投资氢燃料电池技术
日产	2025 年后，停止销售旗下燃油车型，并将研发与销售方向转向纯电动与混合动力车型
宾利	到 2023 年，为每个车型系列中都将提供混合动力版；2025 年，将推出首款纯电动车型；2026 年，停售传统燃油车型，仅销售插电式混合动力和纯电动车型
福特	到 2030 年，福特预计其商用车销量的 2/3 将为纯电动或插电式混合动力车型，售出的所有乘用车将全部为纯电动汽车
大众	最迟 2030 年前停产燃油车。大众汽车旗下包括保时捷、奥迪、斯柯达系列所有车型，在 2025 年要实现电动汽车销量达到 300 万辆
沃尔沃	2025 年，纯电动汽车的销量将占总销量的一半以上；2030 年，只销售电动汽车
马自达	2022—2025 年将推出 13 款电动化车辆，包含 5 款混合动力汽车、5 款插电混合动力汽车，以及 3 款纯电动汽车，2030 年，实现完全电动化
MINI	2023 年后推出更多电动汽车，2030 年将完全电动化品牌
奥迪	2026 年后不再生产汽油轿车和柴油车，2033 年在除中国市场外的地区停产燃油汽车，并将不再销售混合动力汽车
通用	2035 年，停止销售燃油汽车，致力于电动自主汽车项目
奔驰	原计划 2039 年停售燃油汽车，现在可能提前转型
本田	2040 年前，将会把在全球销售的新车型全部转换为纯电动汽车和燃料电池汽车，停止销售包括混合动力汽车在内的排碳新车
宝马	截至 2023 年，宝马将会有 25 台新能源汽车在售，其中一半以上是纯电动汽车。未来将持续生产内燃机汽车，不会全部转向电动汽车制造

（2）国内新能源汽车的发展　在全球降低二氧化碳排放背景下，世界各国通过全球协议减少温室气体的排放，中国提出了碳达峰和碳中和的目标，力争在 2030 年前达到峰值，力争在 2060 年前实现碳中和。"双碳"计划的提出，也促进了新能源汽车产业的快速发展。根据中国汽车工业协

会公布的中国新能源汽车产销量统计数据，中国汽车产销量 2012～2021 年持续增长，如图 1-1 所示。随着新能源汽车产销量持续攀升，与新能源汽车产业配套的充电桩建设数量也在递增，如图 1-2 所示。

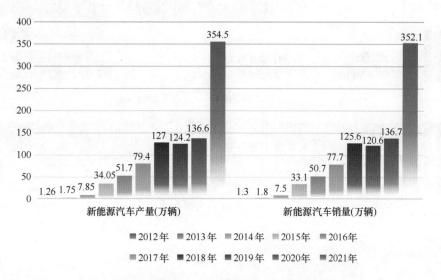

图 1-1　2012～2021 年中国新能源汽车产销量

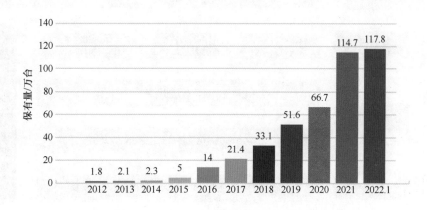

图 1-2　2012～2021 年中国充电桩保有量

（3）新能源汽车的演进路线　传统汽车发展至今，已分化为电动汽车和新型传统汽车两大类，按照节能环保的要求，新型传统汽车具备整车轻量化、发动机高效化和传动系统先进化三大技术特征。新型传统汽车的三大技术特征也支撑着电动汽车的发展。

混合动力技术贯穿于电动汽车发展的始终，混合动力汽车技术相对成熟，在使用上相对传统汽车最为接近，消费者接受程度较高（国外已处于市场发展期），在此基础上发展插电式混合动力汽车，待动力蓄电池技术和成本实现突破后，纯电动汽车市场将启动。图 1-3 所示为传统汽车和电动汽车的发展路线。

（4）新能源汽车技术发展路线　我国将纯电动汽车作为新能源汽车战略重点，图 1-4 所示为我国新能源汽车的发展布局图。

无论从电动汽车技术发展路径还是国家政策导向而言，纯电动路线都是未来汽车发展的大势所趋，纯电动路线始终是我国新能源汽车发展战略布局的重心。

2001 年，"863"重大专项确定"三纵三横"战略，即以纯电动、混合动力和燃料电池汽车为

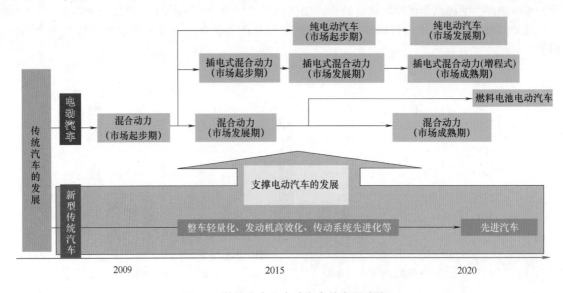

图1-3　传统汽车和电动汽车的发展路线

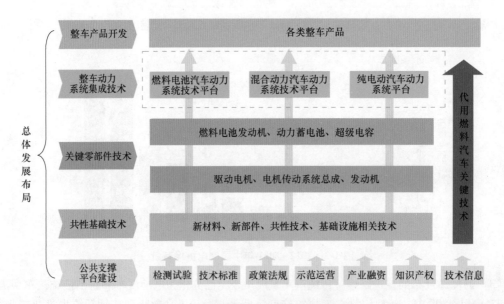

图1-4　我国新能源汽车的发展布局图

"三纵",以多能源动力总成控制、驱动电机和动力蓄电池为"三横"。2011年6月工业和信息化部《新能源汽车生产企业及产品准入管理规则》明确提出新能源汽车起步期、发展期和成熟期三个不同技术阶段。

起步期:铅酸蓄电池和镍氢蓄电池的混合动力乘用车;

发展期:锂电池混合动力乘用车、商用车和纯电动汽车;

成熟期:燃料电池汽车、氢发动机汽车和二甲醚汽车。

2008年,科学技术部《国家"十二五"科学和技术发展规划》全国实施"纯电驱动"技术转型战略,实施新能源汽车科技产业化工程,重点推进关键零部件技术(电池—电机—电控)、整车集成技术(混合动力—纯电驱动—下一代纯电驱动)和公共平台技术(技术标准法则—基础设施一测试评价技术）的研究。

2012 年 7 月，国务院《节能与新能源汽车产业发展规划（2012～2020)》明确以纯电动驱动为新能源汽车发展和汽车工业转型的主要战略取向，当前重点推进纯电动汽车和插电式混合动力汽车产业化。

2014 年 7 月，国务院《关于加快新能源汽车推广应用的指导意见》明确以纯电驱动为新能源汽车发展的主要战略取向，重点发展纯电动汽车、插电式混合动力汽车和燃料电池汽车。

（5）新能源汽车的技术瓶颈在于动力蓄电池 电机、电池和电控系统作为整个新能源汽车产业链中最为核心的部分，占据了新能源汽车的大部分成本。其中，电力驱动系统（包括动力蓄电池和电机）的占比是最高的，在纯电动汽车（EV）的成本结构中，电力驱动系统成本占比超过整车成本的一半。

电动汽车的使用经济性更多取决于动力蓄电池性能。动力蓄电池系统技术包括电池组配技术、热管理技术、电能管理技术和安全保障技术。图 1-5 所示为动力蓄电池系统相关技术及说明。

图 1-5 动力蓄电池系统相关技术及说明

（6）新"四化"称为汽车未来发展必然趋势 以电动化、智能化、网联化、共享化为代表的现代汽车行业"新四化"是未来 5～10 年汽车行业的重要发展趋势，汽车产品从单一的机械产品，向智能自动化产品的变革，汽车也将成为一个智能终端。

1）电动化：指新能源动力系统领域。

2）智能化：指无人驾驶或驾驶辅助系统。

3）网联化：指车联网布局。

4）共享化：指汽车共享与移动出行。

（7）新能源汽车产业链 图 1-6 展示了新能源汽车上游、中游、下游以及后服务的各项内容。产业链上游是资源类公司，主要为新能源汽车提供原始材料，比如钢铁、有色资源、负极材料、电解液、隔膜和正极材料等生产研发企业。产业链中游为三大核心技术，即动力蓄电池、电机、电控。下游及后服务产业链主要从事整车制造及配套服务。

2. 新能源汽车政策

2014 年 11 月，国务院办公厅颁布了《电动汽车充电基础设施发展指南（2015—2020 年)》。

2015 年 5 月，国务院办公厅印发《中国制造 2025》，提出了制造强国的目标。

2016 年 7 月，国务院办公厅颁发了《关于"十三五"新能源汽车充电基础设施奖励政策及加强新能源汽车推广应用的通知》。

2016 年 4 月，国家发展和改革委员会、国家能源局下发了《能源技术革命创新行动计划

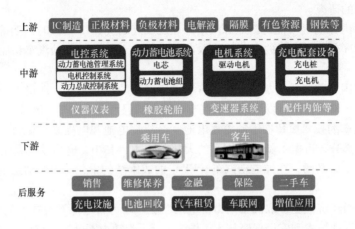

图 1-6　新能源汽车上游、中游、下游以及后服务内容

（2016—2030 年）》，并同时发布了《能源技术革命重点创新行动路线图》。

2018 年 1 月，国家发展和改革委员会印发了《增强制造业核心竞争力三年行动计划（2018~2020 年）》。

2019 年 12 月，财政部、工业和信息化部、科学技术部及发展和改革委员会联合发布了《关于进一步完善新能源汽车推广应用财政补贴通知》。

2020 年 10 月 27 日，《节能与新能源汽车技术路线图 2.0》（以下简称 2.0 版技术路线图）正式发布。2.0 版技术路线图分别以 2025 年、2030 年、2035 年为关键节点，设立了产业总体发展里程碑。

2020 年 11 月，国务院办公厅印发了《新能源汽车产业发展规划（2021—2035 年）》。该规划明确了未来 15 年新能源汽车产业的发展方向，进一步表明了国家推动新能源汽车产业发展的决心。

2021 年 7 月，国家发展和改革委员会发布了《"十四五"循环经济发展规划》，完善新能源汽车动力蓄电池回收利用溯源管理体系，推动能源梯次利用。

针对新能源汽车的补贴政策，财政部、工业和信息化部、科学技术部及发展和改革委员会四部委每年都会联合发布《关于进一步完善新能源汽车推广应用财政补贴政策的通知》。2022 年，新能源汽车补贴标准在 2021 年的基础上退坡 30%。城市公交、道路客运、出租（含网约车）、环卫、城市物流配送、邮政快递、民航机场以及党政机关公务领域符合要求的车辆，补贴标准在 2021 年的基础上退坡 20%，具体补贴情况见表 1-3~表 1-5。

表 1-3　新能源乘用车补贴方案（非公共领域）

车辆类型	纯电动续驶里程 R（工况法、公里）		
纯电动乘用车	300≤R<400	R≥400	R≥50（NEDC 工况）/ R≥43（WLTC 工况）
	0.91	1.26	—
插电式混合动力（含增程式）乘用车	—		0.48

注：1. 纯电动乘用车单车补贴金额 =Min｛里程补贴标准，车辆带电量×280 元｝×动力蓄电池系统能量密度调整系数×车辆能耗调整系数。

2. 对于非私人购买或用于营运的新能源乘用车，按照相应补贴金额的 0.7 倍给予补贴。

3. 补贴前售价应在 30 万元以下（以机动车销售统一发票、企业官方指导价等为参考依据，"换电模式"除外）。

表 1-4　新能源客车补贴方案（非公共领域）

车辆类型	中央财政补贴标准/［元/(kW·h)］	中央财政补贴调整系数			中央财政单车补贴上限（万元）		
					6m<L≤8m	8m<L≤10m	L>10m
非快充类纯电动客车	280	单位载质量能量消耗量/［W·h/(km·kg)］			1.4	3.08	5.04
		0.18（含）~0.17	0.17（含）~0.15	0.15 及以下			
		0.8	0.9	1			
快充类纯电动客车	504	3C~5C（含）	5C~15C（含）	15C 以上	1.12	2.24	3.64
		0.8	0.9	1			
插电式混合动力（含增程式）客车	336	60%~65%（含）	65%~70%（含）	70% 以上	0.56	1.12	2.13
		0.8	0.9	1			

注：1. 单车补贴金额＝Min｛车辆带电量×单位电量补贴标准；单车补贴上限｝×调整系数（包括单位载质量能量消耗系数、快充倍率系数、节油率系数）。

2. L 为汽车长度。

表 1-5　新能源货车补贴方案（非公共领域）

车辆类型	中央财政补贴标准/［元/(kW·h)］	中央财政单车补贴上限/万元		
		N1 类	N2 类	N3 类
纯电动货车	176	1.01	1.96	2.8
插电式混合动力（含增程式）货车	252	—	1.12	1.76

3. 新能源汽车种类

按动力系统划分，新能源汽车包括纯电动汽车、插电式混合动力电动汽车和燃料电池电动汽车。纯电动汽车和插电式混合动力电动汽车可以包含乘用车和商用车两类。燃料电池电动汽车包括燃气汽车、生物燃料汽车、氢能源汽车等，具体类型如图 1-7 所示。

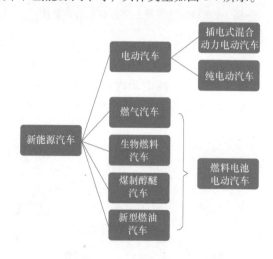

图 1-7　新能源汽车的种类

（1）纯电动汽车　纯电动汽车是目前市场在售新能源汽车中使用成本最低的，由于其结构简单（图1-8），周期性维护费用比普通汽车低很多，一般只需更换齿轮油和制动片即可。同时，纯电动汽车的安静程度也比普通汽车要好很多，基本上无须刻意加装任何隔音装备，而且电机具备低转速和高转矩的特点，使其起动和加速性能也很好。

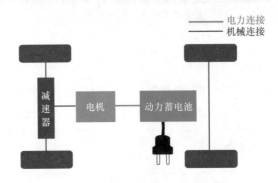

图1-8　纯电动汽车的结构示意图

纯电动汽车的代表车型有特斯拉、比亚迪、北汽新能源、吉利、奇瑞新能源、蔚来汽车、长安汽车、小鹏汽车以及威马汽车等。如特斯拉 Model S，车辆自重约 2t，百公里加速时间为 3.2s。特斯拉 Model S 前后轴各加装有一台电机，实现了四驱功能，加速性能更好。图1-9 所示为特斯拉底盘上前后电机的布置图。

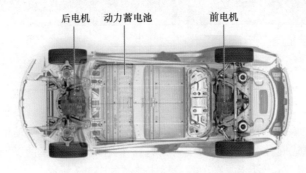

图1-9　特斯拉底盘上前后电机的布置图

但是纯电动汽车有其自身的缺点。一是，纯电动汽车的续驶里程普遍不高。目前，自主纯电动汽车的续驶里程普遍为 100~400km，考虑到电能转化率和天气问题，其实际续驶里程将会更低。二是，纯电动汽车充电时间比较长。以腾势纯电动汽车为例，使用普通家用 220V 电源随车需要 32h 才能充满，即使是拥有超级充电站的特斯拉，Model S 也得 40min 才能充满。图1-10 所示为特斯拉电动汽车的充电桩。

图1-10　特斯拉电动汽车的充电桩

（2）混合动力汽车　混合动力按照不同的定义可以有多种分类方式，其中一种为按照内燃机和电机动力的混合度进行分类。目前，国内普遍采用的混合动力系统按混合度分类标准如下：

微混合型：以发动机为主要动力源，电机作为辅助动力，具备制动能量回收功能的混合动力电动汽车。电机的峰值功率和总功率的比值小于10%。仅具有停车怠速停机功能的汽车也可称为微混合型混合动力电动汽车。

轻度混合型：以发动机为主要动力源，电机作为辅助动力，在车辆加速和爬坡时，电机可向车辆行驶系统提供辅助驱动力矩的混合动力电动汽车。电机峰值功率和总功率比值大于10%。

重度混合型：以发动机或电机为动力源，一般情况下，电机峰值功率和总功率比值大于30%，且电机可以独立驱动车辆正常行驶的混合动力车型。

另一种较为常见的分类方式是按照动力系统的连接方式，可以将目前现有的混合动力车型分为串联、并联和混联三种形式。

1）串联式混合动力系统。在串联形式中，发动机并不直接提供动力，也不能单独带动车轮，而仅用来带动发电机为动力蓄电池充电，提供电机运行的电能。这种形式通常也被称为增程式。图1-11所示为串联式混合动力系统示意图。

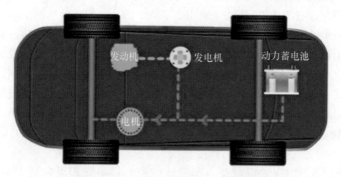

图1-11　串联式混合动力系统示意图

2）并联式混合动力系统。在并联式混合动力系统中，发动机和电机与车轮均有机械连接，都可以单独带动车轮，同时也可以协同工作，共同驱动车辆。目前，并联式混合动力系统多用于微混合与轻混合车型，电机更多地用于车辆起步和加速时动力的辅助来源。并联式混合动力系统示意图如图1-12所示。

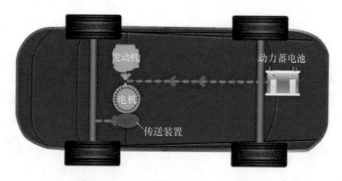

图1-12　并联式混合动力系统示意图

3）混联式混合动力系统。除了串联和并联的形式，目前用到最多的是混联式混合动力系统。混联式混合动力系统综合了串联式和并联式的特点，两种动力单元既可以单独驱动车辆，也可以共同协作。同时，混联式混合动力系统由于具有单独的发电机，不再像并联式混合动力系统那样使用电机作为发电机使用，因此发动机还可以与电机共同工作时对电池组进行充电，从理论上讲，也可以实现串联（即增程式）的工作方式。混联式混合动力系统示意图如图 1-13 所示。

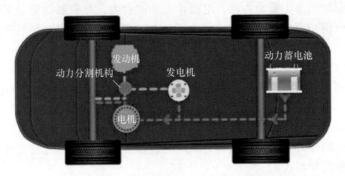

图 1-13　混联式混合动力系统示意图

采用混联式混合动力系统的车型在市场上有很多，比如最常见的第三代普锐斯、雷克萨斯 CT200h 等。此外，海外版的雅阁并联式混合动力汽车（PHEV）由于搭载了混联式混合动力系统，并加入插电模式，因此在日本 JC08 模式下取得了 3.3L/100km 的超低油耗。

4）插电式混合动力。在混合动力车型中，还有插电式混合动力。插电（Plug-in）是指可以通过外接电源来对动力电池组进行充电。插电式混合动力系统示意图如图 1-14 所示。从理论上来说，只要满足这一点的以上任何一类混合动力车型都属于插电混合动力车型。插电混合动力车型由于有着较长的纯电动续驶里程，同时可以通过插电为动力电池组充电，因此在燃油经济性方面的表现较为突出，并且可以兼顾甚至增强车辆的动力表现。如普锐斯插电版在纯电模式可以行驶 30km，使百公里油耗低至 2L，比混动版节油约 3L（普锐斯混合动力版与凯美瑞混合动力版油耗相当），而且充电时间也不长，一般数小时即可充满。

5）增程式混合动力。增程式混合动力车型从结构上是串联式混合动力车型，结构示意图如图 1-15 所示。当电池组电量充足时，采用纯电动模式行驶，而当电量不足时，车内的内燃机发动机起动，带动发电机为动力蓄电池充电，提供电机运行的电力。由于仅为发电运行的内燃机可以长期运转在较为经济的工况下，因此相比于传统燃料车型，增程式混合动力车型在增程状态下依然具有燃耗方面的优势，同时具有电动汽车运行平顺的优点。增程式混合动力汽车也能够像插电式混合动力汽车一样，通过外接电源进行充电。

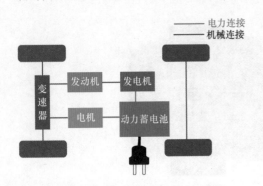

图 1-14　插电式混合动力系统示意图

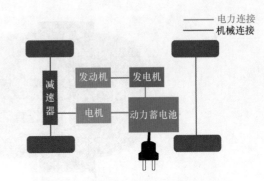

图 1-15　增程式混合动力结构示意图

由于具有插电混合动力式汽车的外接充电优势，增程式混合动力汽车的纯电续驶里程也较长，如宝马 i3 纯电版续驶里程为 160km，而增程版可达 300km。在增程模式下，发动机工作在高效转速区，其安静程度比普通汽车更好，电机的低转高扭特性也使车辆的起步和加速性能较好。在增程模式下，宝马 i3 的百公里油耗能达到 4L 左右的水平，起到一定的节能作用。与此同时，增程式和插电式混合动力车型一样能够享受国家新能源汽车补贴政策。

　　增程和插电、纯电动汽车一样存在充电问题。而油-电-动力的形式，使增程式混合动力汽车在增程模式下（即纯油模式）的油耗和普通汽车相差无几，如雪佛兰 VOLT 在高速工况下油耗为5.6L 左右，而普通 1.4L 发动机汽车也就 6L 左右，节能效果有待提高。由于发动机不能协同电机一起驱动汽车，增程式混合动力汽车在高速上的动力性能远不及普通混合动力汽车和插电式混合动力汽车，比起普通汽车也仅有起步和加速上的优势。

　　（3）燃料电池电动汽车　燃料电池是一种主要通过氧或其他氧化剂进行氧化还原反应，将燃料中的化学能转换成电能的电池。目前，最常见的燃料为氢及一些碳氢化合物，例如天然气、醇和甲烷等有时也会作为燃料使用。燃料电池有别于原电池，因为需要稳定的氧和燃料来源，以确保其运作供电。这种电池的优点是可以不间断地提供稳定电力，直至燃料耗尽。目前，最接近量产的燃料电池车型为丰田的 FCV，这款燃料电池汽车拥有两个 70MPa 的高压储氢罐，搭载了一台功率为 122hp（90kW）、转矩为 260N·m 的电机，在日本 JC08 模式下测试续驶里程可达 700km。图 1-16 所示为丰田 FCV 量产版系统结构及部件图，图 1-17 所示为 FCV 量产版底盘部件图。

图 1-16　丰田 FCV 量产版系统结构及部件图

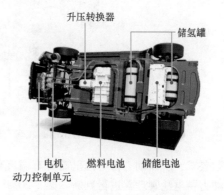

图 1-17　FCV 量产版底盘部件图

　　氢燃料电池车型的排放清洁（理论上仅排放水），相比纯电动汽车续驶里程有了很大的提升，同时当燃料耗尽后可以向传统燃油汽车那样迅速补充氢燃料，无须长时间充电。当然，氢燃料电池汽车对于厂家的技术水平要求很高，因此要普及起来相对困难。

　　综上所述，图 1-18 所示为不同形式的新能源汽车在驱动装置、动力来源、驱动方式、充电方式的对比。

二、电动汽车的组成及功能介绍

　　电动汽车具有以下优点：本身不排放有害气体，不对环境造成污染；使用过程中有良好的经济效益；结构简单，维修方便；能量利用效率高，噪声小等。

　　电动汽车的组成主要包括电力驱动及控制系统、驱动力传动等机械系统。电力驱动及控制系统是电动汽车的核心，也是区别于内燃机汽车的最大不同点。电力驱动及控制系统由驱动电机、动力蓄电池和电控系统等组成，电动汽车的其他装置基本与内燃机汽车相同。图 1-19所示为某车型电动汽车高压组成部分图。

1. 动力蓄电池系统

　　动力蓄电池系统主要由动力蓄电池模组、电池管理系统、动力蓄电池箱及辅助元器件等四部分组成。内部设置有动力蓄电池管理器和温度传感器、电压传感器。动力蓄电池有温度和电压的

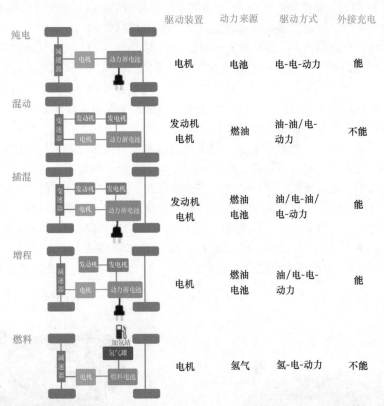

	驱动装置	动力来源	驱动方式	外接充电
纯电	电机	电池	电-电-动力	能
混动	发动机 电机	燃油	油-油/电-动力	不能
插混	发动机 电机	燃油 电池	油/电-油/电-动力	能
增程	电机	燃油 电池	油/电-电-动力	能
燃料	电机	氢气	氢-电-动力	不能

图 1-18　不同形式的新能源汽车在驱动装置、动力来源、驱动方式、充电方式的对比

限制要求，所以动力蓄电池里需要有温度传感器和电压传感器对其进行数据采集，然后将数据传给动力蓄电池管理器进行判断。图 1-20 所示为动力蓄电池系统的外观及内部结构。

图 1-19　某车型电动汽车高压组成部分图　　　　图 1-20　动力蓄电池系统的外观及内部结构

电池管理系统主要的功用为：电池包电量计算，电池温度、电压检测，漏电检测、异常情况报警，充放电控制、预充控制，电池一致性检测，系统自检等。图 1-21 所示为某车型电池管理系统的结构。

2. 电机及电机控制器

电机是电动汽车的能量转换装置，通过电机控制器控制电机将电能转化为机械能，驱动整车行驶。在电机上安装有旋变传感器，主要是将电机的转速信号等传递给驱动电机控制器，对电机的转速进行判断。电机控制器将动力蓄电池提供的直流电转换为交流电，然后输出给电机；通过电机的正转来实现整车加速、减速；通过电机的反转来实现倒车；通过有效的控制策略，控制动力总成以最佳方式协调工作。图 1-22 所示为某车型的电机及减速器总成，图 1-23 所示为某车型电机控制器的布置。

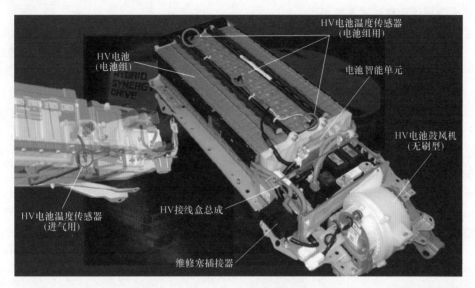

图 1-21　某车型电池管理系统的结构

图 1-22　某车型的电机及减速器总成

图 1-23　某车型电机控制器的布置

3. DC/DC 变换器

DC/DC 变换器将电动汽车中动力蓄电池中的电能传递至铅酸蓄电池的电力电子部件。一般情况下，DC/DC 变换器安装于前机舱位置，其主要功能是在车辆起动后将动力蓄电池输入的高压电转变成 12V 的低压电向蓄电池充电，以保证行车时低压用电设备正常工作。DC/DC 变换器的功率一般在 1~2kW 范围内，输入电压为动力蓄电池电压范围，输出电压多为恒压输出 14V。由于 DC/DC 变换器的相对功率较小，也常见与其他高压电气部件集成布置。

4. 车载充电机

电动汽车都配有车载充电机，用于对动力蓄电池进行充电。车载充电机连接车辆的交流充电接口，车载充电机一般具有通信功能，收到允许充电信号后，将输入 220V 交流电，经过滤波整流后，通过升压电路和降压电路，输出合适的电压/电流给动力蓄电池进行充电。

5. 高压盒

高压盒的功能是完成动力蓄电池电源的输出及分配，实现对支路用电器的保护及切断。有些电动汽车将高压盒的功能集成到其他高压部件中。

三、电动汽车的使用

1. 夏季使用电动汽车时注意事项

在夏季使用电动汽车时应注意：雨季行驶时车辆发生故障无法行驶后，应当靠边停车支起三角架等待救援，严禁自行维修；请勿驶入深水中，以免发生漏电短路事故；当车辆被积水浸泡时，不要考虑继续行驶，应迅速断电并离开车内，尽量不要与车身金属接触，以免发生触电；避免高温充电，因动力蓄电池温度特性，车辆高速行驶后，建议停放 30min 后，在阴凉通风处进行充电；暴雨打雷时，尽量不要充电；车辆在露天或者地势较低的地方充电时，如遇下雨应立即终止充电，以免积水高度超过充电接口而发生短路；避免车辆暴晒，建议将车辆停放在阴凉通风处，以防车内温度过高，造成安全隐患。

2. 冬季使用电动汽车时注意事项

在冬季使用车辆时应注意：纯电动车辆在冬季低温行驶后，建议及时充电，避免因长时间停驶导致动力蓄电池温度低，造成用电浪费和充电延时；车辆充电时，建议将车辆尽量停放于避风朝阳且温度较高的环境；充电时预防雪水淋湿充电接口，更不要将充电插头直接暴露在雪水下，以防止发生短路；避免因冬季气温较低导致充电异常等情况的出现，建议车辆充电开启后，检查充电桩充电电流，若充电电流达到 12A 以上，则表示充电已开启。

3. 车辆起火的救援

车辆行驶中机舱电器起火（图 1-24）的主要原因有电机控制器故障元件温度失控、电线插头接触不良、通电时打火引燃电线、绝缘层破损及动力蓄电池内部故障等。当车辆出现起火时，按照以下步骤冷静处理：迅速停车切断电源，取下随车灭火器，依据实际情况采用不同的灭火方式。灭火器的种类有水基、二氧化碳、ABC 干粉灭火器等。

电池组
整体式底盘

图 1-24　车辆起火

4. 拖车

拖车救援。车辆在需要求援时，应首先选择专业拖车公司，不得盲目自行拖拽，以免对车辆造成不可逆损坏。如无专业拖车公司时，在保证安全的前提下，自行拖车应保证车辆开关处于 ON 档，变速杆置于 N 位。建议使用硬拖，选择合适的拖车杠。在自行拖车时，因车辆特性需控制拖车不超过 15km/h。

5. 车辆托底

在遭遇凹凸不平的路面时，应减速通过，尽量避免托底情况的发生，一旦发生严重托底，操作如下：检查动力蓄电池的外观是否发生损坏；若无损坏，重新起动车辆行驶；车辆无法起动时，应及时拨打售后服务电话，待救援人员赶赴现场处理。

6. 特别提示

车辆充电尽量浅充浅放，当动力蓄电池电量接近 30% 时，请立刻充电，这样可以延长汽车动力蓄电池的使用寿命。动力蓄电池电量接近 10% 时，车辆将限速 9km/h；按照维护规定里程定期进行车辆维护；车辆长期停放应保证 50%～80% 的电量，将 12V 低压电源线断开，每 2～3 个月至少对动力蓄电池进行一次充放电，以保证动力蓄电池的使用寿命；非专业维修人员绝对不要自行拆卸、调整、安装和改装。

  新能源汽车的检查

 情景导入

一名客户购买了一台新能源电动汽车，他第一次来到 4S 店对汽车进行维护，作为维修技师，请为客户的车辆进行检查与维护。

知识准备

一、电流对人体的危害

纯电动汽车的动力蓄电池具有高压电，而且有漏电的可能性，如果不注意保护就会发生触电事故。触电是指人体触及电体时，电流对人体所造成的伤害。电流对人体的伤害是多方面的，根据伤害的性质不同，触电可分为电伤和电击两种。

电伤是指由于电流的热效应、化学效应和机械效应对人体的外表造成的局部伤害，如电灼伤、电烙印和皮肤金属化等。电击是指电流流过人体内造成人体内部器官的伤害。电击严重可能会致人死亡，电击使人致死的原因有三方面：流过心脏的电流过大、持续时间过长引起"心室纤维性颤动"而致死，电流作用使人窒息而死亡，电流作用使心脏停止跳动而死亡。

25V 以上的交流电和 60V 以上的直流电都具有危险性。例如德国法规规定人体允许的最大接触电压是 50V 交流电以及 120V 直流电；有约 5mA 的电流通过人体时可视作"电气事故"，会产生麻木感，但是仍可以导走电流；体内通过的电流达到约 10mA 时，到达了导出电流的极限，人体开始收缩，无法再导走电流，电流的滞留时间也相应增加；30～50mA 交流电的长时间滞留导致呼吸停止以及心室纤维性颤动。经过人体的电流到达约 80mA 时，被认为是"致命值"。

注意：

交流电压的频率越低，危险性越高！交流电会触发心室纤维性颤动，如果不进行急救很快就会致命！

在电动汽车中，高电压系统中的交流电机由三相交流电压驱动，三相交流电机的输出功率和转速由电压大小和频率控制。三相电机处于低频运转状态，所以其引发的电气事故相当危险。

如果规格中注明了交流电压，则该电压指的是行业内通用的有效电压。但是，实际的接触电压会高得多，这取决于交流电压的波形（正弦或者矩形）。图 1-25 说明了交流电压与直流电压的对比情况。可以看到有效电压 25V 的交流电比 60V 的直流电压的实际对人体的接触电压要高。

二、事故急救措施

在维修电动汽车时，如果受到电击，视受伤情况采取不同的急救方法。心脏通过心肺复苏法

两次人工呼吸和 30 次胸外按压可维持氧气供应，直到急救人员到达。图 1-26 所示为当发生电击事故时的急救流程图。

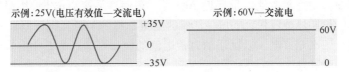

图 1-25　交流电压与直流电压的对比图

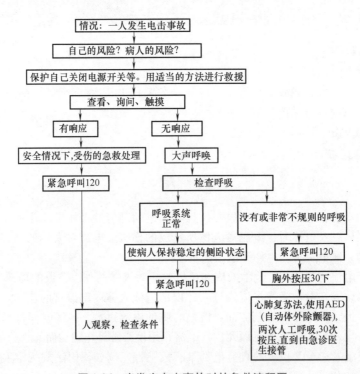

图 1-26　当发生电击事故时的急救流程图

三、电动汽车的保护用具

在对电动汽车进行维护或维修处理时，存在着潜在的触电的可能，所以需要准备好防护装备。在进行任何有关高压组件或电路的操作时，需要使用橡胶制成的绝缘手套，这种手套能够承受几百到几万伏的工作电压。合理使用符合标准的适用高电压绝缘工具，测量仪器必须适用于高电压系统。图 1-27 所示为绝缘维修工具、橡胶手套和高压绝缘电阻测试仪。

图 1-27　绝缘维修工具、橡胶手套和高压绝缘电阻测试仪

为了方便辨别，电动汽车连接高压回路部分的电线多为橙色导线，高压回路和车身绝缘。在动力蓄电池和高压器件上都贴有警告标签，在高压器件上一般都粘贴基本的警告和注意事项。图 1-28 所示为某车型橙色高压导线，图 1-29 所示为高压部件上贴有的警告标记。

图 1-28　某车型橙色高压导线

图 1-29　高压部件上贴有的警告标记

在操作规程上，在对电动汽车进行维护或维修处理时，应首先将钥匙从点火开关内拔出，并断开辅助电池的负极端子，戴上绝缘手套，如果有维修插头，拆下维修插头。当处理橙色高压组件和电路时，要带上绝缘橡胶手套将拆下的维修插头放在口袋中，以防止他人将它安装回车上。

实训一　汽车类型及主要部件认知

一、汽车类型认知

请结合现有实训设备准备 3~4 种类型的车辆，包括燃油汽车、纯电动汽车、混合动力汽车及其他新能源汽车。分别通过外观和铭牌等信息观察，并记录区分不同类型汽车，见表 1-6。

表 1-6　汽车类型认知

操作步骤	完成情况
观察记录 1 号车辆信息，并判断其类型	
观察记录 2 号车辆信息，并判断其类型	
观察记录 3 号车辆信息，并判断其类型	
观察记录 4 号车辆信息，并判断其类型	

二、电动汽车主要部件认知

请结合现有实训设备，通过查阅维修手册和观察等方法在实车中找到以下部件，找到请画√，车辆未安装请画×，未找到请画〇，见表 1-7。

表 1-7　电动汽车主要部件认知

序号	名称	检查结果		
1	低压蓄电池	□√	□×	〇
2	动力蓄电池	□√	□×	〇

（续）

序号	名称	检查结果		
3	电池管理系统	□√	□×	○
4	驱动电机	□√	□×	○
5	电控单元	□√	□×	○
6	发动机	□√	□×	○
7	充电接口	□√	□×	○

实训二　新能源汽车高压电路检查

一、断开高电压的操作

在检修和维护电动汽车时，首先要做的工作就是断开电压，断开电压主要的操作步骤见表 1-8。

表 1-8　电动汽车断开电压操作步骤表

序号	操作步骤	完成情况
1	关闭点火开关并拔下点火钥匙	
2	把点火钥匙放在安全的地方	
3	松开维修插头并快速把它拔出	
4	目视检查维修插头是否存在污浊、氧化和接触烧灼的情况	
5	单独存放维修插头	
6	提供绝缘保护或者遮盖维修插头暴露的接插口	
7	检测系统需要在系统断电后再等待约 1min 的时间，因为系统中存在充过电的高电压电容，等电容放电结束再进行检测	
8	检查测量工具和装备的状态以及运行情况	
9	连接测量适配器电缆	
10	按照维修手册和引导型故障查询检测系统进行断开电压测量，并把测量值输入测试记录单	
11	把测试记录单放入指定的文件夹	
12	在车辆显眼处贴上标有"高电压系统已关闭"的警示标签，并把负责此工作的高电压工程师的名字也同时标注在上面	

二、检查断电

有些电动汽车在断电结束后要对车辆进行断电检查，下面以大众混合动力车型为例说明断电的操作步骤。大众用于确认系统断电以及检测绝缘电阻的测量工具为混合动力测量模块 VAS 6558（图 1-30），工具上有与诊断仪连接的 USB 接口和用于确认系统断电以及检测绝缘电阻的测量笔。

混合动力测量模块 VAS 6558/1 是测量高压蓄电池的绝缘工具，其测量的插头上有正极、负极、屏蔽线插孔，外观如图 1-31 所示。该套工具还有用于电能管理器的 VAS 6558/1-2 测量适配器和用于空调压缩机的 VAS 6558/1-3 适配器。

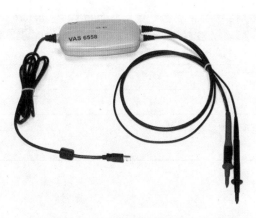

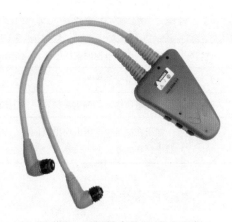

图 1-30　混合动力测量模块 VAS 6558　　　　图 1-31　适配器套件 VAS 6558/1

　　在绝缘检测中，会产生高达 1000V 的直流测量电压，图 1-32 所示为对某混合动力车型断电检查步骤示意图。表 1-9 所示为车型断电检查操作表。

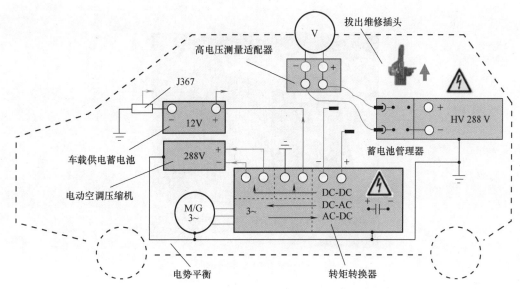

图 1-32　对某混合动力车型断电检查步骤示意图

M/G 3~—电机　J367—蓄电池监控控制单元

表 1-9　车型断电检查操作表

序号	操作步骤	完成情况
1	关闭点火开关	
2	拔出维修插头	
3	插入维修插头的保护塞或者为维修插头的接插口提供绝缘保护罩	
4	等待约 1min（电容中储存的能量进行放电）	
5	通过连接 12V 电压进行参考测试来检查测量工具的功能	

（续）

序号	操作步骤	完成情况
6	断开高压蓄电池的高压电缆，并把测量适配器连接到高压蓄电池	
7	进行测量，结果为0	
8	把测量值输入"断电被核实"的记录中	
9	如果在测量中电压出现更高的值，那么在蓄电池管理器或者开关继电器中存在故障	

三、检查高压线束外观

线束是汽车的毛细血管，正常情况下线束是被线束套保护在里面的。随着汽车的运动，线束就会与周边产生摩擦。在与尖锐边缘磨碰的线束部分应用胶带缠起来，以免损坏。安装固定零件时，应确保线束不要被夹住或被破坏，同时应确保接插头接插牢固。

以某电动车型为例，整车共5段高压线束，部分高压线束如图1-33所示，高压附件线束如图1-34所示。

图1-33　某车型高压线束图

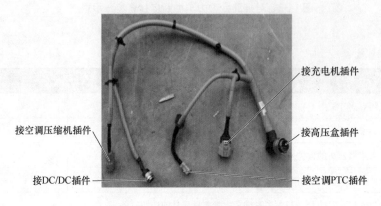

图1-34　某车型高压附件线束图

将高压线束拆下，按表 1-10 的内容检查线束外观状况。

表 1-10　高压线束外观检查表

序号	名称	线束作用	检查结果
1	动力蓄电池高压电缆	连接动力蓄电池到高压盒之间的线缆	
2	电机控制器电缆	连接高压盒到电机控制器之间的线缆	
3	快充线束	连接快充接口到高压盒之间的线束	
4	慢充线束	连接慢充接口到车载充电机之间的线束	
5	高压附件线束（高压线束总成）	连接高压盒到 DC/DC、车载充电机、空调压缩机、空调 PTC 之间的线束	

四、线束绝缘性的检查

1. 绝缘检查工具的介绍

通常，检查绝缘的工具有绝缘电阻测试仪，图 1-35 所示为某品牌绝缘电阻测试仪面板说明。

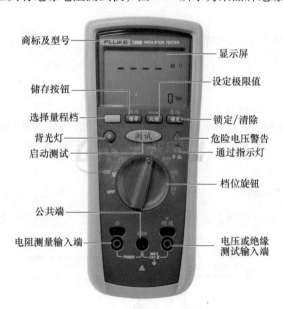

图 1-35　某品牌绝缘电阻测试仪面板说明

2. 绝缘电阻测试仪的使用注意事项

绝缘电阻测试仪的使用注意事项如下：

1）应严格按照使用手册的规定使用，否则可能会破坏绝缘电阻测试仪提供的保护措施。

2）在将绝缘电阻测试仪与被测电路连接之前，始终记住选用正确的端子、开关位置和量程档。

3）用绝缘电阻测试仪测量已知电压，来验证绝缘电阻测试仪操作是否正常。

4）端子之间或任何一个端子与接地点之间施加的电压不能超过绝缘电阻测试仪上标明的额定值。

5）电压在 AC 30Vrms（交流有效值）、AC 42V（交流）峰值或 DC 60V（直流）以上时应格外小心，这些电压有造成触电的危险。

6）出现电池低电量指示符时，应尽快更换电池。

7）测试电阻、连通性、二极管或电容以前，必须先切断电源，并将所有的高压电容器放电。

8）切勿在爆炸性的气体或蒸汽附近使用绝缘电阻测试仪。使用测试导线时，手指应保持在保护装置的后面。

3. 测量绝缘电阻的步骤

根据欧洲经济委员会ECE-R100标准，绝缘电阻必须至少为 $500\Omega/V$。例如：$288V \times 500\Omega/V = 1.44M\Omega$，测量工具的测量电压至少要与检测部件的常规工作电压一样高。

表1-11所示为电动汽车的高压线束检查表，请按表中操作步骤对电动汽车的高压线束进行检查。

表 1-11　电动汽车的高压线束检查表

序号	操作步骤	操作说明
1	将测试探头插入 V 和 COM（公共）输入端子	—
2	将旋转开关转至所需要的测试电压	—
3	将探头与待测电路连接，绝缘电阻测试仪会自动检测电路是否通电	如果电路中的电压超过 30V（交流或直流）以上，在主显示位置显示电压超过 30V 以上警告的同时，还会显示高压符号。在这种情况下，测试被禁止。在继续操作之前，先断开绝缘电阻测试仪的连接并关闭电源
4	按压测试按钮，此时将获得一个有效的绝缘电阻读数	辅显示位置上显示被测电路所施加的测试电压。主显示位置上显示高压符号并以 $M\Omega$ 或 $G\Omega$ 为单位显示电阻。显示屏的下端出现测试图标，直到释放测试按钮。当电阻超过最大显示量程时，绝缘电阻测试仪显示"＞"符号以及当前量程的最大电阻
5	继续将探头留在测试点上，然后释放测试按钮，被测电路即开始通过绝缘电阻测试仪放电	被测电路即开始通过绝缘电阻测试仪放电。主显示位置显示电阻读数，直到开始新的测试或者选择了不同功能或量程，或者检测到了 30V 以上的电压

五、高压元件绝缘电阻检查

绝缘测试只能在不通电的电路上进行。图1-36所示为在车上测试绝缘电阻性能的方法，黑表笔接车身，红表笔测量电气元件相应的端子。

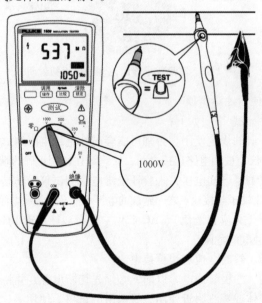

图 1-36　在车上测量绝缘电阻性能的方法

以某车型为例，表 1-12 所示为使用绝缘电阻测试仪检查相关电气元件的步骤及标准。使用绝缘电阻测试仪对绝缘性能进行评价，按照表中的指引进行操作。

表 1-12　使用绝缘电阻测试仪检查相关电气元件的步骤及标准

序号	高压部件	检测项目	检测方法	标准值	是否合格
1	动力蓄电池	动力蓄电池正负极与车身（外壳）绝缘电阻的检测	1）拔掉高压线盒动力蓄电池输入线 2）将钥匙转至 ON 档 3）将兆欧表黑表笔接于车身，红表笔逐个测量动力蓄电池正负极端子	动力蓄电池正极绝缘电阻为≥1.4MΩ，负极绝缘电阻为≥1.0MΩ	
2	车载充电机	车载充电机正负极电阻的检测	1）将低压蓄电池负极断开 2）拔掉高压盒八芯插头 3）将兆欧表黑表笔接于车身，红表笔逐个测量高压盒八芯插头的 B（正极）和 H（负极）	车载充电机绝缘阻值在环境温度为 21～25℃和相对湿度为 45%～75%时，车载充电机正负极输出与车身（外壳）之间的绝缘阻值≥1000MΩ。在环境温度为 21～25℃和相对湿度为 90%～95%时，车载充电机正负极输出与车身（外壳）之间的绝缘电阻≥20MΩ	
3	DC/DC	DC/DC 绝缘电阻的检测	1）将低压蓄电池负极断开 2）拔掉高压盒八芯插头 3）将兆欧表黑表笔接于车身，红表笔逐个测量 A（正极）和 G（负极）	DC/DC 绝缘阻值在环境温度为 21～25℃和相对湿度为 80%～90%时，高压输入与车身（外壳）绝缘电阻≥1000MΩ；在工作温度−20～65℃和工作湿度 5%～85%环境下，高压输入与车身（外壳）绝缘阻值≥20MΩ	
4	空调压缩机	空调压缩机正负极绝缘电阻的检测	1）将低压蓄电池负极断开 2）拔掉高压盒八芯插头 3）将兆欧表黑表笔接于车身，红表笔逐个测量 C（正极）和 F（负极）	向空调压缩机内充入（50±1）cm³ 的冷冻机油和 62～64g 的 HFC-134a 制冷剂后，空调压缩机正负极对车身（外壳）的绝缘电阻≥5MΩ 清空空调压缩机内部的冷冻机油后，空调压缩机正负极对车身（外壳）的绝缘阻值≥50MΩ	
5	PTC 加热电阻	PTC 正负极绝缘阻值的测量	1）将低压蓄电池负极断开 2）拔掉高压盒八芯插头 3）将兆欧表黑表笔接于车身，红表笔逐个测量 D（正极）和 E（负极）	PTC 正负极与车身（外壳）绝缘阻值≥500MΩ	
6	电机控制器和电机	电机控制器、驱动电机正负极输入绝缘阻值的测量	1）将低压蓄电池负极断开 2）拔掉高压盒电机控制器输入插头 3）将兆欧表黑表笔接于车身，红表笔逐个测量正负极端子	电机控制器正负极输入端子与车身（外壳）绝缘阻值≥100MΩ	

（续）

序号	高压部件	检测项目	检测方法	标准值	是否合格
7	高压盒	高压盒正负极绝缘阻值的测量	1）将低压蓄电池负极断开 2）拔掉高压盒八芯插头，动力蓄电池输入插头，驱动电机控制器输出插头 3）将兆欧表黑表笔接于车身，红表笔逐个测量高压盒端（动力蓄电池输入，驱动电机控制器输出）	高压盒端（动力蓄电池输入，驱动电机控制器输出）与车身（外壳）绝缘阻值为无穷大	

 学习情景三　电动汽车的维护

 情景导入

　　一位客户的电动汽车已经行驶了 5000km，他来到 4S 店进行定期维护，作为维修技师，请你完成这项工作。

 知识准备

　　与传统汽车相比，电动汽车的结构更特殊，但维护项目却要简单很多。除了需要定期检查车辆的外观状况，还需要检查制动液和冷却液等液位是否正常，以及刮水器等易损耗部件。电动汽车的维护更重要的部分是用诊断仪对车辆进行检测，检查高压部件的外观及绝缘情况等。同时，还要对车辆的空调系统和制动系统进行常规检查。

　　更换齿轮油与传统汽车更换变速器油类似，电动汽车的齿轮油与传统汽车变速器油仅在标号上存在差别。电动汽车的冷却液主要用于冷却电机或动力蓄电池，并需根据厂家规定的时间进行定期更换。

　　电动汽车的空调系统和制动系统在结构上与传统汽车不完全相同，下面主要介绍电动汽车空调系统和制动系统与传统汽车的区别。

一、电动汽车空调系统的工作原理

　　以某纯电动车型为例，其空调系统由制冷系统和暖风系统两部分组成。制冷系统由电动空调压缩机、冷凝器总成和蒸发器等组成，暖风系统主要的加热元件为 PTC 加热电阻。图 1-37 所示为空调系统组成框图。空调系统的工作由整车控制器（VCU）、电动压缩机控制器和 PTC 控制模块共同控制。

　　点火开关旋至 ON 档，按下 A/C 按钮，表示空调制冷功能请求输出。此时，VCU 会接到 A/C 请求信号，同时开关上的工作状态指示灯点亮，并根据 VCU 内部程序控制制冷系统工作。

1. 电动空调压缩机及其控制

　　电动空调压缩机固定在电机一侧，在电动空调压缩机上集成有压缩机驱动控制器。电动压缩机上布置有高压插头和低压插头，压缩机本体上有制冷剂循环的进出管路。电动空调压缩机实物布置如图 1-38 所示。电机性能参数见表 1-13。

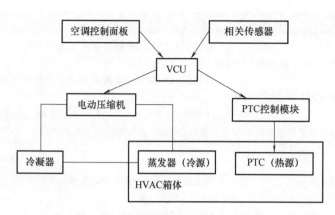

图 1-37　电动汽车空调系统组成框图

图 1-38　某车型电动空调
压缩机实物布置

表 1-13　电机性能参数表

工作电压范围	220~420V	额定转速	6500r/min
额定输入电压	336V	最小转速	1000r/min
额定输入功率	2437W	转速误差	<1%
控制电源电压范围	9~15V	排量	27cc/rev
控制电源最大输入电流	500mA	制冷剂	R134a
电机类型	无位置传感器直流无刷电机	制冷量	4875W

表 1-14 所示为一般电动空调压缩机插接器主要端子的含义。

表 1-14　一般电动空调压缩机插接器主要端子的含义

插接件	端口	接口含义	备注
高压两芯 （动力接口）	A	高压正	控制器与动力蓄电池连接
	B	高压负	
低压六芯 （控制信号接口）	1	DC 12V 正极	—
	2	空调开关信号输入	高电平或悬空信号为关闭（OFF），低电平或接地为开启（ON） 高电平输入范围为：5~15V，15mA；低电平输入范围为：0~0.8V，15mA
	3	空调调速信号输入	信号电平的形式为 400Hz PWM 占空比信号，电压为 0~15V，高电平为 5~15V，15mA；低电平输入范围为 0~0.8V
	4	DC 12V 负极	—
	5	CAN-H 接口	—
	6	CAN-L 接口	—

电动压缩机常见故障模式见表 1-15。

表 1-15　电动压缩机常见故障模式

故障	现象	原因及判断	检测及排除措施
驱动控制器不工作，压缩机不工作	压缩机无启动声音，电源电流无变化	1）DC 12V（或 DC 24V）控制电源未通入驱动控制器 2）控制电源电压不足或超压 3）接插件端子接触不良或松脱	1）检查驱动控制器控制电源插头驱动端子是否松脱 2）检查控制电源到驱动控制器之间的导线是否断路 3）测量控制电源电压是否达到要求（对 DC 12V 控制电源驱动控制器，控制电源至少大于 DC 9V，不得高于 DC 15V）
驱动控制器工作正常，压缩机不正常工作	压缩机发出异常声音	1）电机缺相 2）冷凝器风机未正常工作，系统压差过大，电机负载过大	1）检查驱动控制器与电机的三相插头及相关导线，保证其接触良好及导通 2）保证冷凝器风机正常工作，待系统压力平衡后再次启动
驱动控制器工作正常，压缩机不工作	压缩机无启动声音，电源电流无变化，各端口电压正常	驱动控制器未接收到空调系统的 A/C 开关信号	1）检查 A/C 开关是否有故障 2）检查与 A/C 开关相连的导线是否断路 3）A/C 开关连接方式是否正确［接地（低电平为0~0.8V）开启压缩机，接高电平或悬空关闭压缩机］
驱动控制器工作正常，压缩机不工作	压缩机无启动声音，电源电流无变化，高压端口电压不足或无供电	欠电压保证启动	关闭整车主电源： 1）检查驱动控制器主电源输入接口处的接插件端子是否有松动 2）主电源到驱动控制器之间的导线是否断路 3）控制主电源输入的继电器是否正常动作
驱动控制器自检正常，压缩机不工作	压缩机启动时有轻微抖动，电源电流有变化随后降为 0	1）冷凝器风机未正常工作，系统压差过大，电机负载过大导致的过电流保护启动 2）电机缺相导致的过电流保护启动	1）保证冷凝器风机正常工作，待系统压力平衡后再次启动 2）检查驱动控制器与电机连接的三相插头及相关导线，保证其接触良好及导通

2. PTC 加热器及其控制

PTC 是 Positive Temperature Coefficient 的缩写，指正温度系数。在暖风蒸发箱总成内取消暖风芯体，以高压 PTC 加热器进行替换，用电加热器直接加热蒸发箱内部空气的方式提供暖风。PTC 控制模块采集加热请求，同时根据 VCU 控制信号、PTC 总成内部传感器温度反馈等信号控制 PTC 加热器的通断。PTC 控制模块采集信息内容包括风速、冷暖程度设置、出风模式、加热器启动请求、环境温度。图 1-39 所示为加热系统控制框架。

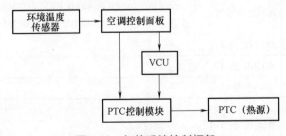

图 1-39　加热系统控制框架

PTC 加热器常见故障模式见表 1-16。

表 1-16　PTC 加热器常见故障模式

故障	现象	原因及判断	检测及排除措施
PTC 不工作	启动功能设置后仍为凉风	1）冷暖模式设置不正确 2）PTC 本体断路 3）PTC 控制回路断路 4）内部短路烧毁高压熔丝	1）检查冷暖设置是否选择暖风方向 2）断开高压插件后测量高压正负电阻是否正常 3）断开低压插件后测量两极间是否为导通 4）更换 PTC 及高压熔丝
PTC 过热	出风温度异常升高或从空调出风口嗅到塑料焦煳味	PTC 控制模块损坏粘连不能正常断开	关闭加热功能，断电检查 PTC 加热器及 PTC 控制模块

二、电动汽车制动系统的工作原理

电动汽车制动系统与传统汽车的制动系统区别在于没有内燃发动机，制动系统真空助力由电动真空泵产生。图 1-40 所示为电动真空泵和真空罐在车上的布置。

电动真空助力系统的工作过程：当驾驶人发动汽车时，低压 12V 电源接通，电子控制系统模块开始自检，如果真空罐内的真空度小于设定值，真空压力传感器输出相应电压值至控制器，此时控制器控制电动真空泵开始工作；当真空度达到设定值后，真空压力传感器输出相应电压值至控制器，此时控制器控制真空泵停止工作；当真空罐内的真空度因制动消耗，真空度小于设定值时，电动真空泵再次开始工作，如此循环往复。某车型电动真空罐如图 1-41 所示，布置有单向阀、铜插头和压力传感器。压力传感器供电电压约为 5V，输出电压为 0.5~5V。

图 1-40　电动真空泵和真空罐在车上的布置

图 1-41　某车型电动真空罐

当制动系统出现某些故障时，仪表盘上的警告灯会点亮警告并使车辆限速，如当制动真空压力低于规定值并在一定时间内不恢复；真空泵熔丝熔断，制动液液位低于要求值时；制动真空泵常转。电动真空泵常见的故障有真空泵不转和真空泵常转等现象，故障诊断及排除方法见表 1-17。

表 1-17　电动真空泵故障诊断及排除方法

故障现象	检查方法与处理措施
真空泵不工作	1）车辆是否有电，12V 蓄电池是否正常 2）真空泵熔丝是否烧毁 3）从真空泵电源端检查电源输入 4）如无电源输入，检查压力传感器信号

（续）

故障现象	检查方法与处理措施
接通电源后，真空度抽至上限设定值电机不停转	1）压力开关插头污损、锈蚀，接触不良，清洁插头或更换压力开关 2）连接线折断或插头连接处脱焊，应更换连接线 3）管路密封性不好，检查管路密封性，必要时更换
设备的机壳带电	1）电源线接错，壳体与电源的正极连接，应纠正错误的连接 2）电源插座的地线未与地连接，应把电源插座中的地线连接好

三、冷却系统的工作原理

电动汽车冷却系统的作用是冷却电机、电机控制器或蓄电池等部件。某车型冷却系统布置如图 1-42 所示。

电动水泵是整个冷却系统唯一的动力原件，负责为冷却液的循环提供动能；电动水泵采用的是直流无刷离心水泵，由泵壳、水泵叶轮、轴承、驱动电机和控制器构成。电动水泵在车上的布置如图 1-43 所示。

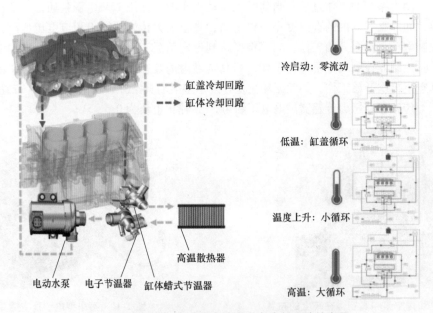

图 1-42　比亚迪插电式混合动力汽车冷却系统的布置

图 1-43　某车型电动水泵在车上的布置

电动水泵电机旋转，带动和其固定连接叶轮转动。水泵中的冷却液被叶轮带动一起旋转，在离心力的作用下被甩向循环水泵壳体的边缘，同时产生一定的压力，然后从出水道或水管流出，进入电机控制器等热源部件。叶轮的中心处由冷却液被甩出而压力降低，散热器中的冷却液在水泵进口与叶轮中心的压差作用下经水管被吸入叶轮中，实现冷却液的往复循环。冷却系统中水泵的常见故障及原因分析见表 1-18。当水泵出现故障时可以根据检查结果进行排除。

表 1-18　冷却系统中水泵的常见故障及原因分析

序号	故障现象	故障原因	解决方案
1	水泵泄漏	车辆静置水泵下方有冷却液滴漏痕迹，检查水泵泵盖是否有渗漏痕迹	更换水泵
2	水泵停转	1）水泵熔丝熔断或继电器损坏 2）水泵接插件退针 3）线束不供电 4）水泵控制器损坏	1）更换熔丝或继电器 2）更换接插件 3）检查线束 4）水泵直接 12V 电源无运转
3	水泵正常工作下温度过高	水路中排空不净导致管路里存在大量空气，冷却液加注不足	在水泵运转状态下加注冷却液，加至液位上线后保持水泵运转进行排空，液面下降后继续补充，重复以上步骤直至液面不再下降
4	水泵异响（使用过程中声音变大并且声音忽大忽小）	1）冷却系统缺冷却液 2）水泵轴承损坏或偏磨	1）检查冷却管路，看各段管路是否充水饱满、有无吸瘪现象，如存在以上现象判断为缺冷却液，补充冷却液 2）如判断冷却系统冷却液充足还存在异响，可能是水泵轴承损坏。拆解水泵观察水泵轴心是否脱落或倾斜，若水泵损坏则更换

实训操作

实训一　读取故障码和数据流

各品牌汽车一般都有专用的诊断仪，通过诊断仪可以读取车辆系统的各项信息和数据，包括故障码和数据流，也可以进行动作测试等项目。

1. 根据下列步骤连接诊断仪

1）将诊断线插到诊断接口上。

2）将车钥匙置于 ON 档。

3）开启车辆诊断仪。

4）按照屏幕上的显示进行操作，以启动所需功能。

2. 进行系统快速测试和故障码数据流的读取

1）以某车型为例进入诊断软件主界面，选择要测试的车型，如图 1-44 所示。

2）选择快速测试项（图 1-45 和图 1-46），系统进行扫描。

3）单击各系统，就可以进入该系统读取该系统的故障码。图 1-47 所示为 VCU 和该车身系统的故障码。也可以直接进入系统选择读取故障码，如图 1-48 所示。

图 1-44　诊断车型的选择界面

图 1-45　快速测试项界面

图 1-46　扫描的车辆系统界面

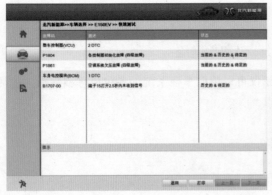

图 1-47　VCU 和该车身系统的故障码

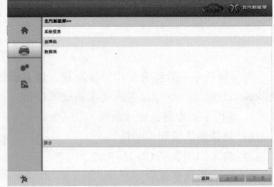

图 1-48　故障码数据流测试项

4）在诊断仪读取的故障码后可以看到电动车辆的故障等级。根据 VCU、电池、DC/DC 变换器、EPS 等零部件故障和整车的网络故障及电控单元（ECU）硬件故障，确定整车故障为四个等级，并进行相应的控制处理。等级划分的依据见表 1-19。

表 1-19　电动汽车故障等级的划分依据

故障等级	故障说明	处理方式
一级	致命故障	紧急断开高压
二级	严重故障	立即停车
三级	一般故障	进入跛行工况/降功率
四级	轻微故障	只仪表显示

5）读取当前故障码并单击故障码显示故障码冻结帧数据的记录，如图 1-49 所示。继续单击某一个故障码冻结帧数据（图 1-50），可以看到出现故障码时车辆的各项具体数据。

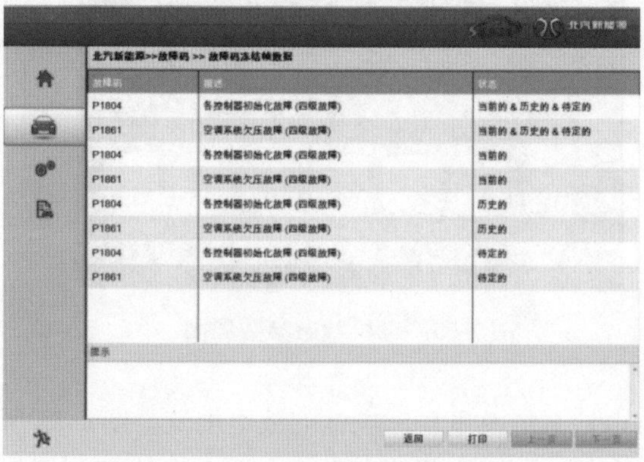

图 1-49　故障码冻结帧数据记录 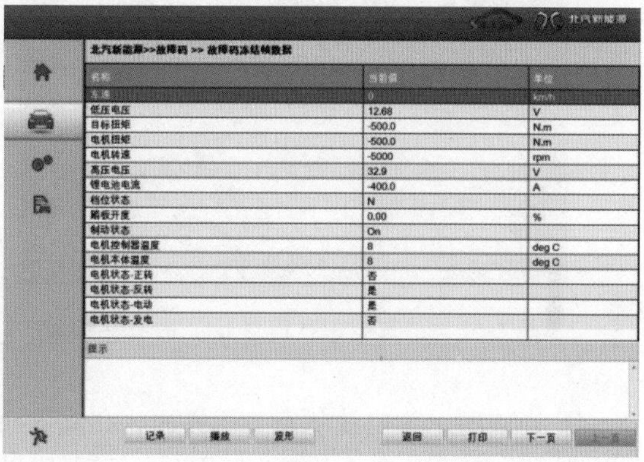　　　　　　图 1-50　故障码冻结帧数据

6）在读取完故障码后可以删除故障码。

读取数据流功能，可以帮助分析电动汽车各部件的性能。如读取低压蓄电池电压，可以分析蓄电池是否亏电，DC/DC 变换器是否正在充电等；读取节气门开度值，可以分析当前节气门的开度；读取电机系统状态参数，如电机初始化、预充电状态、电机转矩、电机本体温度、电机控制器温度、电机转速、电机生命信号等；读取电池系统状态参数，如电池总电压、电池当前放电电流、电池电量 SOC、单体电池最低电压、单体电池最高电压、单体电池最高温度、单体电池最低温度、电池系统生命信号、电池继电器闭合与断开状态等；读取整车信息参数，如档位状态、加速踏板电压值、低速和高速冷却风扇开启与闭合状态。

选择读取数据流的操作界面，诊断界面会弹出可以读取的数据流选项。数据流的具体内容如图 1-51 所示。

图 1-51　数据流的具体内容

实训二　使用车载信息显示系统监控车辆

通常，电动汽车都带有车载信息显示系统，其中有对车辆运行情况的监控。监控的信息有动力蓄电池的参数、电机系统的运行参数以及故障报警。通过车载监控系统可以了解车辆的运行情况，以及电池和电机的工作状态。以某车型为例，操作车辆监控系统。进入车载信息显示系统主界面，单击车辆监控图标，进入车辆监控界面。车辆监控界面共有车辆状态、电池状态、电机状态和故障诊断四项内容。图 1-52 所示为某车型车载信息显示系统主界面，该界面可以显示车辆能量回收状态和故障状态，图 1-53 中用深色显示车辆有轻微故障。

图 1-52　某车型车载信息显示系统主界面

图 1-53　电机状态参数界面

图 1-54 所示为电池状态显示界面，在此界面有电池系统总电压和电池充放电电流。图 1-55 所示为电机状态显示界面，在此界面显示有直流母线电压、驱动电机当前转矩、驱动电机控制器温度和驱动电机温度。

图 1-54　电池状态显示界面

图 1-55　电机状态显示界面

图 1-56 所示为故障诊断界面，内容包括电池总电压，电池放电电流，单体电池最高、最低电压和温度以及电池正负极对地的绝缘电阻，驱动电机相电流和驱动电机当前状态。

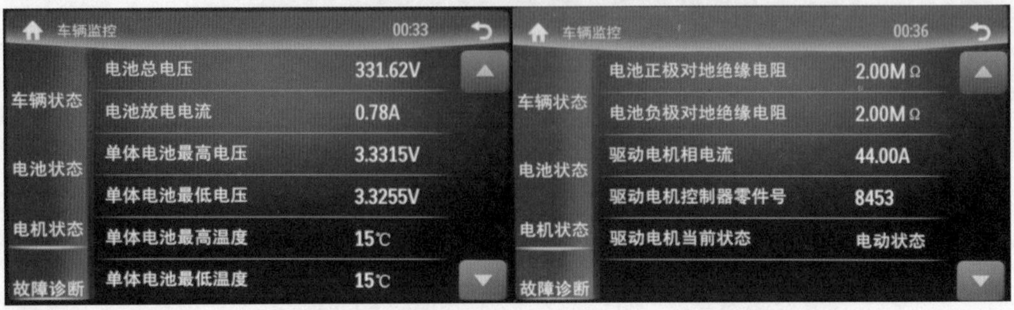

图 1-56　故障诊断界面

实训三　空调系统定期检查维护项目

对空调系统的检查内容有：制冷和制热能力的检查，系统工作是否异常（如压缩机异响、鼓风机异响、控制器功能失效等），部件绝缘电阻的检查，进气过滤网定期更新。

1. 空调制冷系统检查及维护

空调制冷系统检查及维护注意事项如下：

1）穿戴好防护用品，不要被制冷剂伤到眼睛和皮肤。

2）维修时若有制冷系统高压电器件（空调压缩机/压缩机控制器/PTC 加热器）可能带电，在进行检测或维修时注意佩戴防高压手套。

3）维修时若有制冷剂泄漏，应使工作场所通风。

4）制冷管路拆解后及时密封各管路开口，防止水或湿空气进入系统。

5）连接安装各管路接口时注意接口清洁，O 形密封圈涂抹冷冻机油。

6）制冷系统检查如下：

① 首先正确操作空调面板各按键。

② 检查制冷系统高、低压管路压力是否正常。

③ 根据电路图，检查电动压缩机高、低压输入是否正常，是否存在短路和断路现象。

④ 若均正常，可怀疑空调控制面板或 VCU，检查电动压缩机控制信号是否正常。

⑤ 无法检出外围故障，则可认定为压缩机自身故障。

2. 空调暖风系统检查及维护

PTC 检查与维护的内容如下：

1）检查 PTC 功能及工作中有无焦煳味。

以某车型为例操作空调面板：打开鼓风机并调节温度，使显示屏温度条显示至 Hi 方向位置（左方四个格范围内），制热功能启动，空气通过加热器从仪表板通风口输出。

暖风功能打开，工作几分钟之后，检查吹出的风有无焦煳味。

2）检查系统连接是否正常，是否存在接插件漏插现象，若有漏插应连接好。

3）检查高压熔丝（即高压输入 PTC 控制器）是否正常。

4）建议通过故障诊断仪进行故障提示。

> **注意：**
>
> 当制热功能启动时，制冷系统不能同时工作。如启动制热时，制冷系统已处于工作状态，则随制热的启动而停止工作，关闭制热后恢复工作。

练习与思考

1. 请写出维修电动汽车的安全注意事项。

2. 纯电动汽车高压部分系统元件及每一部分的功能是什么？

3. 请画出串联式混合动力系统、并联式混合动力系统和混联式混合动力系统示意图。

4. 写出电动汽车高压部分 5 段线束名称及线束的绝缘检查方法。

5. 请回答互锁回路的作用及检查方法。

6. 请写出电动汽车空调系统维护的作业项目及检查方法。

7. 请写出电动汽车诊断仪的基本功能。

8. 请写出电动汽车的故障等级及处理方法。

电动汽车电池管理系统检修

学习领域二

 学习目标

知识目标	掌握纯电动汽车、混合动力汽车、燃料电池电动汽车的工作原理
	了解动力蓄电池的类型、结构及工作原理
	掌握常见动力蓄电池的性能参数含义及与电池性能的关系
	了解常见动力蓄电池的应用和回收
	了解动力蓄电池充放电过快的原因
	掌握电池管理系统的功能及组成
	了解电池管理系统常见的故障现象及原因
能力目标	能够依据动力蓄电池的更换条件，按照维修手册流程，拆卸和安装动力蓄电池
	能够对动力蓄电池充放电过快进行故障诊断，并按照操作规范对单体电池进行检修或更换
	能够使用专用诊断仪对电动汽车动力系统的故障进行诊断与检修
素养目标	能够依据环境保护等相关规定，处理报废电池
	通过对电池管理系统不同类型功能的了解，培养学生对国有品牌的热爱，进而激发学生的民族自豪感
	通过对动力蓄电池更换操作，培养学生的安全意识及热爱劳动的意识

 学习情景一　续驶里程下降检测与排除

情景导入

一辆生产于 2012 年 5 月的北汽 E150EV，累积行驶 6.2 万 km，目前充电一次只能行驶 80km 左右，续驶里程下降较多，要求进行检修。

对于电动汽车而言，续驶里程下降太多是由于电池性能下降导致的，为此，需要在熟悉电池结构和安全操作规程的基础上对电池进行正确检测，以判断问题的根源，若电池性能下降较多，应进行更换。

一、电动汽车概述

按照我国对新能源汽车的定义，新能源汽车特指纯电动汽车、混合动力汽车和燃料电池电动汽车。下面将介绍三者的基本原理和特点。

1. 纯电动汽车

纯电动汽车（Blade Electric Vehicles，BEV）是一种采用单一蓄电池作为蓄能动力源的汽车，它利用蓄电池作为蓄能动力源，通过电池向电机提供电能，驱动电机运转，从而推动汽车行驶。由于自身能量来源单一，需要通过外部电网为蓄电池充电。图 2-1 所示为典型的电动汽车供能系统示意图。

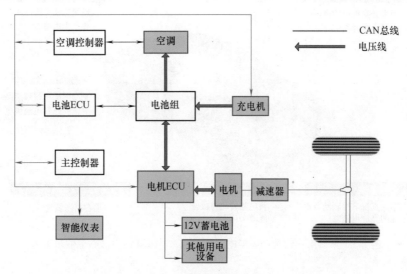

图 2-1 典型的电动汽车供能系统示意图

2. 混合动力汽车

混合动力汽车（Hybrid Electric Vehicle，HEV）是指驱动系统由两个或多个能同时运转的单个驱动系统联合组成的车辆，混合动力汽车按混合方式不同，可分为串联式、并联式和混联式三种，如图 2-2 所示。按混合度（电机功率与内燃机功率之比）的不同，混合动力汽车又可分为微混合、轻度混合和全混合三种。车辆的行驶功率依据实际的车辆行驶状态由单个驱动系统单独或多个驱动系统共同提供。因各个组成部件、布置方式和控制策略的不同，混合动力汽车有多种形式。

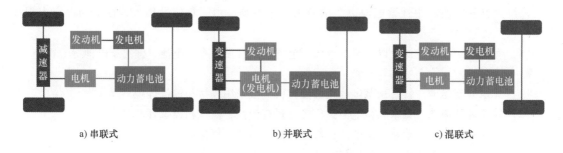

a) 串联式 b) 并联式 c) 混联式

图 2-2 混合动力汽车的混动方式

PHEV（Plug in Hybrid Electric Vehicle）是指通过插电进行充电的混合动力汽车，它加大了动力蓄电池容量，使其在采用纯电动工况时可行驶50~90km，超过这一里程，即必须起动内燃机，采用混合驱动模式。所以PHEV的电池容量一般达5~10kW·h，约是纯电动汽车电池容量的30%~50%，是一般混合动力汽车电池容量的3~5倍，是介于混合动力汽车与纯电动汽车之间的一种产品。

3. 燃料电池电动汽车

燃料电池电动汽车（Fuel Cell Electric Vehicle，FCEV）是利用氢气和空气中的氧在催化剂的作用下，在燃料电池中经电化学反应产生的电能作为主要动力源驱动的汽车。燃料电池电动汽车实质上是纯电动汽车的一种，主要区别在于动力蓄电池的工作原理不同。一般来说，燃料电池是通过电化学反应将化学能转化为电能，电化学反应所需的还原剂一般采用氢气，氧化剂则采用氧气。图2-3所示为丰田第一款量产燃料电池电动汽车Mirai动力核心部件示意图。

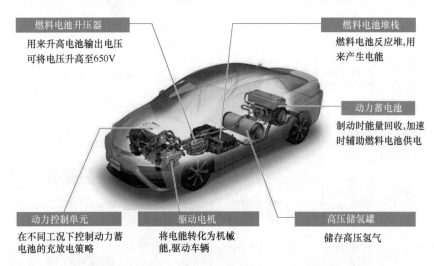

图2-3　丰田第一款量产燃料电池电动汽车Mirai动力核心部件示意图

二、动力蓄电池的种类及原理

作为电动汽车的能量储存和供给部件，动力蓄电池一直是电动汽车技术研发的重点。目前，在用的有多种形式的蓄电池，一般按照以下方式分类：

1. 按照蓄电池电解液性质分类

（1）酸性蓄电池　酸性蓄电池以硫酸水溶液作为电解质，铅酸电池使用最为广泛。

（2）碱性蓄电池　碱性蓄电池以氢氧化钾水溶液作为电解质，常见的有锌锰蓄电池、镍镉电池和镍氢蓄电池等。

（3）中性蓄电池　中性蓄电池以盐溶液作为电解质，由于稳定性较差，在电动汽车上很少使用。

（4）有机电解液蓄电池　以有机溶液作为电解质，常见的有锂电池、锂离子电池等。

2. 按照蓄电池正、负极材料分类

（1）锌系列蓄电池　锌系列蓄电池正负极材料一般采用锌锰和锌银等。

（2）镍系列蓄电池　镍系列蓄电池正负极材料有镍锰、镍锌和镍氢等。

（3）铅系列蓄电池　铅系列蓄电池正负极材料为铅和二氧化铅。

（4）锂系列蓄电池　正极材料为镍钴锰酸锂，负极材料为石墨。

（5）金属空气蓄电池　金属空气蓄电池正负极材料为锌空气和铝空气等。

3. 常见动力蓄电池的基本结构与原理

（1）**铅酸蓄电池** 铅酸蓄电池已有 150 多年的历史，广泛用作内燃机汽车的起动动力源，是成熟的电动汽车蓄电池。它可靠性好、原材料易得、价格便宜，比功率也基本能满足电动汽车的动力性要求。但它有两大缺点；一个是比能量低，所占的质量和体积太大，因此一次充电行驶里程较短；另一个是使用寿命短，使用成本过高。目前，已有很多公司开发出新型的铅酸蓄电池，使其性能有很大提高。铅酸蓄电池的典型结构如图 2-4 所示。

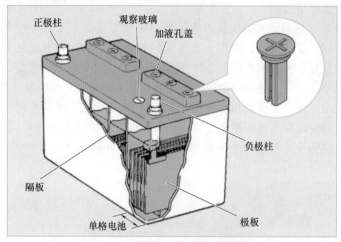

图 2-4　铅酸蓄电池的典型结构

铅酸蓄电池是利用稀硫酸、铅、二氧化铅这三种活性物质进行化学反应完成充电和放电的。放电时，化学反应是从左向右进行的，由于消耗了硫酸并生成水，因此电解液密度会不断下降。而充电时，在外部电压的作用下，重新生成活性物质。

（2）**镍氢蓄电池** 镍氢蓄电池属于碱性电池，镍氢蓄电池循环使用寿命较长，能量密度高，但价格较高，存在记忆效应。目前，国内已开发出 55A·h 和 100A·h 单体电池，比能量达 65 W·h/kg，功率密度大于 800W/kg 的镍氢蓄电池。

镍氢蓄电池正极的活性物质是氢氧化镍 $Ni(OH)_2$，负极是储氢合金，用氢氧化钾作为电解质。在金属铂的催化作用下，完成充放电的可逆化学反应。镍氢蓄电池的工作原理图如图 2-5 所示，其结构如图 2-6 所示。

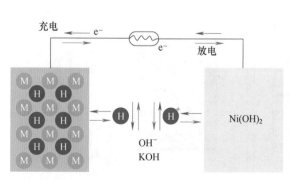

$(-) M+H_2O+e^- \leftrightarrow MH+OH^-$

$(+) \beta\text{-}Ni(OH)_2+OH^- \leftrightarrow \beta\text{-}NiOOH+H_2O+e^-$

图 2-5　镍氢蓄电池的工作原理图

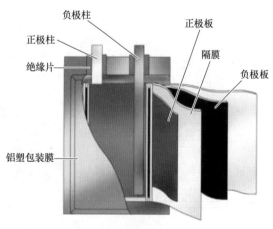

图 2-6　典型的镍氢蓄电池结构图

（3）镍镉蓄电池　镍镉蓄电池应用的广泛程度仅次于铅酸蓄电池，其比能量可达 55W·h/kg，比功率超过 190W/kg。镍镉蓄电池可快速充电，循环使用寿命较长，是铅酸蓄电池的两倍多，可达到 2000 多次，但价格为铅酸蓄电池的 4~5 倍。镍镉的初期购置成本虽高，但由于其在能量和使用寿命方面的优势，因此其长期的实际使用成本并不高。缺点是有记忆效应的，容易因为充放电不良而导致电池可用容量减小。镍镉蓄电池需在使用 10 次左右后，进行一次完全充放电，如果已经有了记忆效应，应连续进行 3~5 次完全充放电，以释放记忆。另外，镉有毒，使用中要注意做好回收工作，以免造成环境污染。

（4）锂离子蓄电池　锂离子蓄电池具有重量轻、能量密度高、无污染、无记忆效应和使用寿命长的特点。在同体积重量情况下，锂离子蓄电池的蓄电能力是镍氢电池的 1.6 倍，是镍镉蓄电池的 4 倍，并且人类只开发利用了其理论电量的 20%~30%，开发前景非常好。同时，锂离子蓄电池不会对环境造成污染，是目前最佳的能应用到电动汽车上的电池。我国从 20 世纪 90 年代开始开发和利用锂离子蓄电池，至今已研制出了完全拥有自主知识产权的锂离子蓄电池。按照正极材料的不同，锂离子蓄电池可以分为锰酸锂离子蓄电池、磷酸铁锂离子蓄电池和镍钴锂离子蓄电池等。锂离子蓄电池的内部结构及工作过程分别如图 2-7 和图 2-8 所示。

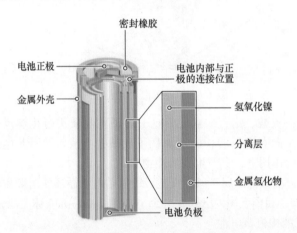

图 2-7　锂离子蓄电池的内部结构

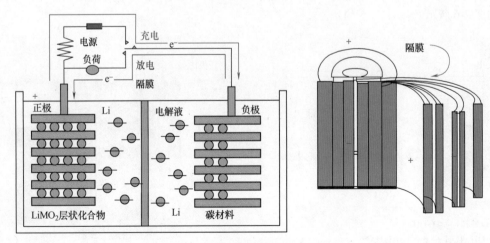

图 2-8　锂离子蓄电池的工作过程

锂离子电池充电时，锂离子从正极材料的晶格中脱出，通过电解质溶液和隔膜嵌入负极中。

放电时，锂离子从负极中脱出，通过电解质溶液和隔膜嵌入正极材料晶格中。在整个充放电过程中，锂离子往返于正负极之间。一般锂离子蓄电池的化学反应为

负极反应：
$$6C + xLi^- + xe^- \xrightarrow[\text{放电}]{\text{充电}} Li_xC_6$$

正极反应：
$$LiMO_2 - xe^- \xrightarrow[\text{放电}]{\text{充电}} xLi^+ + Li_1-xMO_2 \qquad (M = Co、Ni 等)$$

电池反应：
$$LiMO_2 + 6C \xrightarrow[\text{放电}]{\text{充电}} Li_1-xMO_2 + Li_xC_6 \qquad (M = Co、Ni 等)$$

由于锂离子蓄电池只涉及锂离子而不涉及金属锂的充放电过程，从根本上解决了由于锂枝晶的产生而带来的电池循环性和安全性问题。

三、常见动力蓄电池的性能参数及性能比较

1. 动力蓄电池的性能参数

（1）端电压 动力蓄电池端电压是指其正负极之间的电位差，单位为伏特（V），是表示蓄电池性能和状态的重要参数之一。一般用静态电压（开路电压）、放电电压和充电电压来衡量。

静态电压是指蓄电池未对外输出电流时的端电压。蓄电池在充足电的情况下静态电压最高，随着放电程度的增加，其静态电压会随之下降。

放电电压是指蓄电池向外输出电流时的端电压，放电电压也称为工作电压。蓄电池放电时放电电流越大，放电电压越低。在相同的放电电流下，随着放电程度的增加，其放电电压也会相应地降低。

充电电压是指在充电电源对蓄电池进行充电时，蓄电池正负极之间的端电压。充电电流越大，充电电压也越高。使用相同的充电电流充电时，随着充电的进行，充电电压逐渐升高，充足电时达到最高。

（2）内阻 蓄电池的内阻主要与极板的材料、结构和电解液性质有关。不同类型的蓄电池内阻不同，相同的蓄电池，随着放电程度的增加其内阻会相应地增大。

（3）容量 蓄电池的容量是指在允许的放电范围内所能输出的电量，其单位为 A·h。容量 $C=$ 放电电流（恒流）$I \times$ 放电时间（小时）t。容量用来表示蓄电池的放电能力，不同条件下蓄电池能输出的电量（容量）是不同的。

1）额定容量。额定容量是指充足电的蓄电池在规定的条件下所能输出的电量。在我国国家标准中，用 3h 放电率（C_3）来定义电动汽车蓄电池的额定容量，用 20h 放电率（C_{20}）来定义汽车用起动型蓄电池额定容量。

2）理论容量。理论容量是指假设蓄电池极板上的活性物质全部参加化学反应而输出电流时，依据法拉第定律计算出的电量，通常用质量容量（A·h/kg）或体积容量（A·h/L）来表示。

3）实际容量。实际容量是指充足电的蓄电池在一定条件下所能输出的电量。实际容量是在允许放电范围内，放电电流与放电时间的乘积。蓄电池实际容量小于理论容量，当放电电流和温度不同时，实际容量也不同。

（4）能量 蓄电池的能量是指在一定的放电条件下，蓄电池所输出的电能，单位为 W·h 或 kW·h。根据蓄电池的能量表示其供电能力，是反映蓄电池综合性能的重要参数。

1）标称能量。标称能量是指在规定的放电条件下蓄电池所能输出的电能总和。蓄电池的标称能量是额定容量与额定电压的乘积。

2）实际能量。蓄电池在实际条件下输出的电能总和为实际能量。实际能量是实际容量与放电过程中的平均电压乘积。

3）比能量。比能量是指蓄电池单位质量所能输出的电能，单位为 W·h/kg 或 kW·h/kg。蓄电池比能量越高，充足电后的能量越高，行驶里程越长。

4）能量密度。能量密度是指蓄电池单位体积所能输出的电能，单位为 W·h/L 或 kW·h/L。蓄电池能量密度越高，蓄电池所占的空间越小。

（5）功率　蓄电池的功率是指在规定的放电条件下，蓄电池在单位时间所能输出的电能，单位为 W 或 kW。蓄电池的功率直接影响电动汽车的加速度和最高车速。与能量相同，功率的衡量也会使用质量比功率（蓄电池单位质量能输出的功率）和功率密度（蓄电池单位体积所能输出的功率）来表示。

（6）循环寿命　蓄电池的使用寿命通常用使用时间或循环寿命来表示。蓄电池经历一次充电和放电过程称为一个循环或一个周期。在一定的放电条件下，当蓄电池的容量下降到某规定的限值时，蓄电池所能承受的充放电循环次数称为蓄电池的循环寿命。

不同类型的蓄电池，其循环寿命不同。对于某种类型的蓄电池，其循环寿命与充放电的电流大小、蓄电池工作温度和放电深度等均有密切关系。

2. 常见动力蓄电池性能比较

选用动力蓄电池时要参考上述性能参数，一般主要考虑蓄电池的容量、能量、功率和循环寿命等主要参数。常见动力蓄电池的性能比较见表 2-1。

表 2-1　常见动力蓄电池的性能比较

电池种类	比能量/（W·h/kg）	比功率/（W/kg）	循环次数
铅酸蓄电池	33	130	400~500
镍镉蓄电池	45	>500	2000
镍氢蓄电池	40~60	550~1350	>1000
锂离子蓄电池	200	>1300	>2000

由上表可以看出，镍氢蓄电池和锂离子蓄电池在主要性能参数上明显占优势，也是汽车动力蓄电池发展的方向。

四、常见动力蓄电池的实际应用

（1）铅酸蓄电池　铅酸蓄电池技术成熟、廉价、安全、可回收再利用，缺点是体积大、比容量低、循环寿命不够长，存在铅污染等。铅酸蓄电池近些年开发出许多新技术，如三维及双三维结构电极和全密封式、管式、水平式等新结构；使用新的铅合金电极，比能量逐渐提高，循环寿命长达 4500 次。

目前，铅酸蓄电池主要用于常规汽车的起动电源、电动自行车和电动巴士等。

（2）镍氢蓄电池　镍氢蓄电池是一种集能源、材料、化学、环保于一身的绿色环保电池，具有高能量密度、大功率、高倍率放电、快速充电能力、无明显记忆效应等特点。由于镍氢蓄电池技术相对成熟，在安全性和成本方面具有优势。根据国内配套设施的建设进度，以及国外新能源汽车的发展路径，当前市场上形成规模销售的混合动力汽车有丰田普锐斯等。

（3）锂离子蓄电池　锂离子蓄电池的负极是碳素材料，正极是含锂的过渡金属化合物 $LiCoO_2$、$LiMn_2O_4$、$LiFePO_4$ 等，电解质是锂盐的有机溶液或聚合物。由于正极物质的不同，锂离子电池有钛酸锂、锰酸锂、磷酸铁锂和三元材料动力蓄电池等形式。目前，国内主要以磷酸铁锂蓄电池为研发方向，并在新能源汽车上有一定规模的使用。未来的动力蓄电池将向高电压、高能量、高功率和宽温度范围应用领域发展。因此，具有高电压、高能量的镍钴锰三元材料动力锂离子蓄电池

（NMC）将会受到更多关注，并将在更多领域有规模化应用。

（4）超级电容器 超级电容器（Super Capacitor，SC）也称为电化学电容器，是介于传统电容器和蓄电池之间的新型储能元件。超级电容器的结构与化学电池非常相似，也是由正极、负极、隔膜和电解液等组成的。超级电容器主要是利用电极电解质界面电荷分离所形成的双电层，或借助电极表面内部快速的氧化还原反应所产生的法拉第准电容来实现电荷和能量的储存。与传统的电容器和二次电池相比，其优点在于循环寿命高达数万次，比功率高，储存电荷的能力比普通电容器高，并具有充放电速度快、使用温限范围宽、无污染等特点；其缺点在于比容量小，单位能量投资高。发展超级电容器的关键问题是开拓毫秒-秒级的应用以及如何降低成本。超级电容器是一种非常有前途的新型绿色能源，目前已广泛用于电动汽车和混合动力汽车中。

五、动力蓄电池的储运及回收

1. 回收动力蓄电池的意义

随着电动汽车的逐步产业化，电动汽车动力蓄电池的产量会大幅提高；电动汽车用动力蓄电池中含有铅、镍、钴、锂等金属材料和电解液，一旦废旧蓄电池不能得到有效的回收处理，不仅造成资源的浪费，而且对环境的污染尤为严重。因此，动力蓄电池的回收利用不仅能带来巨大的环境效益，同时也将产生显著的经济效益与社会效益。

2. 动力蓄电池回收的基本方法

1）火法回收。所谓火法，也叫作烟法或干法，就是对废旧电池进行破碎后，再放入焙烧炉中在 $600 \sim 800 ℃$ 下焙烧，从排出的气体、烟气、残渣中分离提纯不同金属。废旧电池火法回收的一般工艺流程如图 2-9 所示。

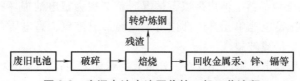

图 2-9 废旧电池火法回收的一般工艺流程

2）湿法回收。所谓湿法，就是将电池分类破碎后，置于浸取槽中，加入酸（碱）等溶液进行金属浸出，然后过滤残渣。针对不同金属离子的性质，利用萃取剂和沉淀剂等从滤液中分离出不同的金属。湿法回收过程是靠创造条件来控制物质在溶液中的稳定性，来实现金属回收。废旧电池湿法回收的一般工艺流程如图 2-10 所示。

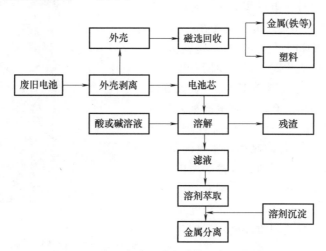

图 2-10 废旧电池湿法回收的一般工艺流程

3. 废弃处理

（1）**存放高电压蓄电池单元直至废弃处理**　只允许将高电压蓄电池单元及其组件（如电池模块）存放在带有自动灭火装置的空间内。此外，必须装有火灾探测器，从而确保即使不在工作时间内，也能识别出失火情况。原则上不允许将高电压蓄电池单元放在地面上，而是只能放在架子上。必须将各电池模块存放在可上锁的安全柜内。高电压蓄电池单元故障但未损坏时，可像起动蓄电池一样将其放在运输容器内。存放完好无损的高压蓄电池和电池模块如图 2-11 所示。

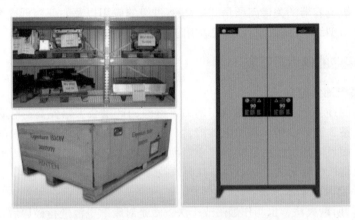

图 2-11　存放完好无损的高压蓄电池和电池模块

（2）**存放损坏的蓄电池**　蓄电池出现以下情况时就会视为蓄电池损坏：高电压蓄电池单元带有可见烧焦痕迹，高电压蓄电池单元具体部位可见高温形成迹象，高电压蓄电池单元冒烟，高电压蓄电池单元外部面板变形或破裂。

必须将损坏的高电压蓄电池临时存放在户外带有特殊标记的容器内至少 48h，然后才允许进行最终废气处理。

存放位置必须与建筑物、车辆或其他易燃材料（如垃圾容器）距离至少 5m。必须将外部损坏的高电压蓄电池单元放在耐酸且防漏凹槽内，以免溢出的电解液流入土壤。

（3）**高电压蓄电池单元废弃处理**　需要进行废弃处理时，应联系所在市场相关专业废弃处理机构。如果不了解该废弃处理机构或遇到有关废弃处理的所有问题，可向所在市场相应环境管理专家（EME）求助。售后服务负责人负责包装物品并确保物品安全。蓄能器未损坏时可使用配件的运输包装；蓄能器已损坏且有液体溢出时，必须使用专用容器并将其作为危险物品运送（图 2-12）。负责人确保进行废弃处理前，将损坏的高电压蓄电池单元临时存放 48h，并确定运输能力。直到运输前都应按照规定（包括当地工作说明）存放高电压蓄电池单元。特别要注意，不要因撞上堆垛机、受潮等原因导致运输包装或高电压蓄电池单元损坏。因发现运输包装损坏等原因怀疑其不再具备高电压蓄电池单元运输能力时，必须使用维修说明重新确定运输包是否具有运输能力。

图 2-12　用于存放已损坏的高压蓄电池的集装箱

动力蓄电池的检修

一、动力蓄电池的检测内容

单体电池和模块电池出厂前必须进行相关试验，具体试验内容见表 2-2。

表 2-2　单体电池和模块电池试验项目

单体电池试验	模块电池试验
外观	外观
极性	极性
外形尺寸	外形尺寸
质量	质量
20℃放电性能	20℃放电性能
−20℃放电性能	简单模拟工况（$0.3C$　$3C$）
55℃放电性能	耐振动性
20℃倍率放电性能	过放电试验
常温荷电保持及恢复能力	过充电试验
高温荷电保持及恢复能力	短路试验
过放电试验	加热试验
过充电试验	挤压试验
短路试验	针刺试验
跌落试验	
加热试验	
挤压试验	
针刺试验	
循环寿命	
储存	

1. 动力蓄电池检测的前提条件

必须满足必要的前提条件，才允许对高压蓄电池单元进行有针对性的检测和修理工作。

1）具备资质：只允许具备高电压蓄电池单元修理资质的售后服务人员进行这项工作。

2）精准使用诊断系统和专用工具。

3）严格遵守维修说明：除更换损坏组件外，不允许对高电压蓄电池单元内部进行任何修理工作。例如，导线束损坏时不允许进行维修，只能更换。更换损坏组件时，必须严格遵守维修说明中规定的工作步骤。使用维修说明中规定的专用工具也非常重要。

2. 安全规定

1）高电压蓄电池单元修理工位必须洁净（无油脂、无污物、无碎屑）、干燥（无溢出液体）且无飞溅火花（不靠近车身维修区域）。因此，必须避免紧靠车辆清洗场所（清洗车间）或车身修理工位，如有可能，应使用活动隔板进行隔离。

2）为了防止未经授权的人员进入工位（资质不够、客户、到访者等）以及无法确保高电压本质安全或出现不明状态时应使用隔离带。离开工作区域时建议设置发光黄色警告提示。

3）拆卸盖板前，应清除高电压蓄电池单元盖板区域内的残留水分和粗杂质。

4）进行每项工作步骤之时、之前和之后，应对作业组件进行仔细的直观检查。例如，拆卸某一组件时，应检查由此松开的其他组件是否损坏。

5）为修理高电压蓄电池单元而打开壳体端盖后，应直观检查其是否存在机械损伤。

6）在打开的高电压蓄电池单元内进行作业前，必须使固定在电池之间的高电压导线与接口侧断开，从而中断串联连接。

7）拔下和插上蓄能器管理电子装置（SME）的绝缘监控导线时必须特别小心，因为在较细导线上存在高电压。拔下插头时必须注意，不要拉动导线。

8）将绝缘监控导线插在蓄能器管理电子装置上时，必须注意是否正确锁止。如果插头未完全锁止，可能会无法识别出绝缘故障。

9）工作中断时，应盖上拆下的壳体端盖，并通过拧入几个螺栓防止无意间打开。用隔离带隔开工作区域。

10）在高电压组件、连接件上或在其附近，不要使用带有尖锐刃口或边缘的工具或物体。例如，禁止使用螺钉旋具、侧面切刀等，允许使用装配楔（"鱼骨"）。在 12V 车载网络导线束上，允许使用侧面切刀打开导线扎带。

二、动力蓄电池的更换

1. 何时需要更换动力蓄电池

由于单体电池的电源电压和所能提供的电流都是一定的，因此当实际应用中需要更高的电压和更大的电流输出时，就需要将多个单体电池连接在一起使用，而组成电池组。当确定动力蓄电池内部故障时，需要拆卸动力蓄电池。

2. 安全注意事项

1）不允许切开高电压导线上的扎线带，可以松开卡子或将高电压导线连同支架部件一起拆卸。

2）拆卸和安装电池模块时，松开螺栓、进行拆卸时必须注意，不要松开电池模块上的塑料盖板，因其下面装有导电电池接触系统。

3）高电压蓄电池单元内部有杂质时，明确原因后应对相关部位进行仔细清洁。可使用酒精、风窗玻璃清洗液、玻璃清洗液、蒸馏水、带塑料盖的吸尘器等清洁。

4）不要将任何工具遗忘在设备内，关闭壳体端盖前检查工具箱内的工具是否完整。

5）遗失或掉落在高电压蓄电池单元内的小部件或螺栓务必要取出。为确保修理高电压蓄电池单元时不丢失螺栓，建议使用磁力工具。

6）由于热交换器采用非常扁平的设计结构，拆卸和安装时的损坏风险较高。因此，必须始终由两个人来进行拆卸和安装。进行热交换器操作时必须非常谨慎，因为热交换器损坏（弯曲、凹陷）时无法确保对电池模块进行冷却，使车辆可达里程和功率明显下降。重新安装前必须使用规定清洁剂清洁密封垫和密封面（排气单元、高电压插头、12V 插头、热交换器接口）。

7）电解液的主要部分结合在固体阴极材料锂镍锰钴氧化物内和固体阳极材料石墨内。高电压蓄电池单元内的自由电解液量非常小。出现泄漏情况时，可能会释放电解液和溶剂蒸气。若接触皮肤或眼睛后，需用大量清水进行冲洗并马上就医。发生火灾时，会产生易燃气体、污浊气体和对健康有害的物质，例如一氧化碳、二氧化碳、氢气和碳氢化合物。如吸入有害气体，应供给充足新鲜空气。呼吸停止时应进行人工呼吸并马上就医。

3. 拆卸动力蓄电池操作流程

1）断开蓄电池负极，确定系统无电压，如图 2-13 所示。

2）用举升机升起车辆，如图 2-14 所示。

图 2-13　断开蓄电池负极

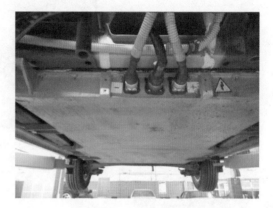

图 2-14　举升车辆

3）拆下线束插头护板，如图 2-15 所示。

4）拆下连接线束，如图 2-16 所示。

图 2-15　拆下线束插头护板

图 2-16　拆下连接线束

5）拆下动力蓄电池，如图 2-17 所示。

6）全方位直观检查壳体是否存在污物和损坏。

7）因高压蓄电池单元不明状态出现故障时，应检查是否出现热异常。

8）运送至修理工位。

4. 安装动力蓄电池

安装新电池模块前，必须使新电池模块的充电状态达到之前读取剩余电池模块水平。更换所有电池模块时，可使用一个电池模块的电压作为其他所有电池模块的额定充电电压，从而确保充电时间最小化（通过充电机读取）。

安装以拆卸相反的顺序进行。

图 2-17　拆下动力蓄电池

练习与思考

一、单项选择题

1. 以下哪个故障发生需要更换动力蓄电池组（　　）。

A. 整车控制器故障　　　　　　　B. DC/DC 故障

C. 动力蓄电池内部故障　　　　　D. 电机故障

2. 拆卸动力蓄电池组前应该做什么（　　）。

A. 断开充电机　　　　　　　　　B. 关闭点火开关

C. 断开电池组连接线束　　　　　D. 断开蓄电池负极

3. 北汽 E150 电池组固定螺栓的拧紧力矩为（　　）。

A. 80N·m　　　　　　　　　　　B. 95~105N·m

C. 95N·m　　　　　　　　　　　D. 125N·m

4. 北汽 E150 高压部分线束的颜色为（　　）。

A. 黑色　　　　　　　　　　　　B. 白色

C. 橙色　　　　　　　　　　　　D. 红色

5. 对动力蓄电池的说法不正确的是（　　）。

A. 含有铅、镍、钴、锂等金属材料

B. 与普通蓄电池比较没有电解液

C. 废旧蓄电池不能得到有效的回收处理，会造成资源的浪费

D. 废旧蓄电池不能得到有效的回收处理，会造成环境污染

6. 以下对动力蓄电池的描述错误的是（　　）。

A. 动力蓄电池一般为电池组

B. 动力蓄电池对电池性能的要求较高

C. 动力蓄电池制造成本较低

D. 限制动力蓄电池发展的因素有电池使用寿命短

7. 北汽 E150 单体蓄电池的额定电压为（　　）。

A. 1.5V　　　　　　　　　　　　B. 2V

C. 3V

D. 3.2V

二、多项选择题

1. 电池组可以实现下列哪些目标（　　　）。

A. 增大电压

B. 增大电流

C. 增大容量

D. 增强安全性

2. 北汽 E150 与电池组连接的三根连接线束分别为（　　　）。

A. 高压正极

B. 高压负极

C. 通信线束

D. 冷却管路

3. 发达国家动力蓄电池回收的现状对我们的启示有（　　　）。

A. 建立完善的回收利用法律制度

B. 建立完善的电池回收体系

C. 落实生产者责任延伸制度

D. 开展动力蓄电池回收利用环境评价和经济评估

三、简答题

1. 分析动力蓄电池内部故障可能的原因。

2. 安装电池组后需要进行哪些检查？

3. 简述动力蓄电池回收的意义。

4. 简述更换单体电池的步骤。

 学习情景二　充放电过快故障的检测与排除

 情景导入

对于锂离子蓄电池来说，充、放电控制精度要求相当高，既不能"过充"，也不能"过放"，要严格限制放电终止的最低电压和限制充电终止的最低电压，否则会影响电池的使用寿命。

北汽 EV150 电动汽车，行驶里程为 35000km，车主王先生反映，该车放电过快。服务顾问对车辆进行检测后，发现该车的第三个单格电池晶型坍塌，需要更换第三格电池。

知识准备

一、锂离子蓄电池不能"过充过放"

放电时锂离子不能完全移向正极，必须保留一部分锂离子在负极，以保证下次充电时的锂离子畅通嵌入通道，否则，电池使用寿命就会相当短。为了保证碳层中放电后留有部分锂离子，也就是锂离子蓄电池不能过放电，这就要严格限制放电终止最低电压；同时，根据锂离子工作原理最高充电终止电压应为 4.2V，不能过充，否则会因正极材料中的锂离子拿走太多时，造成晶型坍塌，而使电池表现出寿命终结状态。由此可见，锂离子充/放电控制精度要求相当高，既不能过充，也不能过放，否则都将影响电池使用寿命。

二、动力蓄电池的不一致性

动力蓄电池的不一致性是指规格型号相同的单体电池在电压、内阻和容量等参数上存在的

差别。

1. 产生动力蓄电池不一致性的原因

单体电池的初始不一致性来自生产环节。由于材料的不均匀性、生产制造过程中的技术工艺精度误差以及环境温度等原因，电池的内部结构和材质上存在差别，对外即表现为初始性能参数的不一致。

2. 动力蓄电池不一致性带来的影响

由于单体电池容量存在差异，因此容量小的单体电池在充电过程中过早地进入过充电状态，在放电过程中则过早地进入过放电状态。随着连续的充放电循环，对于单体电池而言，每次过充电、过放电程度更甚于单体电池的独立使用，而当一个单体电池特性恶化时，会导致电池组其他单体电池发生多米诺骨牌效应，从而使电池组过早失效，这是影响电池组使用寿命的重要因素。

(1) 内阻不一致的影响　由于内阻的不一致，在串联电池组放电过程中，内阻大的电池电能耗更高，产生大量的热量，局部温度持续升高会导致电池变形甚至爆炸的严重后果。在充电过程中，内阻大的电池提前达到允许电压限值不得不在未充满电时即中止。并联电池组充放电过程中由于内阻的不一致，单体电池分配的充放电电流不同，相应的充放电容量有的不相同，进而影响电池组的能量特性和使用寿命。

(2) 电压不一致的影响　由于单体电池的电压不一致，在串联电池组中，会发生电池间的互充电，造成能量损耗，达不到预期的能量输出。电池的充放电都受终止电压限值，在串联电池组中，由于电压不一致，充电过程中，电压大的单体电池提前达到充电终止电压，为了避免过充电，整个电池组充电终止，充电性能下降。同样，放电过程中，电压小的单体电池提前达到放电终止电压，使用中的电池组的放电性能因而受到影响。

(3) 容量不一致的影响　同一规格的电池有相同的最佳放电率，由于容量的不一致，不同电池的最佳放电电流就不同，放电深度也不同，而充电过程中，容量小的电池将提前充满电，为了使电池组中其他电池充满电，小容量的电池必将过充电，充电后期充电电压偏高，甚至超出电池电压最高限，形成安全隐患，影响整个电池组的充电过程。

三、动力蓄电池的连接方式

电池组的连接方式有很多种，但基本上是由单纯串联、单纯并联和串并混联的组合形成的。各种连接方式对电池组的使用安全性、可靠性、不一致性和使用寿命等有各种不同的影响。对电池管理系统的功能也有不同的影响。

1. 串联电池组

由于单体电池的额定电压一般都偏低，往往不能满足负载额定电压的要求，这时就需要将多个单体电池串联起来使用，称为串联电池组。串联电池组适用于输出电流不太大，而输出电压要求较高的场合。串联电池组中由于单体电池电压不一致，电压差的累积有逐步增加和相互抵消的情况。

2. 并联电池组

由于单体电池的输出电流是一定的，往往不能满足实际应用中负载额定电流的要求，这时就需要将多个单体电池并联起来使用，称为并联电池组。可见，并联电池组适用于每个电池的电动势能够满足负载所需的电压，而单个电池的输出电流小于负载所需的电流的情况。

并联电池组中电池间互充电，当并联电池组中一节电池电压低时，其他电池将给此电池充电。这种连接方式，低压电池容量小幅度提高的同时，高压电池容量急剧下降，能量将损耗在互充电过程中而达不到预期的对外输出。

3. 串并混联电池组

当需要电源的电压较高且电流较大时，就会用到混联电池组。混联电池组的连接方式有两种。一种是先并联后串联，另一种是先串联后并联。连接方式不同，系统的可靠性也不同。

先并联后串联系统连接可靠性远大于先串联后并联的情况。对于先并联后串联，系统可靠性高于单体可靠性，而先串联后并联系统可靠性低于单体可靠性，因此无论何种类型的电池，综合考虑连接可靠性和连接方式对电池性能的影响，应采用先并联后串联的方式。

四、动力蓄电池的环境温度

由于锂离子蓄电池的特性，对工作温度有极严格的要求，一般为 $0 \sim 40℃$。电池的实际容量、能量、功率和自放电率等性能随环境温度的不同而变化，电池在其最佳温度区域表现出良好性能。电池的使用寿命与温度有着密切的关系，环境温度过高或过低都会对其性能及使用寿命产生不利影响。以锂离子蓄电池为例，电池的温度过低，会导致锂离子在电极材料、电解液以及隔膜之间的电导率下降，造成锂离子的脱嵌能力下降，从而导致电池即使在常规的工况下工作也会产生较为严重的极化，发生不可逆的反应，影响电池的使用寿命。

五、动力蓄电池的充放电率

充放电率（C-rate），C 是 Capacity 的首字母，用来表示电池充放电时电流大小的数值。

例如：充电电池的额定容量为 $1100mA \cdot h$ 时，即表示以 $1100mA$（$1C$）放电时间可持续 $1h$。

1. 充放电率对动力蓄电池性能的影响

充放电率不仅直接影响电池的极化情况，而且会因为高倍率下引起电池发热、温度升高，从而影响电池的使用寿命。通常小电流充放电情况下，电池一致性较好，大电流放电情况下，一致性变差，特别是过充电、过放电会更大程度地增加了电池的不一致性。

2. 锂离子蓄电池的充放电曲线

图 2-18 所示为在不同的充电倍率下锂离子蓄电池的端电压变化曲线。充电开始阶段，端电压有一个迅速上升的过程，当充电电流越大，电压上升的幅度就越大，接着进入一个平稳阶段，电压随着充电时间缓慢上升。充电电流越小，电压就有一个缓慢上升的台阶，电压处于恒流阶段的时间越长，恒压充电的时间就越短，但是这样就会降低充电速率。对于要求能够快速充放电的纯电动汽车，充电速率显得尤为重要。但是，大电流充电会导致电池的极化内阻上升，内阻增大就会产生更多的热量，充电效率就降低。

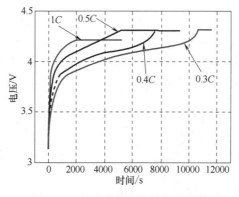

图 2-18　锂离子蓄电池的充电曲线

锰酸锂蓄电池在 $2.5 \sim 4.3V$ 都可以放电，但是并不是在此电压范围电池都能发挥好的循环性能。图 2-19 所示为不同的恒流放电倍率下的电池的电压曲线。从图中可以看出，在电池放电开始瞬间，电压有一个瞬间快速下降的过程，电池的放电电流越大，电压瞬间下降的幅度就越大。在经历瞬间下降后，电压有一个快速下降的过程。然后趋于缓慢下降，当电压下降到 3.6V 左右时，开始迅速下降到截至电压。不同的放电电流，端电压的稳定区间是不一样的。放电电流越大，端电压的平稳下降区间就越窄，且端电压保持在此区间的时间也越短。

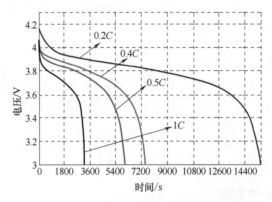

图 2-19　锂离子蓄电池的放电曲线

更换动力电池组

一、更换单体电池

1. 更换单体电池的操作流程

1) 拆卸动力电池组。

2) 打开动力电池组外壳。

3) 检查动力电池组内部的工作情况，找到需要更换的单体电池。

4) 拆卸需要更换的单体电池。

5) 安装相同规格的新的单体电池。

6) 初步检查动力电池组的工作情况。

7) 连接动力电池组。

8) 连接上位机软件检查动力电池组的工作情况，如果电池组工作良好，断开动力电池组。

9) 安装动力蓄电池外壳，确保其良好的密封性。

10) 安装并连接动力蓄电池。

2. 更换单体电池后的检查

1) 确保各线束连接处连接牢固。

2) 连接专用诊断仪，检查 VCU 的工作状况。

3) 如检查无故障，更换单体电池完成。

二、动力蓄电池更换后的检查

系统安装完成，对系统进行以下检查：

1) 检查各部件机械安装牢固性，如图 2-20 所示。

图 2-20　检查牢固性

北汽 E150 电池组固定螺栓的拧紧力矩为 95~105N·m。

2）检查线缆所连接电源的极性及其连接正确性，如图 2-21 所示。

3）检查各电气插接器连接是否到位，相应的卡口或锁紧螺钉是否卡紧或拧紧，如图 2-22 所示。

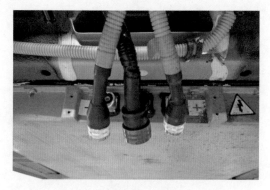

图 2-21　检查线缆所连接电源的极性及
其连接的正确性

图 2-22　检查连接是否到位

一、单项选择题

1. 以下不影响规格型号相同的单体电池的一致性是（　　）。

A. 颜色　　　　　　　　B. 电压　　　　　　　C. 内阻　　　　　　　D. 容量

2. 影响电池组使用寿命的重要因素是（　　）。

A. 电池组的连接方式　　　　　　　　B. 电池组的布置方式

C. 单体电池的不一致性　　　　　　　D. 电池组的使用时间

3. 适用于输出电流不太大，而输出电压要求较高场合的电池组的连接方式是（　　）。

A. 并联　　　　　　　　　　　　　　B. 串联

C. 混合连接　　　　　　　　　　　　D. 都可以

4. 适用于每个电池的电动势能够满足负载所需的电压，而单个电池的输出电流小于负载所需的电流的电池组连接方式是（　　）。

A. 并联　　　　　　　　　　　　　　　　B. 串联

C. 混合连接　　　　　　　　　　　　　　D. 都可以

5. 环境温度对电池性能影响说法错误的是（　　）。

A. 动力蓄电池对工作温度有极严格的要求

B. 一般为 0~50℃

C. 环境温度过高或过低都会对其性能及使用寿命产生不利影响

D. 低温会提高电池性能

6. 动力蓄电池的温度过低以下说法错误的是（　　）。

A. 会导致锂离子在电极材料、电解液以及隔膜之间的电导率下降

B. 造成锂离子的脱嵌能力下降

C. 导致电池即使在常规的工况下工作也会产生较为严重的极化

D. 不会影响电池的使用寿命

7. 充电电池的额定容量为 1100mA·h 时，即表示以 1100mA（1C）放电时间可持续（　　）。

A. 0.5　　　　　　B. 1h　　　　　　C. 2h　　　　　　D. 3h

8. 不同的放电电流对蓄电池容量影响的说法正确的是（　　）。

A. 大电流放电增加蓄电池的放电容量

B. 大电流放电降低蓄电池的放电容量

C. 没有影响

D. 小电流放电降低蓄电池的放电容量

二、多项选择题

1. 单体电池的初始不一致性来自（　　）。

A. 生产环节　　　　　　　　　　　　　B. 材料的不均匀性

C. 生产制造过程中的技术工艺精度误差　D. 环境温度

2. 单体电池的不一致性包括（　　）。

A. 内阻　　　　　　　　　　　　　　　B. 电压

C. 容量　　　　　　　　　　　　　　　D. 规格

3. 电池组的连接方式有（　　）。

A. 单纯串联　　　　　　　　　　　　　B. 单纯并联

C. 串并混联的组合　　　　　　　　　　D. 内连

4. 对混联电池组说法正确的是（　　）。

A. 适用于单个电池的输出电流小于负载所需的电流

B. 适用于单个电池的电压不能够满足负载所需的电压

C. 可靠性会提高

D. 可靠性会降低

5. 电池的温度过低（　　）。

A. 会导致锂离子在电极材料、电解液以及隔膜之间的电导率下降

B. 造成锂离子的脱嵌能力下降

C. 导致电池即使在常规的工况下工作也会产生较为严重的极化

D. 影响电池的使用寿命

6. 动力蓄电池随环境温度不同而变化的有（　　）。

A. 实际容量　　　　B. 能量　　　　　　C. 功率　　　　　　D. 自放电率

7. 充放电率对电池的影响有（　　　）。

A. 直接影响电池的极化情况　　　　　　B. 引起电池发热，温度升高

C. 影响电池性能　　　　　　　　　　　D. 影响电池使用寿命

8. 充放电对电池一致性影响的说法正确的是（　　　）。

A. 通常小电流充放电情况下，电池一致性较好

B. 电流放电情况下，一致性变差

C. 过放电会更大程度地增加电池的不一致性

D. 过放电会更大程度地降低电池的不一致性

三、简答题

1. 动力蓄电池的不一致性带来的影响有哪些？

2. 什么是电池组串联？电池组串联有什么特点？

3. 低温对动力蓄电池的影响有哪些？

4. 什么叫作充放电率？

 电池切断指示灯点亮故障检测与排除

张先生的电动汽车在行驶中，突然无法行驶，同时发现仪表板上的警告灯亮起，请你为该车进行诊断和维修。

知识准备

电池管理系统（Battery Management System）是连接车载动力蓄电池和电动汽车的重要纽带，其主要功能包括电池物理参数实时监测，电池状态估计，在线诊断与预警，充、放电与预充控制，均衡管理和热管理等。在保证电池系统安全的设计过程中，除了电池单体特性、电池模组设计、电池包的结构和排气设计以外，电池管理系统最有主控性。从镍氢蓄电池开始，电池由于其本身的特性，需要电池管理系统来管理，它也是新能源汽车整体架构中的要素之一。从总体来看，电池管理系统的主要目的是测量电池状态、延长电池的使用寿命。

一、电池管理系统的功能

电池管理系统的常见功能模块可以分为测量功能、状态估计功能、系统辅助功能和通信与故障诊断。

1. 测量功能

基本信息测量包括电池电压、电流信号的监测，电池包温度的检测。电池管理系统的最基本功能就是测量单体电池的电压、电流和温度，这是所有电池管理系统顶层计算、控制逻辑的基础。电池管理系统从电池这里获取的直接物理参数只有电压、温度和电流。

1）单体电池电压测量和电压监控。单体电池的电压，对于电池管理系统有几种意义，一是可以用来累加获取整个电压，二是可以根据单体电池电压压差来判断单体差异性，三是可以用来检测单体电池的运行状态。单体电池电压的采集和保护，目前都用ASIC（Application Specific Integrated Circuit，一种为专门目的而设计的集成电路）来完成，而采集电压的精度不仅需要考虑ASIC电路本身的精度，也需要考虑单体电池电压采样线束、线束保护用熔丝、均衡状态等多项内

容。单体电池电压电路检测如图 2-23 所示。

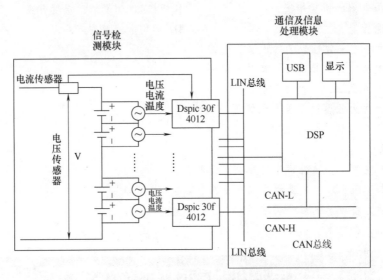

图 2-23　单体电池电压电路检测

2）电池包电压测量。在后续计算 SOC 时，往往会用电池组的总电压来核算，这是计算电池包参数重要参量之一；单体电池电压采样有一定的时间差异性，没办法与电池传感器的数据实现精确对齐，因此往往采集电池包电压来作为主参数进行运算。在诊断继电器时，是需要电池包内外电压一起比较的，所以这里一般测量电池包电压至少有两路 V_0 和 V_1，如图 2-24 所示。

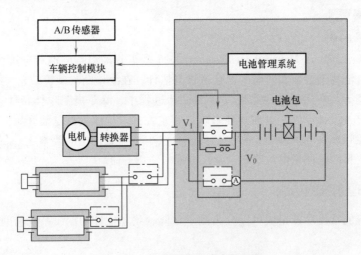

图 2-24　电池管理系统高压采集

3）电池温度测量。温度对电池的参数有着重要的意义。在设计电池和模组时，电池内外的温度差异、电池极柱和母线焊接处、模组内电池温度差异和电池包内最大温度差，这些参数在设计整个电池包时都是属于已经进行先期控制了。电池管理系统在设计温度传感器的放置点，以及放置多少温度点和最后采集得到的温度点表征整个电池包的运行情况，并不是电池管理系统能管理的范畴。温度检测的精度在不同温度范围精度要求也不同，如在-40℃时，检测精度不需要特别高，因为使用电池系统本身就需要加热，而在-10~10℃对电池性能有重大影响的区域，还有 40℃高温临近点，这些都是需要重点关心的区域。在设计的过程中，可以用上拉电阻、滤波电阻和温度传感器本身的数值进行蒙特卡罗分析。

需要注意的是，在一个电池包内放置太多的温度传感器并不好，因为这不仅涉及诊断问题，而且还需要选取较多的高精度电阻，成本很高。目前 ASIC 电路也会将温度采集的功能涵盖进去。温度采集电路如图 2-25 所示。

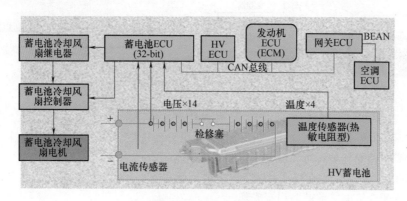

图 2-25　温度采集电路

4）电池包流体温度检测。电池管理系统在整个电池包热控制里面，一般的作用是监测温度以及流体入口和出口的温度，检测电路与单体检测类似。

5）电流测量。电池包仅在单体这一层级做并联，电池包内的单体电池串联起来给整车提供电能，所以一般只需要测量一个电流。电流测量工具主要有智能分流器或霍尔电流传感器。由于电池系统需要处理的电流数值往往瞬时很大，比如车辆加速所需要的放电电流和能量回收时候的充电电流，因此需要评估测量电池包的输出电流（放电）和输入电流（充电）的量程和精度。电流是引起单体电池温度变化的主要原因，作用在内阻和化学发热一起构成了电池发热；电流变化时也会引起电压的变化，与时间一起，这三项是核算电池状态的必备元素。霍尔电流传感器一开始在日系混合动力汽车上用得较多，现在慢慢有智能的分流器完成电压和电流的采样，通过串行总线传输，甚至可以在里面实现放电状态的估算。

6）绝缘电阻检测。在电池管理系统内，一般需要对整个电池系统和高压系统进行绝缘检测，比较简单的是依靠电桥来测量总线正极和负极对地线的绝缘电阻。绝缘电阻检测如图 2-26 所示，人工绝缘电阻检测如图 2-27 所示。

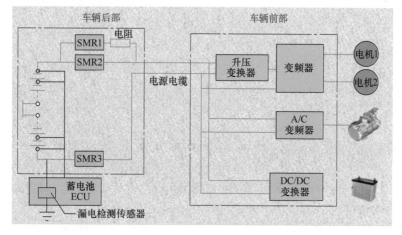

图 2-26　绝缘电阻检测

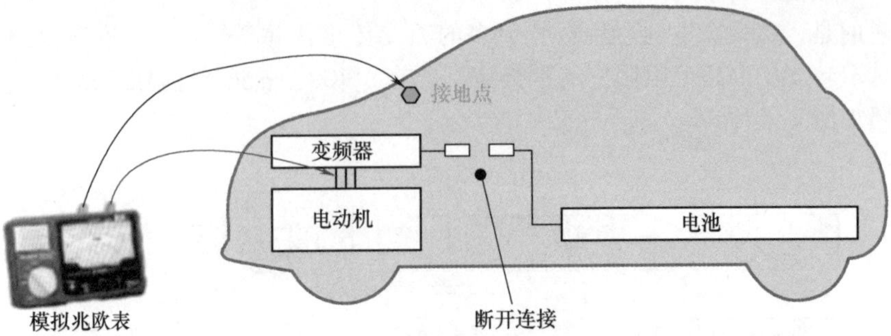

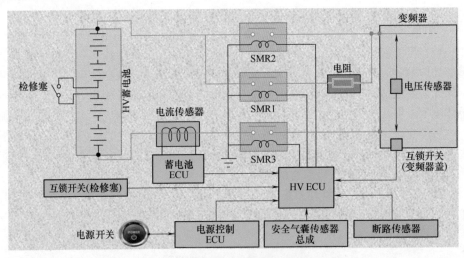

图 2-27　人工绝缘电阻检测

7) 高压互锁检测（HVIL）。高压互锁的目的是用来确认整个高压系统的完整性，当高压系统回路断开或者完整性受到破坏时，就需要启动安全措施了。

① HVIL 的存在，可以使在高压总线上电之前，就知道整个系统的完整性，也就是说在电池系统主、负继电器闭合给电之前就防患于未然。

② HVIL 的存在，是需要整个系统构成的，主要通过插接器的低压连接回路上完成的，电池管理单元一般需要提供电路的检测回路。互锁电路如图 2-28 所示。

图 2-28　互锁电路

2. 状态估计功能

（1）SOC 估计　SOC 指估计电池的充电状态，也就是估测电池的充电率。电池系统中最核心也是最难的一部分就是 SOC 的估计。SOC 估算常见的有安时积分法（SOCI）和开路电压标定法（SOCV），安时积分最大的问题是随着时间的推移误差会越来越大。开路电压标定的问题是，电池需要在静置很长时间以后的开路电压对应的 SOC 才是准确的，汽车在行驶的时候采集的电压用来标定 SOC 是不准确的。在实际的使用中，一般以 SOCV 为主，如图 2-29 所示。

（2）均衡　一个串联的电池包，由于电池和电池管理的原因，总是会出现不均衡的现象。在实际使用过程中，每个串联的输出容量是不一样的。而电池不仅有过放电和过充电的限制，而且在不同温度和不同 SOC 下，输入和输出的功率也存在限制。也就是说，单体电池的限制，就会影响整个电池。这里不等于单体超限，就等于整个不安全，而是那个单体电池会受到损害，进而出现持久性的问题。

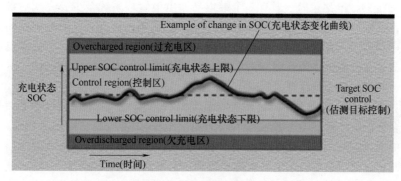

图 2-29　SOC 估算

1）电池包内各个单体电池之间的个体差异：单体容量差异、单体内阻差异、单体自放电差异、工作时候电流差异和休眠时候电流差异。

2）电池包内随着时间变化：单体容量差异、单体内阻差异、单体自放电差异。

3）客户使用：充电时间、放电时间。

4）外部环境：同温度下的自放电、不同 SOC 下的自放电。

5）系统相互影响：电池管理系统的工作状况，这个因素和电池管理系统的工作状态有关系。

均衡方法主要包括硬件拓扑和均衡算法两部分，在汽车行业应用中，还有可靠性、成本和安全等几方面的限制。

（3）电池功率限制　新能源汽车中的电池容量是不同的，锂电池系统为整车特别是电机提供能量，需要满足电机的功率要求。而一定容量的电池在不同的 SOC、不同的温度下，其输入和输出的功率是有一定限制的。在实际的运行中，混合动力蓄电池包 SOC 窗口开得很小，纯电动汽车用得非常宽，用完就结束使用，而插电式混合动力在电池耗尽时候，则需要考虑输出功率的限制。电池管理系统需要发送给 VCU 一个功率限制参数，这是根据一个控制表核算出来的，包含温度、SOC 和电池容量，如图 2-30 所示。

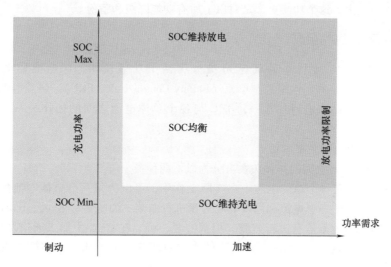

图 2-30　SOC 控制表

3. 系统辅助功能

一般电池管理系统是做辅助使用的，与整车控制系统或者其他相关的系统进行联合使用。

（1）继电器控制　电池包内一般有多个继电器，电池管理系统至少要完成对继电器的驱动供给和状态检测，继电器控制往往是和VCU协调后确认控制器，而安全气囊控制器输出的碰撞信号一般与继电器控制器断开直接挂钩。电池包内继电器一般有主正继电器、主负继电器、预充继电器和充电继电器，在电池包外还有独立的配电盒对整电流分配做更细致的保护。对电池包的继电器控制，闭合、断开的状态以及开关的顺序都很重要。

（2）温度控制　电池的化学性能受环境的温度影响非常大，为了保证电池的使用寿命，必须让电池工作在合理的温度范围内，并根据不同的温度给VCU得出其所能输出和输入的最大功率。对于电池系统的温度控制主要用到CFD仿真分析，即使用最少的传感器来有效地监测整个电池包的温度分布，并将监测信息反馈给电池管理系统和整个电池温度管理系统。

（3）充电控制　电池管理系统的一种主要模式是监控电池系统在充电过程中电池的需求。在交流系统中，电池管理系统需要实现PWM的控制导引电路的交互；在直流充电过程中，特别需要注意在较高SOC下允许充电的电流。在国标系统中，电池管理系统被要求直接与外部建立通信，交互充电过程中的信息。理论上说，这块功能的设计，可以迁移到不同的模块上，否则电池管理系统的睡眠唤醒机制就会显得有些复杂。

4. 通信与故障诊断

（1）通信功能　电池管理系统，至少需要给VCU发送电池系统的相关信息；在有直流充电的系统中，特别是在国标系统中需要直接与外部直流充电桩进行通信。在某些时候，可能还有一条备份的诊断和刷新的通信线，用来在主通信失效的情况下做数据传输。

（2）故障诊断和容错运行　故障诊断及容错控制在任何控制器中都是非常重要的部分，电池管理单元的故障也需要以故障码（DTC）来进行报警，通过DTC触发仪表盘中的指示灯，在新能源汽车中电池故障也有相应的指示灯来提醒驾驶人。由于电池的危险性，往往需要车联系统直接进行信息传送，以应对突然出现的事故。比如，当发生事故安全气囊弹出的时候，继电器由VCU直接切断以后，车联系统通过定位和预警来处理，特别是电池放电。故障诊断包括对电池单体电压、电池包电压与电流、电池包温度测量电路的故障进行诊断，确定故障位置和故障级别，并做出相应的容错控制。Fail-Safe的容错运行机制，是指车辆在运行过程中遇到错误之后，车辆进行的降级运行处理。事实上，这个功能更像是对以上所有功能降级和备份。

二、电池管理系统的组成

在电池管理系统中，硬件电路通常可被分为两个功能模块，即电池监测回路（Battery Monitoring Circuit，BMC）和电池组控制单元（Battery Control Unit，BCU）。研究电池管理系统的拓扑结构，需要分两个层面来进行：其一，BMC与各个单体电池之间的拓扑关系；其二，BCU与BMC之间的拓扑关系。

1. BMC与单体电池的关系

BMC与各个单体电池之间的拓扑关系可分为以下两种：

（1）一个BMC对应一个单体电池　在实际工作中，可以为每一个单体电池配置一块单独的监控电路板，对电池的电压、电流和温度等物理量进行监测，如图2-31所示。BMC电路板负责对电池的电压、温度和电流等信息进行监测。根据需要，可以在BMC中加入通信及均衡控制功能，以便向BCU报告有关信息，并通过旁路电阻的方式对所管辖的单体电池实施能量耗散型的均衡管理。

有时候，可以把这样的BMC电路板封装到动力蓄电池单元内部构成"智能电池"，即单体电池本身具备一定的自治功能。这种"一对一"拓扑结构的好处在于：BMC与单体电池的距离较短，在一定程度上能减少采集电路的长度及复杂度、采集精度高、抗干扰性好。然而，其缺点为电路板的相对成本较高；同时，由于电池管理系统的工作电源往往由被监控的动力蓄电池所提供，因此，可能使整个电池管理系统的能耗相对较大。

（2）一个 BMC 对应多个单体电池　与"一对一"方式相对，另一种电池监测的拓扑结构为一个 BMC 管理多个动力蓄电池，如图 2-32 所示。

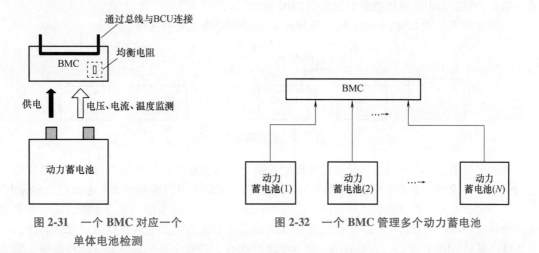

图 2-31　一个 BMC 对应一个
单体电池检测

图 2-32　一个 BMC 管理多个动力蓄电池

一块 BMC 电路板负责对多个单体电池的信息进行监测，这种结构与"一对一"方式相比，由于电路板由多个动力蓄电池所共享，因此平均成本较低。从图中可见，由于采集电路较长，导致连线的复杂度较高，抗干扰性相对较差。同时，较长的采集电路有可能降低了电压采集的精度，并且由于线材的成本也会导致这种结构的实际成本增加。

2. BCU 与 BMC 的关系

BCU 与 BMC 的拓扑结构关系可以分为以下三种：

（1）**BCU 与 BMC 共板**　在某些电动汽车的应用案例中，由于动力蓄电池的个数较少，电池管理系统的规模相对较小，BCU 与 BMC 可以设计在同一块电路板上，对车上的所有动力蓄电池进行统一管理。在某种特殊的情况下，BCU 和 BMC 的功能甚至可以合并到同一块集成电路芯片中完成。采用这种拓扑结构的电池管理系统相对成本较低，但不适用于电池数量较多、规模较大的应用场合。

（2）**星形**　相对于第 1 种结构，其他的拓扑关系都属于 BMC 与 BCU 分离的方式，必然需要解决 BMC 与 BCU 之间的相互通信问题。一般地，其相互通信都会采用特定的通信协议来进行。然而，通信总线的物理连接可以采用不同的拓扑结构组合。其中，第一种可能的连接就是星形连接，如图 2-33 所示。

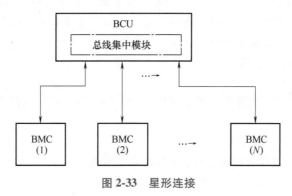

图 2-33　星形连接

星形的连接方式从外观上来看，BCU位于中央位置，而每一个BMC模块均以线束与之相连，通常BCU中还带有一个总线集中模块，使多个BMC能共享通信信道。星形连接方式的优点是便于进行介质访问控制；同时，某个BMC的退出或者故障不会对其他BMC的通信造成影响。这种连接方式的缺点有两个方面：其一，通信电路的长度较长，难维护；其二，可扩展性差，受总线集中模块端口的限制，不能够随意地增加多个BMC单元。

（3）总线型　图2-34所示为BCU与BMC以总线型的方式进行连接。

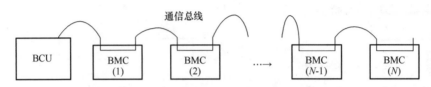

图2-34　总线型连接方式

从图中可见，每块电路板都是通信总线的一部分，与前面的星形连接相比，用于通信信道的线材开销相对较少，连接方式更为灵活，可扩展性强。若电池组内需要增加电池及相应的BMC的数量，只需要增加一小段通信线材即可；反之，若某一个BMC需要退出整个系统，则只需要把相邻的通信电路稍作延长即可。总线型的连接方式最突出的缺点就是通信线路的相互依赖性，即第N块电路板要与BCU通信，需要利用前面N-1块电路板，若其中某一块电路板出现故障，则后续的BMC与BCU之间的通信则会立即受到影响。

值得一提的是，无论采用星形或者是总线型的物理连接方式，都指的是其拓扑形式，而从通信网络的角度看，两种方式都存在"介质访问竞争"，BCU与BMC之间常用总线通信协议进行信息交互，需要进行隔离设计。

三、检修电池管理系统

在新能源汽车中，电池管理系统作为一个电子部件，因为与高压的动力蓄电池直接连接，损坏的概率比较大。电池管理系统对外的用户接口一般就是CAN总线，电池管理系统通过CAN总线连接充电机、仪表和VCU等，如果出现异常，首先要检测电池管理系统的CAN总线是否连接正常、CAN总线的电气接口是否正常。电池管理系统常见的故障是电池电压采集不正常，会直接导致车辆正常行驶过程中经常会自动保护，车辆停止行驶，而车辆重新起动后，又能够正常行驶。在充电过程中，如果电池电压采集不正常，也会导致不能正常充电。电池管理系统的线束非常复杂，每一只电池都有电压采样线。有的电池管理系统，每一只电池还有温度采样线。

电池管理系统一般是由一个管理主机和若干个电压温度采集的从机组成，主机和从机之间的连接线束很多。这些线束出现问题，同样会导致电池管理系统工作不正常，甚至不能工作，因此线束是电池管理系统检修中的一个重点。出现安全问题时，电池管理系统的检修是必须重视的，因为电池管理系统直接和高压电池相连，电压可达几百伏，非常危险，因此在检修前首先要检查电池组是否漏电，其次不要轻易触摸电池极柱和电池管理系统电池采样线的裸露连接片。

下面是电源系统可能产生的故障及原因：

1. 不能连接充电机

可能故障原因：CAN总线线束脱落或者接触不良，CAN总线接口电路损坏，CAN总线匹配电阻没接。

2. 与VCU或汽车仪表通信异常

可能故障原因：CAN总线线束脱落或者接触不良，CAN总线接口电路损坏，CAN总线匹配电阻没接。

3. 开关量控制失效

可能故障原因：线束脱落或者接触不良，接口电路损坏。

4. 内部通信失败

可能故障原因：线束脱落或者接触不良，接口电路损坏。

5. 电池电压采集不正常

可能故障原因：电池电压采集线束接触不良，采集芯片或辅助电路故障，采集线与电池连接错误。

6. 温度采集异常

可能故障原因：电池电压采集线束接触不良，采集芯片或辅助电路故障。

7. SOC 误差过大

可能故障原因：电流采集异常，霍尔电流传感器方向接反，SOC 相关初始值错误。

8. 电流采集误差过大

可能故障原因：电流传感器故障，电流采集相关电路故障，电流传感器相关参数设置错误。

四、电池管理系统的上位机软件

电池管理系统的上位机软件是集显示实时数据、主控器运行参数设置和保存实时与历史数据于一体的多功能计算机软件。它配合调试电池管理系统主控器，可提供用来分析电池运行使用情况。

1. 上位机管理系统

电池管理系统设计了相应的上位机管理系统，可以通过串口读取实时数据，可实现电池管理系统数据的监控、数据转储和电池性能分析等功能，数据可灵活接口监视器、充电机、警报器、变频器、功率开关、继电器开关等，并可与这些设备联动运行。

2. 系统分析

（1）**系统功能模块** 电池管理系统上位机的主要功能是通过和主控器通信来获取电池组信息的实时和历史数据，获取电池组在工作期间的动态数据，同时通过对动态数据的实时分析，在软件主界面上显示电池运行状态。

（2）**数据通信模块** 数据通信模块是系统的重要组成部分，该功能模块负责从主控器中获取电池组的数据信息，这些信息主要包括每个电池的电压、每个电池组的温度、电流安时数、电池状态和阻抗信息等，它们是系统运行的重要数据来源。

（3）**重要数据显示模块** 重要数据显示模块主要包括总电压、总电流、电流安时数、电池状态和阻抗信息等。

（4）**详细数据显示模块** 详细数据显示模块主要用于显示每节电池的电压和接收历史错误状态数据。

（5）**参数显示和设置模块** 参数显示和设置模块主要用于系统运行参数，这些参数主要包括各电池组的电池数量、温度测试节点、高压报警上限、低压报警下限、高压切断上限、温度报警上限、高温切断上限、电流过载上限、额定容量、SOC、SOH 等信息的设置。

（6）**其他模块设计** 数据备份模块的主要功能是把系统运行过程中的各种状态信息备份起来，当系统运行过程中出现问题时，可以通过对备份的历史数据进行分析，查找问题产生的原因。同时，在统计系统运行的总体状况时，提供必要的历史数据。历史数据分析模块的主要功能是通过对备份文件中历史运行数据进行分析，统计电池组的总体工作状况，为系统的进一步优化提供必要的数据支持。

五、电池管理系统的高压电路

电动汽车的电气系统主要包括低压电气系统、高压电气系统和整车网络化控制系统。高压电气系统主要由动力蓄电池或燃料电池、驱动电机和功率变换器等大功率、高电压电气设备组成，根据车辆行驶的功率需求完成从动力蓄电池或燃料电池到驱动电机的能量变换与传输过程。电池管理系统的高压电路如图 2-35 所示。

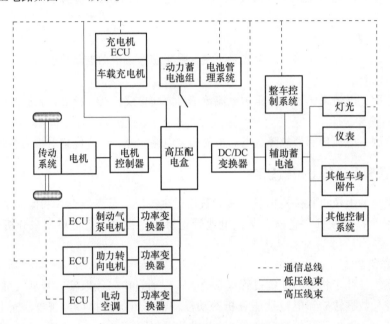

图 2-35　电池管理系统的高压电路

1. 高压电气系统的功用

高压电气系统的主要功用是根据车辆行驶的功率需求完成从动力蓄电池或燃料电池到驱动电机的能量变换与传输过程。在传统的燃油汽车中，电动助力转向系统、制动系统等主要由低压电气系统供电，而在电动汽车中，为了节约能源，对于功率较大的子系统，如制动气泵电机、电动助力转向系统和电动空调等一般采用高压电气系统供电。

2. 整车高压电气系统的原理

整车高压电气系统的原理图如图 2-36 所示。高压电源从电源的正极 D+ 出发，首先通过位于驾驶人控制台的高压开关 DK1，该开关受低压控制，作为整车高压电源的总开关以及充电开关。经电路 2 可以进行充电操作，经电路 3 与主电机控制器（通过驱动电机驱动车辆行走）、直流电源变换器（给低压 24V 电源充电）、转向系统控制器（控制转向助力机构）、制动系统控制器（控制和驱动气泵打气提供制动能量）及冷暖一体化空调相连，最后经过分流器 FL 流回负极，分流器 FL 的作用是检测高压电路中的电流值。此外，在电池内部之间装有 350A 的熔断器 F，防止高压回路中电流过大。

（1）功率变换器　功率变换器可分为直流/直流变换（DC/DC）和直流/交流（DC/AC）变换两类。电动汽车电气系统中的功率变换器主要是 DC/DC 变换器，它是实现电气系统电能变换和传输的重要电气设备。电动汽车的 DC/DC 变换器的主要功能是给车灯、ECU、小型电器等车辆附属设备供给电力和向附属设备电源充电，其作用与传统内燃机汽车的交流发电机相似。传统汽车依靠发动机带动交流发电机发电，为附属电气设备供电。由于纯电动汽车和燃料电池电动汽车无发

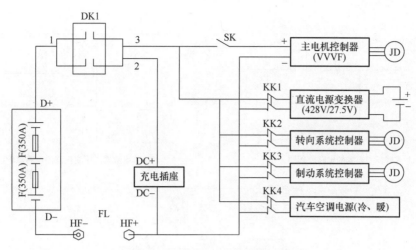

图 2-36 整车高压电气系统的原理图

动机，因此电动汽车无法使用交流发电机提供电源，必须靠主电池向附属用电设备及其电源供电，因此 DC/DC 变换器是必要设备。

DC/DC 功率变换电路按拓扑结构来分有正激型、反激型、升压型、降压型、升/降压型、反相型、推挽式正激型、半桥式正激型及全桥式正激型。按开关控制方式来分有脉宽调制式 PWM（Pulse-Width Modulation）、脉冲频率调制式 PFM（Pulse Frequency Modulation）及脉宽和频率混合调制式"硬开关电路"，也有零电压或零电流"软开关" PWM 电路和各种谐振式、准谐振式变换器。根据电压变换方式的不同，DC/DC 变换器可分为绝缘型（图 2-37a）和非绝缘型（图 2-37b）两类，绝缘型的特点是负极与车身绝缘，非绝缘型的特点是负极与车身相连。

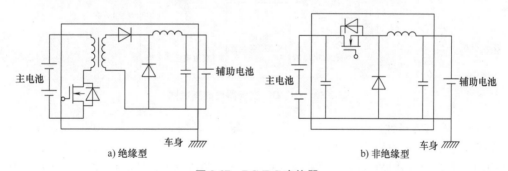

图 2-37 DC/DC 变换器

图 2-38 所示为几种典型的功率变换器电路原理图。图 2-38a 所示为 Buck 式降压变换器的电路原理图，其电路是非隔离式的，一般用在输入、输出电压相差不大的场合，如用于车载小功率高压直流电机的调速；图 2-38b 所示为单端激式降压变换器的电路原理图。由于其输入、输出电压的隔离性质，广泛应用于车载 24V 辅助电池的充电电源；图 2-38c 所示为全桥逆变式升压变换器的电路原理图。由于电路中变换器具有一定的频率响应带宽，在变换器输入端和变压器一次电路产生的部分高频干扰信号不能传输到变换器的输出端，因此，作为电动汽车车载变换器，全桥逆变式结构具有较好的电磁兼容性。

（2）DC/DC 功率变换模块的稳压精度检测方法　DC/DC 的稳压精度 δ_u 是衡量 DC/DC 的一个输出电压稳定性的重要指标。δ_u 通常由图 2-39 所示的电路测量得到，测量 δ_u 时使用的仪表主要有直流可变电源、直流电压表、直流电流表、可变直流负载（仪表精度不低于 1.5 级）等。

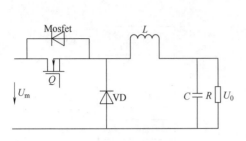

a) Buck 式降压变换器的电路原理图

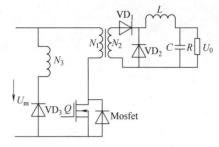

b) 单端激式降压变换器的电路原理图

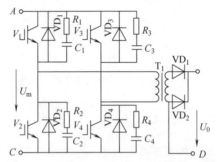

c) 全桥逆变式升压变换器的电路原理图

图 2-38   几种典型的功率变换器电路原理图

Mosfet—金属-氧化物半导体场效应晶体管

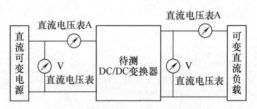

图 2-39   DC/DC 变换器性能测试图

（3）**DC/DC 工作条件**   电动汽车动力系统的高压输入范围为 DC 290～420V，低压输入范围为 DC 9～14V。电动汽车动力系统的一个重要特点就是具有高电压、大电流的动力回路。为了适应电机驱动工作的特性要求并提高效率，高压电气系统的工作电压可以达到 300V 以上，而且电力传输电路阻抗很小。高压电气的正常工作电流可能达到数十甚至数百安培，瞬时短路放电电流更是成倍增加。高电压和大电流会危及车上乘客的人身安全，同时还会影响低压电气和车辆控制器的正常工作。因此，在设计和规划高压电气系统时不仅应充分满足整车动力驱动要求，还必须确保车辆运行安全、驾乘人员安全和车辆运行环境安全。

根据电动汽车的实际结构和电路特性，设计安全合理的保护措施，是确保驾乘人员和车辆设备安全运行的关键。为了保证高压电安全，必须针对高压电防护进行特别的系统规划与设计。国际标准化组织和美国、欧洲、日本等先后发布了若干电动汽车的技术标准，对电动汽车的高压电安全及控制制定了较为严格的标准和要求，并规定了高压系统必须具备高压电自动切断装置。其中涉及电动汽车安全有关的电气特性有绝缘特性、漏电流、充电机的过电流特性和爬电距离及电器间隙等。

电动汽车的整车共分为五段高压线束，包括：

1）动力蓄电池高压电缆：连接动力蓄电池到高压盒之间的线缆。

2）电机控制器电缆：连接高压盒到电机控制器之间的线缆。

3）快充线束：连接快充接口到高压盒之间的线束。

4）慢充线束：连接慢充接口到车载充电机之间的线束。

5）高压附件线束（高压线束总成）：连接高压盒到 DC/DC、车载充电机、空调压缩机、空调 PTC 之间的线束，如图 2-40 所示。

图 2-40　整车高压线束布置位置

由于电动汽车的运行情况非常复杂，在运行过程中难免会出现部件间的相互碰撞、摩擦和挤压，这有可能使原本绝缘良好的导线绝缘层出现破损、接线端子与周围金属出现搭接、高压电缆绝缘介质老化或潮湿环境影响等因素都会导致高电压电路和车辆底盘之间的绝缘性能下降，电源正负极引线将通过绝缘层和底盘构成漏电回路。当高电压电路和底盘之间发生多点绝缘性能下降时，还会导致漏电回路的热积累效应，可能造成车辆电气火灾。因此，高压电气系统相对车辆底盘的电气绝缘性能的实时检测，也是电动汽车电气安全技术的重要内容。

电动汽车电气安全监测系统需要实时监测整车电气状态信息，如总电压、总电流、正负母线对地电压值、正负母线绝缘电阻值、辅助电压、继电器连接情况等，并通过 CAN 总线输出测得的各部分状态的数值，输出系统的报警状态和通断指令，从而确保电动汽车的安全运行。

六、电池管理系统的低压电路

低压电气系统采用直流 12V 或 24V 电源，一方面为灯光和刮水器等车辆的常规低压电器供电，另一方面为 VCU、高压电气设备的控制电路和辅助部件供电。燃油汽车与电动汽车低压电气系统两者的主要区别在于，燃油汽车的蓄电池由与发动机相连的发电机来充电，而电动汽车的辅助蓄电池则由动力蓄电池通过 DC/DC 变换器来充电。12V 低压电气系统由高压动力蓄电池通过 DC/DC 变换器为其充电，而高压动力蓄电池系统通过车载充电机进行充电。

电动汽车各种电气设备的工作统一由整车控制系统协调控制。动力电池组通过 DC/DC 变换器将高压直流电转换为 12V 或 24V 低压直流电，为仪表、照明、制动系统和车身 DC 提供电能，并给辅助蓄电池（DC/AC）充电。低压电气系统主要由 DC/DC 功率转换器、辅助蓄电池和若干低压电气设备组成。电动汽车的低压电气设备主要包括灯光系统、仪表系统、娱乐系统、电动车窗、刮水器、除霜器和各种控制器等。

 实训操作

电池切断指示灯点亮的检修

1. 诊断步骤

1）将 VCI 诊断盒子连接到汽车的 OBD 诊断座，连接完后，电源指示灯点亮。VCI 固定的 SSID 为 UCANDAS，如果 WiFi 自动连接没有成功，请手动设置 WiFi 连接到 UCANDAS，WiFi 连接成功后，VCI 的无线图标会点亮。

2）启动 BDS 系统软件，单击汽车诊断图标。

3）选择对应的车型图标，单击软件版本，进入对应车型诊断程序。

4）按"确定"键，进入车型诊断。

2. 电池切断指示灯点亮故障排除

（1）故障处理

三级故障：表明动力蓄电池性能下降，电池管理系统降低最大允许充/放电电流。

二级故障：表明动力蓄电池在此状态下功能已经丧失，请求其他控制器停止充电或者放电；其他控制器应在一定的延时时间内响应动力蓄电池停止充电或放电请求。

一级故障：表明动力蓄电池在此状态下功能已经丧失，请求其他控制器立即（1s 内）停止充电或放电。如果其他控制器在指定时间内未做出响应，电池管理系统将在 2s 后主动停止充电或放电（即断开高压继电器）。

备注：其他控制器响应动力蓄电池二级故障的延时时间建议少于 60s，否则会引发动力蓄电池上报一级故障。

（2）排除步骤

1）首先用万用表测量线束端的 12V 是否导通，若导通则进入第二步。

2）检查 MSD 是否松动，重新插拔后若问题依然存在，则进入第三步。

3）插拔高压线束，看是否存在接触不良问题，若问题依然存在，则需联系电池工程师进行检测维修。

 练习与思考

一、单项选择题

1. 电池管理系统的英文缩写是（　　　）。

A. BCU　　　　　　　B. BMU　　　　　　　C. HMU　　　　　　　D. BMS

2. 电池管理系统是指（　　　）。

A. 是利用生物（如生物酶、微生物或叶绿素等）分解反应过程中表现出来的带电现象所进行的能量转换的装置

B. 用来对蓄电池组进行安全监控及有效管理、提高蓄电池使用效率的装置

C. 电动汽车上安装的、能够储存电能的装置

D. 电动汽车上用来进行数据处理和分析的装置

3. 电池管理系统通过通信接口实现（　　　）与车载设备或非车载设备的通信。

A. 数据和信息　　　　　　　　　B. 电压信号和电池参数

C. 电池参数和信息　　　　　　　D. 电压信号和信息

4. 电池管理系统中一般采用双 CAN 总线网络，其内部各模块之间使用一个内部 CAN 总线网络，另外一个 CAN 总线通信用于（　　　）。

A. 与单体电池的通信　　　　　　　　　　B. 接入外部整车 CAN 通信网络

C. 接入电池管理系统中央 ECU　　　　　　D. 与 ECU 通信

5. 电池管理系统要求能够测量（　　　）。

A. 电池组平均充放电强度、工作电流、温度、电池组电压等参数

B. 电池组单体电压电池平均值、工作电流、温度、电池组电压等参数

C. 电池组每块电池的电压、工作电流、温度、电池组电压等参数

D. 电池组每块电池的电压、工作电流、温度、累计工作次数等参数

6. 电池参数监测要满足系统对采集精度和实时性的要求，并能在任何状态下连续采集，采样频率应不低于（　　　）。

A. 15Hz　　　　　　　　B. 20Hz　　　　　　　　C. 1Hz　　　　　　　　D. 10Hz

二、多项选择题

1. 电池管理系统通过对电动汽车电池组充放电的有效控制，可以达到（　　　）的目的。

A. 增加续驶里程　　　　　　　　　　　　B. 延长使用寿命

C. 降低运行成本　　　　　　　　　　　　D. 减低排气污染

2. 电池管理系统的基本作用是，进行温度控制及电池故障诊断等（　　　）。

A. 防止过充电，避免深度放电

B. 保持电池组电压和温度平衡

C. 预测电池的 SOC 和还能行驶的里程

D. 电池故障诊断

3. 数据交换可采用不同的通信接口，主要类型有（　　　）等。

A. 模拟信号　　　　　　　　　　　　　　B. PWM 信号

C. CAN 总线通信　　　　　　　　　　　　D. I2G 串行通信接口

4. 目前，动力蓄电池管理系统中采用的通信类别主要有（　　　）。

A. I2G 串行通信接口　　　　　　　　　　B. CAN 总线通信

C. 模拟信号　　　　　　　　　　　　　　D. PWM 信号

5. 数据采集可以通过（　　　）来实现。

A. 冷却液温度传感器　　　　　　　　　　B. 摄像机

C. 步进电机　　　　　　　　　　　　　　D. 示波器

6. 数据采集可以直接得到（　　　）等参数。

A. SOC　　　　　　　　B. 电流　　　　　　　　C. 温度　　　　　　　　D. 电压

三、简答题

1. 结合电池管理系统的电路连接图，写出电池管理系统的简单工作原理。

2. 简述通信功能的具体内涵。

3. 什么是数据采集?

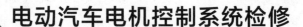

电动汽车电机控制系统检修

知识目标	了解电动汽车对驱动电机性能的要求
	掌握驱动电机的结构及工作原理
	能够区分直流电机和交流电机的优缺点
	了解驱动电机的控制方式及不同方式的特点
	了解电机控制器的工作原理及控制策略
	会对驱动电机可能的故障原因进行分析
能力目标	能够使用专用诊断仪器，对驱动电机进行故障诊断
	能够根据维修手册指导，选用正确的拆装工具，对驱动电机进行拆卸和安装
	能够对驱动电机进行测试，判断其是否能够正常工作
素养目标	能够针对故障诊断情况，向客户解释维修方案及维修费用
	能够在完成工作过程中遵循 6S 原则，对工作场所工具进行整理

一辆新能源汽车，累积行驶 10000km，据车主反映，该车在行驶中或起步时，车辆底盘后部偶尔会发出异响，请你为该车进行故障诊断与排除。

一、新能源汽车驱动电机的结构及性能

新能源电动汽车一般情况是电机取代或部分取代发动机，并在电机控制器控制下，将电能转化为机械能来驱动汽车行驶，作为新能源汽车的核心部件，驱动电机及其控制技术的研究在新能源汽车研究领域中具有重要意义。

驱动电机逐步呈现多样化的趋势，在纯电动汽车及混合动力汽车上应用不同类型的驱动电机。总体上看，交流电机及其控制系统与直流电机相比，在性能上具有绝对的优势，正在取代直流驱动系统。

1. 新能源汽车对驱动电机的基本性能要求

由于驱动电机性能的好坏直接影响新能源汽车的起步、停车、加减速、高速行驶以及爬坡等

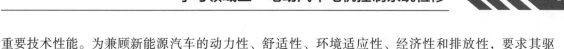

重要技术性能。为兼顾新能源汽车的动力性、舒适性、环境适应性、经济性和排放性，要求其驱动电机具有比普通工业用电机更为严格的技术规范，主要性能要求如下：

1）调速范围宽。应包括恒转矩区和恒功率区，低速运行输出的恒定转矩大，以满足汽车快速起动、加速和负荷爬坡等要求；高速运行输出恒定功率，有较大的调速范围，以满足平坦路面、超车等高速行驶的要求。

2）效率和功率密度高。要保证在较宽的转速和转矩范围内都有很高的效率，以降低功率损耗，提高一次充电的续驶里程。

3）可靠性高。确保汽车具有高度的安全性及良好的抗振能力。

4）质量小，体积小。应尽量采用铝合金外壳，同时转速要高，以减轻整车的质量，增加电机与车体的适配性，扩大车体可利用空间，从而提高舒适性。

5）瞬时功率大，过载能力强。要保证汽车具有 4~5 倍的过载能力，以满足短时内加速行驶与最大爬坡度的要求。

6）电压高。在允许范围内尽量采用高电压，以减小电机和导线等装备的尺寸，特别是能够降低逆变器的成本，同时还要有高压保护装置。

7）环境适应性好。要适应汽车本身行驶的不同区域环境，即使在较恶劣的环境中也能够正常工作，具有良好的耐高温、耐潮湿性能。

8）制动再生效率高。在汽车减速时，能够实现反馈制动，将能量回收并反馈回电池，使电动汽车具有最佳能量利用率。

9）响应迅速，工作稳定。以电磁转矩为控制目标，节气门和制动踏板的开度是电磁转矩给定的目标值，要求电机转矩响应迅速，转矩波动小。

10）电磁兼容性好，结构简单，价格低廉，适合大批量生产，运行时噪声低，使用维修方便等。

2. 常用驱动电机

根据驱动电机的工作原理和结构的不同，新能源电动汽车驱动电机的分类方式也多种多样。目前，普遍采用的驱动电机主要有直流电机、交流异步电机、永磁同步电机和开关磁阻电机。下面将从结构、工作原理及特点等方面分别进行介绍。

（1）直流电机　早期的电动汽车用驱动电机大多采用直流电机，其外观如图 3-1 所示。直流电机可分为永磁式直流电机和绕组励磁式直流电机两种。一般小功率采用前者，大功率采用后者。绕组励磁式直流电机根据励磁方式不同，又可以分为他励式、并励式、串励式和复励式四种。直流电机的转矩—速度特性符合牵引特性的要求，且速度控制比较简单。由于其机械换向器在高速大负荷下运行会产生火花，所以转速不能过高且需要经常性维护。

图 3-1　电动汽车用直流电机

1）直流电机的结构。直流电机由定子和转子两大部分构成。

定子部分主要由主磁极、机座、换向极和电刷装置等组成。

① 主磁极：作用是产生气隙磁场，由主磁极铁心和励磁绕组两部分组成。直流电机铁心一般用 0.5~1.5mm 厚的硅钢板冲片叠压铆紧而成，分为极身和极靴两部分，上面套励磁绕组的部分称为极身，下面扩宽的部分称为极靴，极靴宽于极身，既可以调整气隙中磁场的分布，又便于固定励磁绕组。励磁绕组用绝缘铜线绕制而成，整个主磁极用螺钉固定在机座上。

② 换向极：由铁心和绕组构成，可以改善换向、均匀气隙磁场等。

③ 电刷装置：由电刷、刷盒、刷杆和连线等构成，是电枢电路的引出或引入装置。

转子（又称为电枢）由电枢铁心、电枢绕组、换向器、转轴和风扇等组成。

① 电枢铁心：作用是嵌放电枢绕组，也是主磁路的一部分。

② 电枢绕组：作用是产生电磁转矩和感应电动势，而进行能量变换，由玻璃丝包扁钢铜线或高强度漆包线绕制而成。

③ 换向器：又称为整流子，作用是将电刷上的直流电源的电流变换成电枢绕组内的交变电流，使电磁转矩的倾向稳定不变；或者将电枢绕组中感应出的交流电动势变为电刷端上输出的直流电动势。

2）直流电机的工作原理。如图3-2所示，在两个主磁极N、S之间装一个可以转动的线圈（即电枢绕组），线圈首末两端分别连接到弧形铜片（称为换向片，分别为E和F）上。换向片之间用绝缘材料构成一个整体（即换向器），它固定在转轴上且与转轴绝缘，整个转动部分称为电枢。为了接通电枢内电路和外电路，在定子上装有两个固定不动的电刷A和B，并压在换向器上，与其滑动接触。

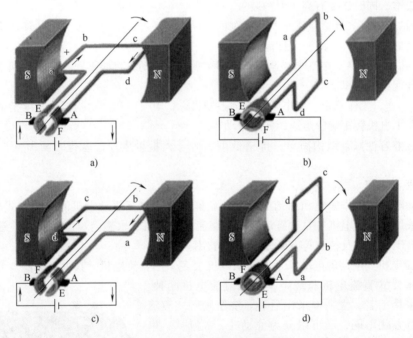

a)　　　　　　　　　　　b)

c)　　　　　　　　　　　d)

图3-2　直流电机的工作原理图

A、B—电刷　E、F—换向片

根据图3-2所示的直流电机的工作原理图，定子有一对N、S极，电枢绕组的末端分别接到两个换向片上，正、负电刷分别与两个换向片接触。如果给两个电刷加上直流电源，如图3-2a所示，则有直流电流从电刷A流入，经过线圈abcd从电刷B流出。根据电磁力定律，载流导体ab和cd受到电磁力的作用，其方向可用左手定则判定，两段导体受到的力形成了一个转矩，使得转子逆时针转动。如果转子转到图3-2b所示的位置，电刷A和换向片F接触，电刷B和换向片E接触，直流从电刷A流入，在线圈中的流动方向是dcba，从电刷B流出。此时，载流导体ab和cd受到电磁力的作用方向同样可用左手定则判定，他们产生的转矩仍然使得转子逆时针转动。这就是直流电机的工作原理。外加的电源是直流电，但是由于电刷和换向片的作用，在线圈中流过的电流是交流，其产生的转矩的方向是不变的。

3）直流电机的特点。

直流电机的优点：

①结构简单；②具有优良的电磁转矩控制特性，可实现基速以下恒转矩、基速以上恒功率，可满足汽车对动力源低速高转矩、高速低转矩的要求；③可频繁快速启动、制动和反转；④调速平滑、无级、精确、方便、范围广；⑤抗过载能力强，能够承受频繁的冲击负载；⑥控制方法简单，只需要用电压控制，不需要检测磁极位置。

直流电机的缺点：

①设有电刷和换向器，高速和大负荷运行时换向器表面易产生电火花，同时换向器维护困难，很难向大容量、高速度发展，此外，电火花会产生电磁干扰；②不宜在多尘、潮湿、易燃易爆的环境中使用；③价格高、体积和质量大。

（2）交流异步电机　交流异步电机又称为交流感应电机，随着微电子、电子技术和自动化控制技术的快速发展，电动汽车上采用交流异步电机作为驱动电机日益增多。交流异步电机可分为笼型转子式电机和绕线转子式电机两种，绕线转子式可通过改变外电路参数来改善电机的运行性能，但其成本高、需要维护、耐久性不足，因而没有笼型转子式应用那么广泛，特别是在纯电动汽车和混合动力汽车上。交流异步电机的应用实例有西门子水冷交流异步电机和京华电动公交客车交流异步电机等。

1）异步电机的结构。异步电机由定子和转子两大部分构成，定子与转子间存在气隙，异步电机外形如图3-3所示，异步电机的内部结构与分解如图3-4所示。

2）异步电机的工作原理。以三相异步电机为例来说明异步电机的工作原理。在三相异步电机中，一旦接入三相交流电，定子绕组流过三相对称电流产生三相磁动势并产生旋转磁场。即当定子绕组中的电流变

图3-3　异步电机外形

化一个周期时，对于两极电机，合成磁场也按电流的相序方向在空间旋转一周。随着定子绕组中的三相电流不断地做周期性变化，产生的合成磁场也不断地旋转，因此称为旋转磁场，如图3-4所示。

转子绕组切割旋转磁场产生感应电动势和感应电流，形成电磁转矩并使电机转子旋转。电机转子转动方向与磁场旋转的方向相同，但转子的转速 n 不可能与旋转磁场的转速 n_0 相等，否则转子与旋转磁场之间就没有相对运动，因而磁力线就不切割转子导体，转子电动势、转子电流以及转矩也就都不存在。也就是说旋转磁场与转子之间存在转速差，因此将这种电机称为异步电机，又因为这种电机的转动原理是建立在电磁感应基础上的，故又称为感应电机。

3）异步电机的特点。

异步电机的优点：

①结构紧凑、坚固耐用；②运行可靠、维护方便；③价格低廉、体积小、质量小；④环境适应性好；⑤转矩脉动低、噪声低。

异步电机的缺点：

①功率因数低，运行时必须从电网吸收无功电流来建立磁场；②控制复杂，易受电机参数及负载变化的影响；③转子不易散热；④调速性能差，调速范围窄。

（3）永磁同步电机　目前，我国的新能源汽车多采用永磁同步电机，如东风、奇瑞、长安、一汽和上汽等汽车公司生产的混合动力轿车。永磁同步电机在国外新能源电动汽车上的应用实例有福特公司的纯电动汽车福克斯和奥迪Q5混合动力汽车等。奥迪Q5永磁同步驱动电机的外部结

构及解剖如图 3-5 所示。

图 3-4　异步电机的内部结构与分解

图 3-5　奥迪 Q5 永磁同步驱动电机的外部结构及解剖

　　永磁同步电机是当前电动汽车驱动电机的研究热点。永磁同步电机可分为交流永磁同步电机（PMSM）、直流无刷永磁电机（BLDCM）和新型永磁电机（混合式永磁电机 HSM、续流增磁永磁电机）三大类，其中前两类应用较为广泛。

　　交流永磁同步电机是反电动势波形和供电电流波形都是正弦波的交流永磁电机，又称为正弦波永磁同步电机，采用定子磁场定向矢量控制及转子连续位置反馈信号来控制调速或换向。

　　直流无刷永磁电机是在传统直流电机基础上发展起来的，其电磁结构和传统直流电机一样，是反电动势波形和供电电流波形都是矩形波的直流永磁电机，又称为矩形波永磁同步电机。基于直流无刷永磁电机其原理上存在的固有缺陷，如运转时存在着转矩脉动较大、铁心附加损耗大等，限制了它在高精度、高性能要求的驱动场合的应用，尤其是在低速直接驱动场合，因此适用于一般的精度及性能要求的场合。但是直流无刷永磁电机结构简单、质量小、维护方便、无转子铜损耗、易实现高速和快速制动、高效率、动态响应性能好、控制简单、机械特性较硬、具有和传统直流电机一样好的转矩-转速控制特性、能实现大范围调速和定位控制、成本低、对于运行在恶劣环境下的电动汽车特别适用，因此其在电动汽车中的应用有日益增加的趋势。

　　永磁同步电机根据转子对定子的相对位置不同，可分为以下三种：

　　1）外转子式，将内定子固定在电机的轴心，外转子处在内定子外圆外，围绕电机的轴心做旋转运动。

　　2）内转子式，将外定子固定在电机的轴心，内转子在定子内腔内，围绕电机的轴心做旋转运动。

　　3）盘式，其定子、转子均为圆盘形，在电机中对等放置，气隙是平面型的，气隙磁场是轴向的，故又称为轴向磁场电机。其结构简单紧凑，轴向尺寸短，有较高的功率和质量比。以上三种结构的电机各有特点，但相比之下，现在电动汽车上采用较多的是内转子式电机。

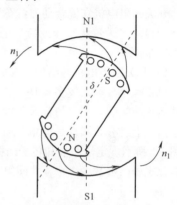

图 3-6　永磁同步电机的工作原理图

　　永磁同步电机的工作原理（图 3-6）和电励磁同步电机完全相同，都是通过定转子磁动势相互作用，并保持相对静止来获得恒定的电磁转矩来运行的，唯一不同的是以永磁体励磁来代替电励磁，使电机结构简化，加工和装配成本降低，且省去了励磁绕组、电刷和集电环，提高了电机运行的可靠性。永磁同步电机采用正弦交流电源。

　　给同步电机的定子绕组通入三相交流电流后，产生旋转磁场，当定子产生的旋转磁场以转速 n_1 按图示方向旋转时，如果此时定子磁通势与转子磁通势的方向一致，则不产生转矩，如果方向不一致，则产生的异步转矩与定子磁场和永久磁场所产生的同步转矩共同作用，将转子牵入同步，定子旋转磁场最终会与转子永久磁极紧紧吸引，带转子一起旋转。此时，转子在旋转磁场的拖动下旋转，与定子磁场保持同步转速 n_1。若转子上的负载转矩增加，转子磁极轴线与定子磁极轴线之间的夹角 δ 就会增大，反之，夹角 δ 就会减小，但是只要负载保持在一定限度内，转子就始终跟随定子旋转磁场以同步转速旋转。对于同步电机，当其负载在一定范围内改变时，只要保持电源频率不变，转速就是恒定不变的。当电机极对数为 p 时，转子转速 n 与定子电流频率 f 之间满足关系

$$n = n_1 = \frac{60f}{p}$$

　　当负载转矩超出一定限度时，转子转速就会降低甚至下降到零，导致转子不能再以同步转速运行，这就是同步电机的"失步"现象。该最大转矩限值称为最大同步转矩，因此，要保证电机正常工作，就要使电机的负载转矩不能大于最大同步转矩。

　　永磁同步电机的优点：

　　①功率因数高，效率高，功率密度大；②结构简单，便于维护，使用寿命较长，可靠性高；③调速性能好，精度高；④具有良好的瞬时特性，转动惯量低，响应速度快；⑤输出转矩大，极限转速和制动性能优于其他类型的电机；⑥采用电子功率器件作为换向装置，驱动灵活，可控性强；⑦形状和尺寸灵活多样，便于进行外形设计；⑧采用稀土永磁材料后电机的体积小、质量小。

永磁同步电机的缺点：

①造价较高；②在恒功率模式下，操纵较为复杂，控制系统成本较高；③弱磁能力差，调速范围有限；④功率范围较小，受磁材料工艺的影响和限制，最大功率仅为几十千瓦；⑤低速时额定电流较大，损耗大，效率较低；⑥永磁材料有退磁现象，且磁场不可变；⑦耐蚀性差；⑧不易装配。

（4）开关磁阻电机　开关磁阻电机（Switched Reluctance Motor, SRM）又称为可变磁阻电机，是集电机技术、现代电子技术与计算机控制技术相结合的产物，它综合了感应电机和直流电机传动系统的优点，有着无磁钢、成本低、效率高、结构简单坚固、容错性好、低速输出转矩高等特点，特别适合于电动汽车在各种工况下运行。

开关磁阻电机在混合动力汽车和纯电动汽车中已得到成功的应用，具有良好的应用前景。国际上如奔驰、沃尔沃、菲亚特、通用等公司，正大力发展电动汽车用开关磁阻电机，其外形如图3-7所示。

1）开关磁阻电机的结构。开关磁阻电机是基于"磁阻最小"的原理设计的新型具有凸极结构的电机，其相数可以较多，但一般采用的是三相或四相。其定子铁心有四个齿极，均由导磁良好的硅钢片冲制后叠成，与普通电机一样，转子与定子间有很小的缝隙，转子可在定子内自由转动，定子齿极上绕有线圈，是向电机提供工作磁场的励磁绕组。转子上没有线圈，这是其主要特点，如图3-8所示。定子凸极和转子凸极有多种组合方式，定子凸极和转子凸极均为偶数，一般转子凸极数比定子凸极数少2个，共同组成不同极数的开关磁阻电机。

图3-7　开关磁阻电机

图3-8　开关磁阻电机的结构

由于定子与转子都有凸起的齿极，这种形式也称为双凸极结构。开关磁阻电机的双凸极结构，给电机运行带来了转矩脉动和噪声，将直接影响电动汽车行驶和乘坐的舒适性，这两个问题是制约开关磁阻电机进入电动汽车行业应用领域的主要障碍。现在研发的低噪声、低振动的开关磁阻电机，有效地抑制了运行过程中的转矩脉动及噪声，为开关磁阻电机在电动汽车驱动系统中的应用，起到了积极的推动作用。开关磁阻电机由于无永磁体，解决了永磁同步电机和无刷直流永磁电机现存的技术问题，如永磁材料在高温下的退磁失磁、成本增高、磁钢的不均匀性造成磁极分布的不均匀而影响运行等问题。

2）开关磁阻电机的工作原理。开关磁阻电机的工作原理图如图3-9所示。电机的定子和转子呈凸极形状，极数互不相等，转子带有位置检测器，以提供转子位置信号，使定子绕组按一定的顺序通断，保持电机的连续运行。开关磁阻电机的磁阻随转子磁极与定子磁极的中心线对准或错开而变化。因为电感与磁阻成反比，所以当转子磁极在定子磁极中心线位置时，相绕组电感放大；当转子磁极中心线对准定子磁极中心线时，相绕组电感最小。

开关磁阻电机的工作基于磁阻转矩原理。当电流通过定子极时，在定子产生的磁场作用下，转子上的铁心会受到磁力的吸引，在磁力作用下运动到磁场强度最强的位置；接着，定子中的电流会被改变，使得磁场发生变化，转子又会受到新的磁力作用，不断地被吸引到磁场最强的位置。通过不断改变定子中的电流，可以使转子连续地运动。

3）开关磁阻电机的特点。

开关磁阻电机的优点：

①结构紧凑，成本低，工艺性好，适用于高速，环境适应性强；②电机转矩的方向与绕组电流的方向无关，功率电路简单可靠；

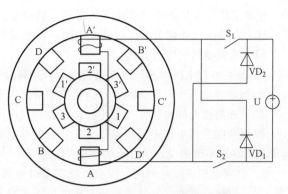

图 3-9　开关磁阻电机的工作原理图
S_1、S_2—电子开关　VD_1、VD_2—二极管　U—直流电源

③各相可以独立工作，可靠性高；④损耗小、效率高；⑤适用于频繁启停以及正反向转换运行；⑥启动电流小，转矩大；⑦可控参数多，调速性能好，调速范围宽；⑧具有较强的再生制动能力；⑨定子和转子的材料均采用硅钢片，易于获取和回收利用；⑩控制简单，免维护。

开关磁阻电机的缺点：

①磁场为跳跃性旋转，转矩脉动大，产生的振动及噪声较大；②非线性严重，控制系统复杂；③对直流电源会产生很大的脉冲电流。

二、驱动电机控制方式及特点

1. 直流电机的控制方式及特点

（1）直流电机的调速　车辆在运行过程中，需要适应各种路况及环境条件，因此要求车辆能输出不同的速度。电动汽车主要通过电机来进行速度的变化。

1）速度调节。电机的调速是在一定的负载条件下，通过改变电机的电路参数，以改变电机的稳定运行速度。

如图 3-10 所示，在负载转矩一定时，如果电机工作在特性 1 上的 A 点，则以 n_A 转速稳定运行；如果人为增加电枢回路的电阻，则电机工作在特性曲线 2，速度将降至特性 2 上的 B 点，以 n_B 转速稳定运行，转速的变化是通过调节电枢回路的电阻实现的，故称为速度调节。

2）速度变化。速度变化是指由于电机的负载转矩发生变化（增大或减小）而引起电机转速的变化（下降或上升），如图 3-11 所示。

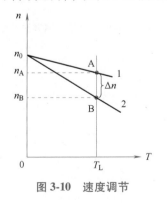

图 3-10　速度调节

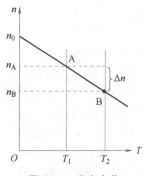

图 3-11　速度变化

当负载转矩由 T_1 增加到 T_2 时，电机的转速由 n_A 降低到 n_B，是沿某一条机械特性发生转速变化。

速度变化是在某条机械特性上，由于负载改变而引起的；而速度调节则是在某一特定的负载下，靠人为操控（如调节电枢回路的电阻）改变机械特性得到的。

（2）直流电机的控制方式

1）改变电枢电压调速。改变电枢电压调速有以下特点：

① 当电源电压连续变化时，转速可以平滑无级调节，一般只能在额定转速以下调节。

② 调速特性与固有特性互相平行，机械特性硬度不变，调速的稳定度较高，调速范围较大。

③ 调速时，因电枢电流与电压无关，若电枢电流不变，则电机输出转矩不变，在调速过程中，电机输出转矩不变的调速特性称为恒转矩调速。

2）改变电枢主磁通调速。改变电枢主磁通 Φ 调速是指保持电枢电压 U 不变，改变励磁电流 I_f（调 R_f），以改变磁通 Φ，从而控制直流电机转速的方法。

采用减少励磁电流（减弱磁通）的方法调速，即 R_f、I_f、n 改变时的机械特性如图3-12所示。改变电枢主磁通 Φ 的调速特点如下：

① 可以平滑无级调速，但只能弱磁调速，即在额定转速以上调节。

② 调速特性较软，且受电机换向条件等的限制，普通他励电机的最高转速不得超过额定转速的 $1.2\sim2$ 倍，所以，调速范围不大，若使用特殊制造的"调速电机"，调速范围可以增加到额定转速的 $3\sim4$ 倍。

③ 调速时维持电枢电压 U 和电枢电流 I_a 不变时，电机的输出功率 $P=UI_a$ 不变，在调速过程中，输出功率不变的这种特性称为恒功率调速；基于弱磁调速范围不大，它往往是和调压调速配合使用的，即在额定转速以下，用调压调速，而在额定转速以上，则用弱磁调速。

3）改变电枢电阻调速（电枢回路串电阻调速）。电枢中串电阻，是指电机的励磁电流不变时，通过改变电枢回路电阻来调节电机的转速，其转速控制特性如图3-13所示。电枢回路串电阻调速需在电枢中串入专用电阻，电阻增大则转速下降，因此转速只能下调。

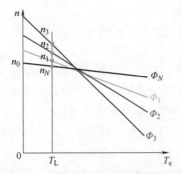

图3-12　改变电枢主磁通 Φ 的调速特性

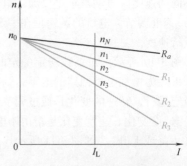

图3-13　电枢回路串电阻调速特性

改变电枢电阻调速存在以下问题：

① 机械特性较软，电阻越大则特性越软，稳定度越低。

② 在空载或轻载时，调速范围不大。

③ 实现无级调速困难。

④ 在调速电阻上消耗大量电能等。

因其缺点多，目前应用较少。

2. 无刷直流电机的控制方式及特点

（1）无刷直流电机的控制原理

1）直流调速系统。调速是指在某一具体负载情况下，通过改变电机或电源参数的方法，使机械特性线得以改变，从而使电机转速发生变化或保持不变。

调速具有两个方面的含义：一是能在一定范围内"变速"，如图 3-14 所示，电机负载不变时，转速由 n_a 变到 n_c 或 n_e，这就是"变速"调速；二是"恒速"，当生产机械在某一速度下运行时，总要受到外界的干扰（如负载的变化），为了保证工作速度不受干扰的影响，也要进行调速。例如，由于负载的增加，电机的转速就要降低，为维持转速恒定，就需调整电机转速，使其回升且等于或接近原来的转速，如图 3-14 中的 n_f 就属于"恒速"调速。

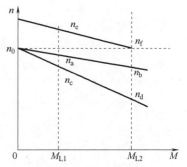

图 3-14　调速与机械特性关系

2）单闭环直流调速。单闭环直流调速系统是指只有一个转速负反馈构成的闭环控制系统。在电机轴上装一台测速发电机，引出与转速成正比的电压与给定电压比较后的偏差电压，经过放大器，产生触发装置的控制电压，用以控制电机的转速。这里只有一个转速反馈环，所以称为单闭环调速系统。

在单闭环直流调速系统中，晶闸管整流装置通过调节器触发装置的控制电压来移动触发脉冲的相位，即可改变整流器电压，从而实现平滑调速。当平波电抗器足够大时，电枢电流保持连续。

3）双闭环直流调速。无刷直流电机系统通常采用转速、电流双闭环控制，其原理如图 3-15 所示。其中，ASR 和 ACR 分别为转速和电流调节器，通常采用 PID 算法实现。速度为外环，电流为内环，电流环调节的实际上是电磁转矩。速度给定信号 n^* 与速度反馈信号 n 送给速度调节器（ASR），速度调节器的输出作为电流信号的参考值 i^*，与电流信号的反馈值一起送至电流调节器（ACR），电流调节器的输出为电压的参考值，与给定载波比较后，形成 PWM 调制波，控制逆变器的实际输出电压。逻辑控制单元的任务是根据位置检测器的输出信号及正反转指令信号决定导通相。被确定要导通相并不总是在导通，它还要受 PWM 输出信号的控制，逻辑"与"单元的任务就是把换相信号和 PWM 信号结合起来，再送到逆变器的驱动电路。

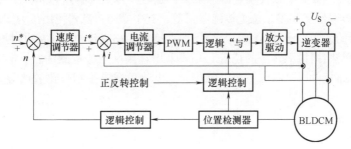

图 3-15　无刷直流电机系统原理图

4）PWM 调制方式。脉宽调制调速系统中的主电路采用脉宽调制式变换器，简称 PWM（Pulse Width Modulation）变换器。脉宽调制变换器就是采用脉冲宽度调制的一种直流斩波器。直流斩波调速最早是以其显著的节能效果应用于直流电机车中。晶体管迅速发展后，脉宽调速由于更容易实现，且性能良好，其应用领域必然会日益扩大。

图 3-16 所示为脉宽调制调速系统原理示意图。虚线框内的开关 S 表示脉宽调制器，调速系统的外加电源电压 U_s 为固定的直流电压，当开关 S 闭合时，直流电流经过 S 给电机 M 供电；开关 S 打开时，直流电源供给电机 M 的电流被切断，电机 M 经二极管 VD 续流，电枢两端电压接近零。如果开关 S 按照某固定频率开闭而改变每周期内的接通时间时，控制脉冲宽度相应改变，从而改变了电机两端平均电压，达到调速目的，脉冲波形如图 3-16b 所示。

PWM 信号的产生：改变脉冲占空比可以实现电机转速的调节。PWM 信号产生的基本方法是将控制指令信号与固定的三角波或锯齿载波信号进行比较，从而产生占空比正比于控制指令电压的脉冲信号。

图 3-17 所示为一个典型的 PWM 信号产生电路结构示意图。函数发生器产生固定频率 f 的三角波或锯齿波，与控制指令信号 u_i 在比较器中比较后，即产生宽度变化正比于控制指令信号的调制开关信号。

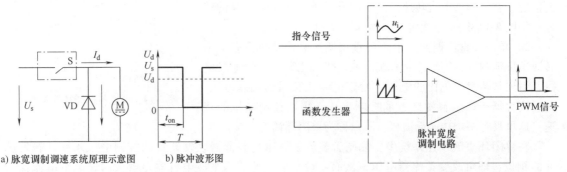

a) 脉宽调制调速系统原理示意图　　b) 脉冲波形图

图 3-16　脉冲调制调速系统原理图　　图 3-17　PWM 信号产生电路结构示意图

5）正反转运行控制 PWM。对于普通有刷直流电机，只要改变励磁磁场的极性或电枢电流的方向，就可以改变转向。而对于无刷直流电机，由于永磁励磁磁场很难改变极性，且功率开关管的导电是单方向的，不能简单地改变磁场极性或电枢电流方向，一般通过改变逆变器功率开关的逻辑关系使电枢各相绕组导通顺序发生变化来实现正反转。

（2）无刷直流电机的控制方式　目前，无刷直流电机的控制有带位置传感器、无位置传感器以及智能控制三种。无刷直流电机的控制策略主要采用转速、电流双闭环控制。

带位置传感器控制是在无刷直流电机定子上安装位置传感器来检测转子位置而控制定子绕组换相，所用的位置传感器有电磁式位置传感器（如磁阻旋转变压器）、光电式位置传感器（如遮光板）、磁敏式位置传感器（如霍尔位置传感器）等，其中霍尔传感器使用最为广泛。

无位置传感器的无刷直流电机控制方法，不直接在无刷直流电机的定子上安装位置传感器来检测转子位置，而是间接检测转子的位置。一般采用直接反电势检测法、反电势三次谐波法、电流通路监视法、开路相电压检测法、相电感法、反电势逻辑电平积分比较法等方法来间接检测转子的位置。

智能控制法是控制理论发展的高级阶段，包括模糊控制、神经网络控制、专家系统等。智能控制系统具有自学习、自适应和自组织等功能，能解决模型不确定性问题、非线性控制问题以及其他较复杂的问题。严格来说，BLDCM 是一个多变量、非线性、强耦合的控制对象，利用智能控制可以取得较满意的控制效果。

1）有位置传感器的无刷直流电机控制。有位置传感器的无刷直流电机控制，通过位置传感器捕获转子的位置及其变化，改变三相绕组的通电方式，对定子绕组进行换相，整个控制过程与以下几个因素有关：

① 位置传感器。位置传感器是组成无刷直流电机系统的三大部分之一，也是它区别于有刷直流电机的主要标志，其作用是检测主转子在运行过程中的位置，将转子磁钢磁极的位置信号转换为电信号，给逻辑开关电路提供正确的换相信息，以控制它们的导通与截止，使电机电枢绕组中的电流随着转子位置的变化按次序换相，形成气隙中步进式的旋转磁场，驱动永磁转子连续不断地旋转。位置传感器的种类有电磁式、光电式和磁敏式等，其中磁敏式霍尔位置传感器具有结构简单、体积小、安装灵活方便、易于机电一体化等优点，是目前应用最广泛的传感器。

② 换相的实现。根据电机的旋转情况，得出霍尔位置信号和绕组电流换相的对应表。在电机

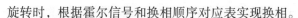

旋转时，根据霍尔信号和换相顺序对应表实现换相。

a. 速度闭环。采用 PID 控制算法，使电机在负载情况下保持期望的转速。

b. 起动过程及初始方向。带位置传感器的无刷直流电机起动过程控制比较容易实现，只需增大电机起动时电压或电流，便可实现电机旋转。

根据电机静止时的位置信号，按照正向（或反向）换相顺序进行通电，即可确保电机的初始旋转方向。

c. 超高速控制。无刷直流电机在超过额定转速的高速运行，通常采用弱磁控制的方法来实现。

2）无位置传感器的无刷直流电机控制。无位置传感器控制的位置检测方法有直接反电势检测法、反电势三次谐波法、电流通路监视法、开路相电压检测法、反电势逻辑电平积分比较法等，下面对这几种方法进行简要的介绍。

① 直接反电势检测法。在无刷直流电机中，绕组的反电势（即发电机电势）通常是正负交变的梯形波，当某绕组的反电势过零时，转子直轴与该相绕组轴线重合，因此只要检测到各相反电势的过零点，就可以获知转子的若干个关键位置，从而实现无位置传感器的位置检测。测量绕组的反电势有两种方法：对于两两导通型的无刷电机控制，由于每一时刻总有一相绕组是悬空的，其相电压等于总的感应电势，如果忽略电枢反应，则绕组中总的感应电势等于反电势；反电势过零点通常发生在绕组悬空期间，可以采用电压比较器检测到相电压的过零时刻，即可间接获得反电势的过零点。

② 反电势三次谐波法。无刷直流电机的反电势波形为梯形波，它包含了三次谐波分量，将此分量检测出来积分值，积分值为零（用于过零检测）时得到功率器件的开关信号。当电机的中性点有引出线时，在星形连接的绕组三个端子并联一组星形连接电阻，两个中性点之间的电压为三次谐波分量。当电机的中性点没有引出线时，采用星形电阻中性点与直流侧的中点之间的电压来获得三次谐波。

③ 电流通路监视法。这种方法是通过监视逆变器中的电流通路来获得转子位置信息，通过一种二极管导通检测来监视逆变器反并联续流二极管是否导通。BLDCM 的三相绕组中总有一相处于断开状态，监视六个续流二极管的导通就可以获得六个功率晶体管的开关序，它在每个功率管 120° 导通期间的前半段实行斩波控制。电机的磁势与定子电流同相位，通过检测相电流的波形可以得到转子位置信号。

④ 开路相电压检测法。在永磁转子的表面粘贴非磁性的导电材料，利用定子绕组高频开关工作时非磁性材料的涡流效应，使开路相电压随转子位置角而变化，从而通过检测开路相电压判断转子位置。

⑤ 反电势逻辑电平积分比较法。反电势逻辑电平积分比较法将两路非导通相反电势进行过零比较处理，得到逻辑电平后再对两路逻辑电平进行积分，这两路逻辑电平积分值反映了相位关系，从而确定电机转子磁场位置。

3）智能控制。智能控制主要是针对控制对象及其环境、目标、任务的不确定性和复杂性提出来的。常用的有模糊控制、神经网络和遗传算法。

① 模糊控制。模糊控制器主要由计算控制变量、模糊量化处理、模糊控制规则、模糊推理（模糊决策）和非模糊化处理等部分组成。实现模糊控制主要有以下三个过程：

a. 模糊化过程：将精确量转化为模糊量。

b. 模糊规则建立与模糊推理：该过程是根据有经验的操作者或者专家的经验制定出模糊控制规则，并进行模糊推理，以得到一个模糊输出集合。

c. 解模糊：根据模糊逻辑推理得到的输出模糊隶属函数，用不同的方法找一个具有代表性的精确值作为控制量。

② 神经网络。神经网络是由众多简单的神经元连接而成的一个网络，通过模拟人脑细胞的分布式工作特点和自组织功能实现并行处理、自学习和非线性映射等功能。

一个简单的神经网络结构如图3-18所示，其中小圆圈表示一个神经元。一个神经网络系统中的神经元可以有很多，每个神经元的具体操作都是从其他相邻的神经元中接收输入信息，然后产生输出并送到其他神经元中。神经元通常分为输入层神经元、隐层神经元（中间层神经元）和输出层神经元。输入层神经元从外界环境接收信息，输出层神经元则是给出整个神经网络系统对外界环境的作用，隐层神经元则是从网络内部接收输入信息并对之处理，再输出信息作用于其他的神经元。各个神经元之间通过相应的加权系数相互连接形成一个网络拓扑结构。

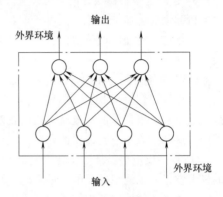

图 3-18　简单的神经网络结构

③ 遗传算法。遗传算法是一个迭代过程，在每次迭代中都保留一组候选解，按解的优劣和某种指标从中复制出一些解，再利用一些遗传算子对其进行运算，以产生新一代候选解，如此重复，直到满足某种收敛指标为止。

3. 异步电机的控制方式及特点

（1）矢量控制　矢量控制的基本原理是通过测量和控制异步电机定子电流矢量，根据磁场定向原理分别对异步电机的励磁电流和转矩电流进行控制，从而达到控制异步电机转矩的目的。具体是将异步电机的定子电流矢量分解为产生磁场的电流分量（励磁电流）和产生转矩的电流分量（转矩电流）分别加以控制，并同时控制两分量间的幅值和相位，即控制定子电流矢量，所以称这种控制方式为矢量控制方式。矢量控制方式又有基于转差频率控制的矢量控制方式、无速度传感器矢量控制方式和有速度传感器的矢量控制方式等。这样就可以将一台三相异步电机等效为直流电机来控制，因而获得与直流调速系统同样的静态、动态性能。异步电机矢量控制机理框图如图3-19所示。

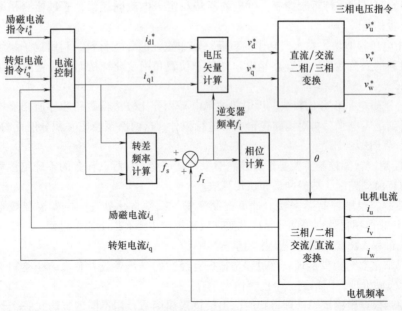

图 3-19　异步电机矢量控制机理框图

（2）直接转矩控制

1）直接转矩控制基本概念。直接转矩控制也称为"直接自控制"，通过检测电机定子电压和电流，借助瞬时空间矢量理论计算电机的磁链和转矩，并根据与给定值比较所得差值，实现磁链和转矩的直接控制。图3-20所示为直接转矩控制交流调速系统框图。

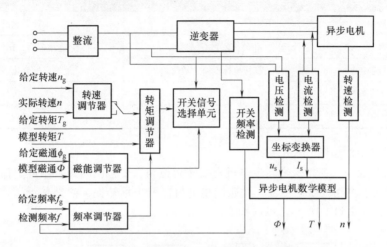

图3-20 直接转矩控制交流调速系统框图

2）直接转矩控制结构特点：

① 转速双闭环：速度调节器的输出作为电磁转矩的给定信号；设置转矩控制内环，它可以抑制磁链变化对转速子系统的影响，从而使转速和磁链子系统实现了近似的解耦。

② 转矩和磁链的控制器：用滞环控制器取代通常的PI调节器。

3）直接转矩控制特点：

与矢量控制（VC）系统一样，它也是分别控制异步电机的转速和磁链，但在具体控制方法上，直接转矩控制（DTC）系统与VC系统不同的特点如下：

① 转矩和磁链的控制采用双位式砰-砰控制器，并在PWM逆变器中直接用这两个控制信号产生电压的SVPWM波形，从而避开了将定子电流分解成转矩和磁链分量，省去了旋转变换和电流控制，简化了控制器的结构。

② 选择定子磁链作为被控量，而不像VC系统中那样选择转子磁链，因此计算磁链的模型可以不受转子参数变化的影响，提高了控制系统的鲁棒性。如果从数学模型推导按定子磁链控制的规律，显然要比按转子磁链定向时复杂。但是，由于采用了砰-砰控制，这种复杂性对控制器并没有影响。

③ 由于采用了直接转矩控制，在加减速或负载变化的动态过程中，可以获得快速的转矩响应，但必须注意限制过大的冲击电流，以免损坏功率开关器件，因此实际的转矩响应的快速性也是有限的。

4）DTC系统与VC系统的比较（表3-1）：

从总体控制结构上看，DTC系统和VC系统是一致的，都能获得较高的静态、动态性能，都是已获实际应用的高性能交流调速系统。两者都采用转矩（转速）和磁链分别控制，符合异步电机动态数学模型的需要，但两者在控制性能上有所区别。

VC系统强调T_e与Ψ_r的解耦，有利于分别设计转速与磁链调节器；实行连续控制，可获得较宽的调速范围；但按Ψ_r定向受电机转子参数变化的影响，降低了系统的鲁棒性。

DTC系统则实行T_e与Ψ_s砰-砰控制，避开了旋转坐标变换，简化了控制结构；控制定子磁链而不是转子磁链，不受转子参数变化的影响；但不可避免地产生转矩脉动，低速性能较差，调速范围受到限制。

表 3-1　DTC 系统与 VC 系统的比较

性能与特点	DTC 系统	VC 系统
磁链控制	定子磁链	转子磁链
转矩控制	砰-砰控制，有转矩脉动	连续控制，比较平滑
坐标变换	静止坐标变换，较简单	旋转坐标变化，较复杂
转子参数变化影响	无	有
调速范围	不够宽	比较宽

4. 永磁同步电机的控制方式及特点

（1）**直接转矩控制**　三相永磁同步电机直接转矩控制主要包括转速调节器、滞环比较器、空间电压矢量开关表、三相电压逆变器、永磁同步电机以及坐标转换、磁链估计、转矩估计、域判断环节等。永磁同步电机 DTC 系统的结构如图 3-21 所示。

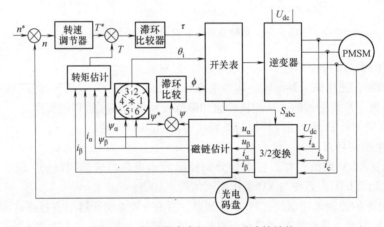

图 3-21　永磁同步电机 DTC 系统的结构

永磁同步电机直接转矩控制的过程：一方面，系统把三相永磁同步电机实际转速与给定转速做比较，将两者之间的误差作为比例积分环节的输入量；另一方面，系统把测得的定子的三相电流和相间电压送入坐标转换环节，进行坐标转换，再把坐标转换环节的输出值送入磁链估计环节，把其输出的磁链值分别送入区域判断环节和转矩估计环节，并且与给定的定子磁链值进行比较，将误差输入滞环比较器中。然后，把比例积分环节输出的给定转矩和转矩估计环节输出的实际转矩做比较，把它们的误差输入滞环比较器中。将两个滞环比较器的输出值和区域判断值作为开关表的输入量，得出一组控制脉冲，去控制三相电压逆变器的通断，从而控制三相永磁同步电机。之后再一次检测电机的转速、电流和电压，重复上述步骤，不断循环。

（2）**矢量控制**　矢量控制一般是通过检测或估计电机转子磁通的位置及幅值来控制定子电流或电压，这样电机的转矩便只和磁通、电流有关，与直流电机的控制方法相似，可以得到很高的控制性能。永磁同步电机矢量控制与异步电机矢量控制有所不同。对于永磁同步电机，转子磁通位置与转子机械位置相同，其转子转速等于旋转磁场转速，转差恒等于零，没有转差功率，控制效果受转子参数影响小。这样通过检测转子实际位置就可以得知电机转子磁通位置，从而使永磁同步电机的矢量控制比起异步电机的矢量控制大大简化。矢量控制是当前高性能交流调速系统一

种典型的控制方案。图 3-22 所示为永磁同步电机矢量控制原理图。

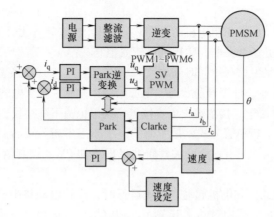

图 3-22　永磁同步电机矢量控制原理图

（3）永磁同步电机应用举例（图 3-23）　北汽 EV150E 电动汽车采用了永磁同步电机，其具有调速范围宽、传动效率高、噪声小、维护费用低等优点。

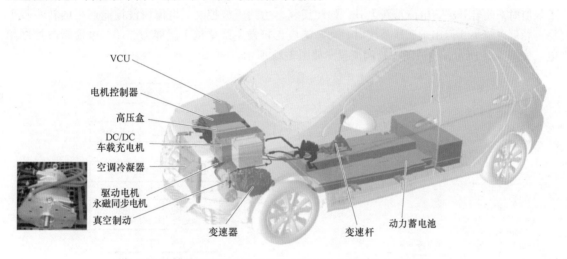

图 3-23　永磁同步电机在北汽 EV150E 电动汽车上的应用

5. 开关磁阻电机的控制方式及特点

开关磁阻电机的控制变量包括开通角 H_1、关断角 H_2、励磁电压及相电流上限，其控制模式可分为脉宽调制控制（Pulse Width Modulation，PWM）、电流斩波控制（CCC）、角度位置控制（APC），虽然它们的控制变量不同，但都是调节励磁电流最终实现对发电运行的输出功率控制。

（1）脉宽调制控制（PWM）　在主开关控制信号上施加 PWM 调制信号，通过改变占空比来调节励磁电压而实现对励磁电流 I_e 的控制。

PWM 方式的实质是通过调节绕组两端的励磁电压来控制电磁转矩。具体方法是固定 θ_{on} 和 θ_{off}，通过对转速的给定值和实际转速的反馈值之差进行 PI 运算，调节 PWM 信号占空比，从而调节励磁电压加在相绕组上的有效时间宽度，改变相电压的有效值，进而改变输出转矩。PWM 控制方式可用于低速、高速运行。当用于调速系统时，动态响应快，抗干扰能力强；但低速时，转矩脉动大。类似于调速开关磁阻电机的控制，开关磁阻电机的发电运行 PWM 模式也可以采用 PWM 斩双管和 PWM 斩单管两种控制方式,通过这两种方式调节励磁区电流的大小,最终实现对输出电压的控制。

1) PWM 斩双管方式。开关磁阻电机的 PWM 方式采用斩双管方式时,其连接在每相绕组的上下桥臂的两个开关管同时开通和关断,实现电压斩波控制。

对每相上下主开关的触发信号中同时施加 PWM 调制信号,以实现对励磁电流的控制:

① 上下两开关管均导通,处于导通状态,电源给绕组励磁,输出电容给负载放电。

② 上下两管均关断,由于直接给输出电容续流,绕组电流下降很快,绕组给电容充电。

2) PWM 斩单管方式。斩单管方式就是所谓的"上斩下不斩"或者"下斩上不斩"控制,在励磁过程中,每相绕组的两端只有一个开关管斩波(即施加 PWM 调制信号),另一个一直处于导通状态。

(2) **电流斩波控制方式**　在电机起动、低速运行时,旋转电动势引起的压降小,电流上升很快。为避免过大的电流脉冲峰值超过功率开关元件和电机允许的最大电流,通常会采用电流斩波的控制方式,来限制电流的大小。电流斩波控制是通过固定导通角 θ_{on} 和关断角 θ_{off},通过主开关元件的多次导通、关断将电流限制在给定电流上下限之间,实现电机恒转矩控制。在导通区间内,当 $\theta = \theta_{on}$,电流从零上升到电流斩波上限值时,断开开关,电流迅速下降;当电流下降到电流斩波下限值时,闭合开关,电流重新上升,如此反复,达到斩波控制。电流斩波控制产生的转矩较平稳,脉动也较小,但用于调速系统时,动态响应比较慢,系统抗干扰能力变差。电流斩波控制相电流如图 3-24 所示,电流斩波控制流程图如图 3-25 所示。

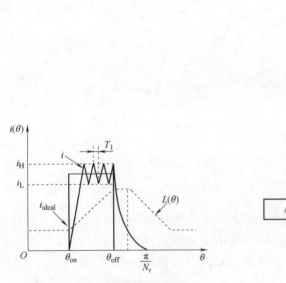

图 3-24　电流斩波控制相电流

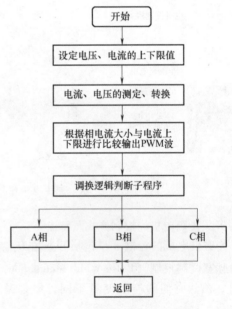

图 3-25　电流斩波控制流程图

(3) **角度位置控制(APC)方式**　在直流电压的斩波频率和占空比确定时,加于相绕组两端的电压大小不变的情况下,可通过调节 DT 电机的主开关器件的开通角 θ_{on} 和关断角 θ_{off} 的值,来实现转矩和速度的调节,此种方法称为角度位置控制。尤其是当电机转速较高、旋转电动势较大、电机绕组电流相对较小时,最宜采用此种控制方式。在角度位置控制方式下,通过对转子位置信号进行倍频,从而获得分辨率较高的角度细分控制。在此基础上,可以获得不同 θ_{on}、θ_{off} 控制条件下的不同波形和幅值的相电流,实现对电机的调控。

角度细分（倍频）电路，主要由锁相环电路和分频电路两部分构成，完成将角度位置信号进行细分（倍频）的任务，将其输出信号送入控制单元，形成关于开通角 θ_{on} 和关闭角 θ_{off} 的角度指令，进行相应的角度控制。图 3-26 所示为常见的采用数字锁相环产生的角度细分（倍频）电路的原理框图。电路刚工作时，比较信号的频率可能不等于输入信号的频率，这时相位比较器产生的误差电压经过环路滤波器会产生一个控制电压，从而实现对电机转速的调节。

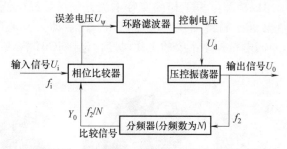

图 3-26　角度细分（倍频）电路的原理框图

三、电机控制器的工作原理及控制策略

1. 电机控制器的工作原理

驱动电机控制系统是纯电动汽车三大核心之一，是车辆行驶的主要执行机构，其特性决定了车辆的主要性能指标，直接影响车辆的动力性、经济性和用户驾乘感受。电机控制系统由驱动电机（DM）、电机控制器（MCU）和高低压线束等组成。电机控制系统连接示意图如图 3-27 所示。

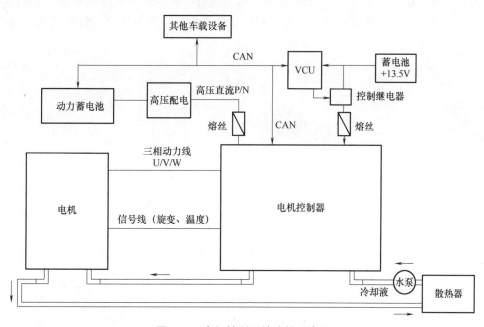

图 3-27　电机控制系统连接示意图

VCU 根据驾驶人的意图发出各种指令，电机控制器响应并反馈，实时调整驱动电机输出，以实现整车的怠速、行驶、倒车、停车、能量回收以及驻坡等功能。电机控制器的另一个重要功能是通信和保护，实时进行状态和故障检测，保护驱动电机系统和整车安全可靠运行。

（1）电机控制器的组成及功用　电机控制器是驱动电机系统的控制中心，又称为智能功率模块，以 IGBT（绝缘栅双极型晶体管）模块为核心，辅以驱动集成电路、主控集成电路，如图 3-28 所示。电机控制器对所有的输入信号进行处理，并将电机控制系统运行状态的信息通过 CAN 2.0 总线发送给 VCU。电机控制器内含故障诊断电路，当诊断出现异常时，它将会激活一个故障码，发送给 VCU，同时也会储存该故障码和数据。使用以下传感器为驱动电机系统提供工作信息，包括电流传感器（用以检测电机工作的实际电流，包括母线电流、三相交流电流）、电压传感器（用以检测供给电机控制器工作的实际电压，包括动力蓄电池电压、12V 蓄电池电压）、温度传感器（用以检测电机控制系统的工作温度，包括 IGBT 模块温度、电机控制器负载温度）。

a）电机控制器　　　　　　b）IGBT 模块　　　　　c）电流传感器

图 3-28　电机控制器的组成

（2）驱动电机控制器的工作原理　在驱动电机系统中，驱动电机的输出动作主要是靠控制单元给定命令进行执行的，即控制器输出命令。控制器主要是将输入的直流电逆变成电压、频率可调的三相交流电，供给配套的三相交流永磁同步电机使用。驱动电机控制器将动力蓄电池提供的直流电，转化为交流电，然后输出给电机；通过电机的正转来实现整车加速和减速；通过电机的反转来实现倒车；其通过有效的控制策略，控制动力总成以最佳方式协调工作，如图 3-29 所示。

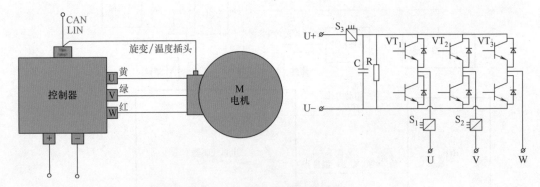

图 3-29　电机控制器的工作原理

（3）电机控制器的驱动系统及电机控制器相关术语　电机控制器的驱动系统有直流电机驱动系统、交流感应电机驱动系统、交流永磁电机驱动系统和开关磁阻电机驱动系统。

1）直流电机驱动系统。电机控制器一般采用 PWM 斩波控制方式，控制技术简单、成熟、成本低，但具有效率低和体积大等缺点。

2）交流感应电机驱动系统。驱动电机控制器采用 PWM 方式实现高压直流到三相交流的电源变换，采用变频调速方式实现电机调速，采用矢量控制或直接转矩控制策略实现电机转矩控制的快速响应。

3）交流永磁电机驱动系统。包括正弦波永磁同步驱动电机驱动系统和梯形波无刷直流电机驱动系统，其中正弦波永磁同步电机控制器采用 PWM 方式实现高压直流到三相交流的电源变换，采用变频调速方式实现电机调速；梯形波无刷直流电机控制通常采用"弱磁调速"方式实现电机的控制。由于正弦波永磁同步电机驱动系统低速转矩脉动小，且高速恒功率区调速更稳定，因此比梯形波无刷直流电机驱动系统具有更好的应用前景。

4）开关磁阻电机驱动系统。开关磁阻电机驱动系统的电机控制一般采用模糊滑模控制方法。目前，纯电动汽车所用电机均为永磁同步电机，交流永磁电机采用稀土永磁体励磁，与感应电机相比不需要励磁电路，具有效率高、功率密度大、控制精度高、转矩脉动小等特点。

5）电机控制器的相关术语如下：

① 额定功率：在额定条件下的输出功率。

② 峰值功率：在规定的持续时间内，电机允许的最大输出功率。

③ 额定转速：额定功率下电机的转速。

④ 最高工作转速：相应于电动汽车最高设计车速的电机转速。

⑤ 额定转矩：电机在额定功率和额定转速下的输出转矩。

⑥ 峰值转矩：电机在规定的持续时间内允许输出的最大转矩。

⑦ 电机及控制器整体效率：电机转轴输出功率除以控制器输入功率再乘以 100%。

2. 驱动电机的控制策略

（1）开关磁阻电机驱动系统控制策略　开关磁阻电机驱动系统的控制策略有开环转矩控制策略和闭环转矩控制策略。

1）开环转矩控制策略。通过合适的选择控制变量，也就是导通区间和参考电流，可以设计一个开关磁阻电机开环控制策略。开环控制策略主要由以下几部分内容组成：

① 初始转子位置检测。

② 参照转矩、电流和转速信号计算导通区间的开通角与关断角。

③ 监测转子位置，选择导通相。

④ 在低速时，选择一控制策略调节相电流。

2）闭环转矩控制策略。主控制模块负责产生功率开关的门极信号，同时兼顾实施电流调节和换相。转矩控制器提供参考电流，同时与换相有关的信息从一个分立模块得到，通过这个模块，按照不同控制器的要求，协助电动、发电以及转向。反馈信息通过估算或者传感器产生。

（2）北汽新能源 EV200 电机控制策略　北汽新能源 EV200 电机的控制策略是基于 STATE 机制的驱动电机系统上下电控制策略。根据北汽新能源纯电动汽车 EV200 对 STATE 机制上下电策略的要求，约束了该机制下电机控制器在整车上下电过程各 STATE 中应执行的动作指令、需要实现的控制逻辑功能、允许及禁止的诊断等。上下逻辑流程图如图 3-30 所示。

1）驱动电机系统上电流程。驱动电机系统上电流程图如图 3-31 所示。

2）驱动电机系统下电流程。驱动电机系统下电流程图如图 3-32 所示。

3）驱动电机系统驱动模式。VCU 根据车辆运行的不同情况，包括车速、档位、电池 SOC 值来决定电机输出的转矩与功率。

当电机控制器从 VCU 处得到转矩输出命令时，将动力蓄电池提供的直流电，转化成三相正弦交流电，驱动电机输出转矩，通过机械传输来驱动车辆，如图 3-33 所示。

① 电机系统驱动模式。当 TM 电机控制器从 VCU 处得到转矩输出命令时，将动力蓄电池提供的直流电能，转化成交流电能，以使 TM 电机输出转矩，此时 TM 电机输出力矩驱动车辆。

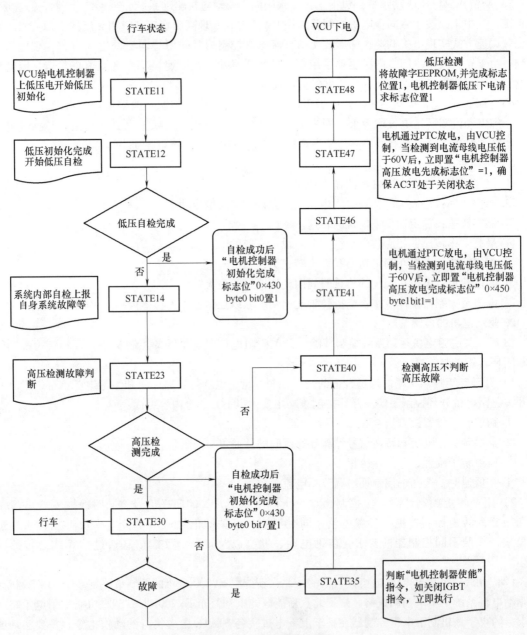

图 3-30　上下逻辑流程图

　　② 电机系统发电模式。当车辆在溜车或制动时,电机控制器从 VCU 得到发电命令后,电机控制器将电机处于发电状态。此时电机会将车辆动能转化成交流电能,然后交流电能通过电机控制器转化为直流电,储存到电池中。

　　4) 电机控制系统温度保护控制策略。

　　① 电机温度保护。当控制器监测到驱动电机温度传感器显示:120℃ ≤温度<140℃时,降功率运行;温度≥140℃时,降功率至 0,即停机。

　　② 控制器温度保护。当控制器监测到散热基板温度≥85℃时,超温保护,即停机;当控制器监测到散热基板温度为 75~85℃时,降功率运行。

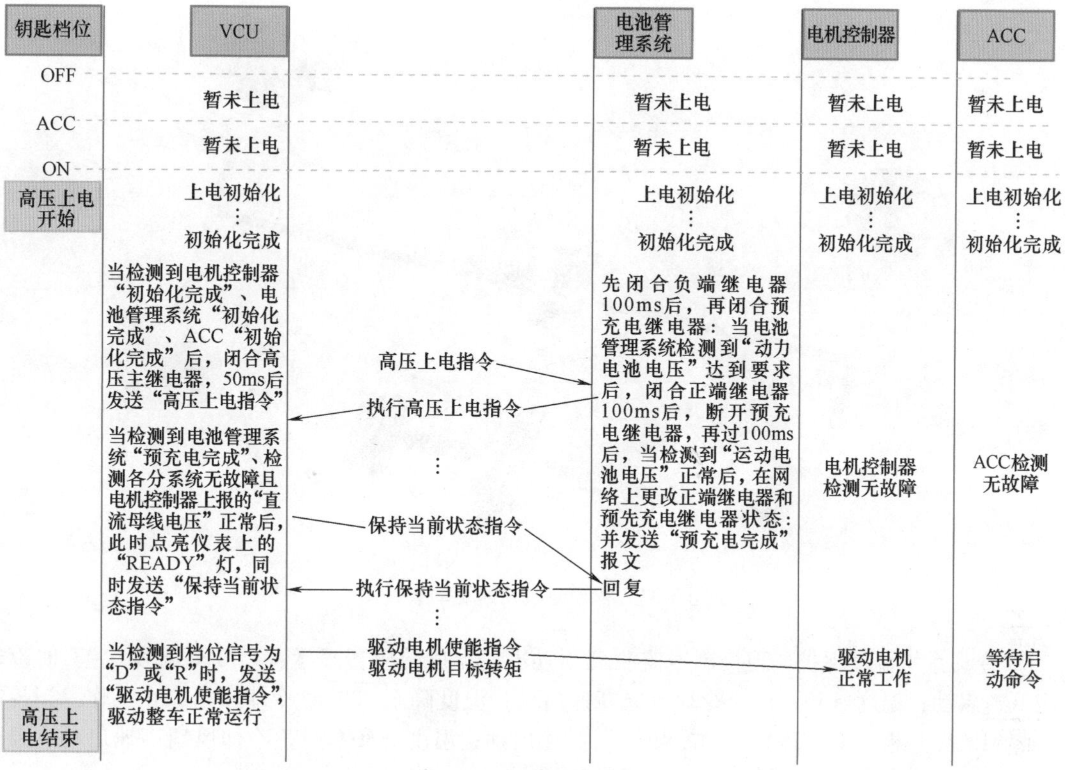

钥匙档位	VCU	电池管理系统	电机控制器	ACC
OFF	暂未上电	暂未上电	暂未上电	暂未上电
ACC	暂未上电	暂未上电	暂未上电	暂未上电
ON				
高压上电开始	上电初始化 ⋮ 初始化完成	上电初始化 ⋮ 初始化完成	上电初始化 初始化完成	上电初始化 ⋮ 初始化完成
	当检测到电机控制器"初始化完成"、电池管理系统"初始化完成"、ACC"初始化完成"后，闭合高压主继电器，50ms后发送"高压上电指令" 高压上电指令 → ← 执行高压上电指令	先闭合负端继电器100ms后，再闭合预充电继电器；当电池管理系统检测到"动力电池电压"达到要求后，闭合正端继电器100ms后，断开预充电继电器，再过100ms当检测到"运动电池电压"正常后，在网络上更改正端继电器和预先充电继电器状态；并发送"预充电完成"报文	电机控制器检测无故障	ACC检测无故障
	当检测到电池管理系统"预充电完成"、检测各分系统无故障且电机控制器上报的"直流母线电压"正常后，此时点亮仪表上的"READY"灯，同时发送"保持当前状态指令" 保持当前状态指令 → ← 执行保持当前状态指令	回复		
	当检测到档位信号为"D"或"R"时，发送"驱动电机使能指令"，驱动整车正常运行 驱动电机使能指令 驱动电机目标转矩 →		驱动电机正常工作	等待启动命令
高压上电结束				

图 3-31　驱动电机系统上电流程图

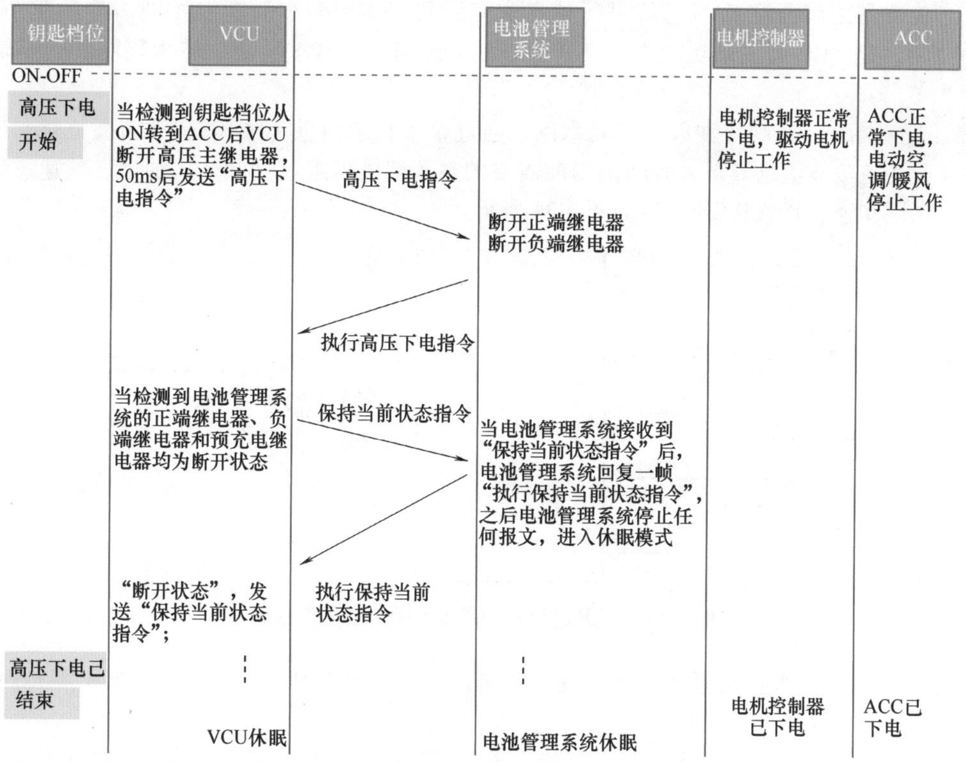

钥匙档位	VCU	电池管理系统	电机控制器	ACC
ON-OFF				
高压下电开始	当检测到钥匙档位从ON转到ACC后VCU断开高压主继电器，50ms后发送"高压下电指令" 高压下电指令 →	断开正端继电器 断开负端继电器	电机控制器正常下电，驱动电机停止工作	ACC正常下电，电动空调/暖风停止工作
	← 执行高压下电指令			
	当检测到电池管理系统的正端继电器、负端继电器和预充电继电器均为断开状态 保持当前状态指令 →	当电池管理系统接收到"保持当前状态指令"后，电池管理系统回复一帧"执行保持当前状态指令"，之后电池管理系统停止任何报文，进入休眠模式		
	"断开状态"，发送"保持当前状态指令"； ⋮ 执行保持当前状态指令 ←	⋮		
高压下电已结束				
	VCU休眠	电池管理系统休眠	电机控制器已下电	ACC已下电

图 3-32　驱动电机系统下电流程图

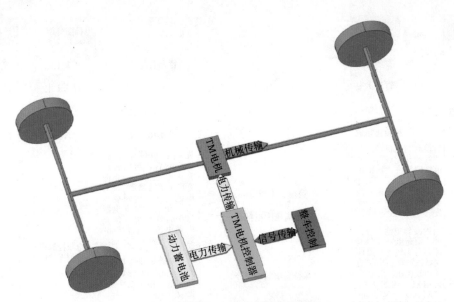

图 3-33　驱动电机系统驱动模式图

③ 冷却系统温度保护。当控制器监测到驱动电机温度传感器显示：45℃ ≤温度<50℃时冷却风扇低速启动；温度≥50℃时，冷却风扇高速启动；温度降至 40℃时冷却风扇停止工作。当控制器监测到散热基板温度≥75℃时，冷却风扇低速启动；温度≥80℃时，冷却风扇高速启动；温度降至 75℃时冷却风扇停止工作。

5）整车控制方案。整车控制方案采用分层控制方式，VCU 作为第一层，其他各控制器为第二层，各控制器之间通过 CAN 总线进行信息交互，共同实现整车的功能控制。整车驱动控制，即转矩控制，是 VCU 的主要功能之一，其核心是工况判断、需求转矩、转矩限制和转矩输出四部分。

① 工况判断——反映驾驶人的驾驶意图。通过整车状态信息（加速/制动踏板位置、当前车速和整车是否有故障信息等）来判断出当前需要的整车驾驶需求（如起步、加速、减速、匀速行驶、跛行、限车速、紧急断高压），如图 3-34 所示。

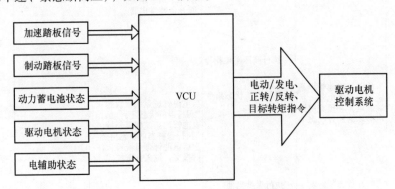

图 3-34　工况判断——反映驾驶人的驾驶意图

② 工况划分。工况包括紧急故障工况、怠速工况、加速工况、能量回收工况、零转矩工况、跛行工况等，各工况间互斥且唯一。

③ 转矩需求——驾驶人驾驶意图的转换。根据判断得出的整车工况、动力蓄电池系统和电机驱动系统状态计算出当前车辆需要的转矩。

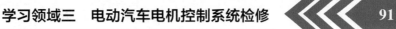

④ 紧急故障工况—零转矩后切断高压：

怠速工况—目标车速 7km/h；

加速工况—加速踏板的跟随；

能量回收工况—发电；

零转矩工况—零转矩；

跛行工况—限功率、限车速。

⑤ 转矩限制与输出—驾驶人驾驶意图的实现。根据整车当前的参数和状态及前一段时间的参数及状态，计算出当前车辆的转矩能力，根据当前车辆需要的转矩，最终计算出合理的最终需要实现的转矩。

⑥ 限制因素：

a. 动力蓄电池的允许充放电功率——温度、SOC；

b. 驱动电机的驱动转矩/制动转矩——温度；

c. 电辅助系统工作情况——放电、发电；

d. 最大车速限制——前进档和倒车档。

⑦ 外围相连驱动模块的控制。外围相连驱动模块的控制包括对高压主副继电器、空调系统高压继电器、水泵、DC/DC 冷却风扇、电子转向助力系统的控制。

3. 北汽新能源 EV150 汽车故障诊断

（1）电机控制器 IGBT 故障码及含义　电机控制器 IGBT 故障码及含义详见表 3-2。

表 3-2　电机控制器 IGBT 故障码及含义

故障码	定义
P0031	电机控制器 IGBT 故障
P0032	电机控制器 12V 瞬间断路故障
P0035	预充电故障
P0512	电机控制器温度传感器短路故障
P0514	电机控制器温度传感器断路故障
P0515	电机控制器 CAN 总线故障
P0516	电机控制器过电流故障
P0517	电机控制器过电压故障
P0518	电机控制器欠电压故障
P0521	电机控制器相电流过电流故障
P0771	电机控制器反馈模式故障

（2）故障诊断步骤　故障诊断步骤详见表 3-3。

表 3-3　故障诊断步骤

序号	检查步骤	检查结果		
0	初步检查	正常	有故障	排除方法
	检查熔丝是否熔断	进行第 1 步	熔丝熔断	更换熔丝

（续）

序号	检查步骤	检查结果		
1	检查高压驱动电机断电器	正常	有故障	排除方法
	检查高压驱动电机断电器是否损坏	进行第2步	驱动电机断电器损坏	更换驱动电机断电器
2	检查VCU	正常	有故障	排除方法
	检查VCU是否损坏	进行第3步	VCU损坏	更换VCU
3	检查电机控制器	正常	有故障	排除方法
	检查电机控制器是否损坏	进行第4步	电机控制器损坏	更换电机控制器
4	检查驱动电机电路是否正常	正常	有故障	排除方法
	检查驱动电机电路是否正常	进行第5步	驱动电机短路或断路	维修供电电路
5	检查驱动电机	正常	有故障	排除方法
	检查驱动电机是否损坏	进行第6步	驱动电机损坏	更换驱动电机
6	检查操作	正常	有故障	排除方法
	正确检修操作后，检查故障是否出现	诊断结束	故障未消失	从其他症状检查故障原因

（3）故障实例

1）旋变故障。出现旋变故障时（电机与控制器旋变线连接正确），一般分为两种情况：一种为电机旋转变压器故障，另一种为控制器旋变解码电路故障。不管是哪一种故障，都将会导致电机系统无法启动及转矩输出偏小等现象。若出现以上情况，请首先检查电机旋转变压器是否损坏，检测步骤如下：

根据电气接口表定义，采用万用表欧姆档检查 S1/S3 [60×(1±10%)Ω]、S2/S4 [60×(1±10%)Ω]、R1/R2 [33×(1±10%)Ω] 绕组阻值，若为无穷大，表示损坏，需更换旋转变压器。若显示正常值，则表示控制器内部旋变解码电路故障，需更换控制器主控板。

① 采用万用表欧姆档检查 R1/R2 [33×(1±10%)Ω]，如图3-35所示。

② 采用万用表欧姆档检查 S1/S3 [60×(1±10%)Ω]，如图3-36所示。

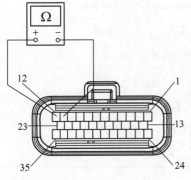

图3-35　用万用表欧姆档检查 R1/R2

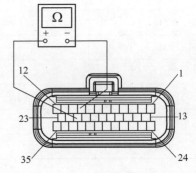

图3-36　用万用表欧姆档检查 S1/S3

2）线束插头故障。

故障现象：车辆偶尔在行驶中、起步时底盘后部异响，异响后车辆仪表报整车及驱动电机超速故障，车辆不能行驶。

原因分析：首先要判断是机械故障、电路故障还是电气故障，通过故障的表现说明此故障为偶然故障。虽然故障的最初表现是底盘异响，但仪表同时也报出了故障，针对此车型的报警功能

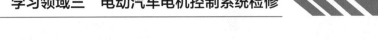

而言，机械故障没有故障码报出的功能，所以机械故障应不能成立；其次，再针对仪表报出的故障，利用诊断仪进行诊断查明故障点。

3）故障诊断与排除：经过试车此故障现象出现，使用故障诊断仪检测出故障码为 P0521、P0519、P051，经故障码的分析初步判断为电机旋变所致。将车辆升起，（车辆上电的状态下）晃动电机旋变低压插头后，车辆掉高压，将插接件拔下发现端子内部塑料卡子损坏造成端子（121 线号）退针导致虚接，造成车辆掉高压不能行驶。

实训一　更换驱动电机

一、拆卸步骤

1）车辆断电。

① 将车辆变速杆置于 N 位（图 3-37），拉起驻车制动器（图 3-38），关闭点火开关并拔出钥匙（图 3-39）。

图 3-37　挂 N 位

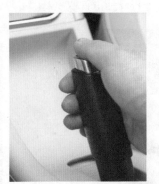
图 3-38　拉起驻车制动器

图 3-39　拔出钥匙

② 将钥匙妥善保管（图 3-40）。

③ 使用工具断开辅助蓄电池负极（图 3-41）。

图 3-40　保管钥匙

图 3-41　断开蓄电池负极

2）车辆放电。

① 放置高压作业维修标志（图 3-42）

② 使用放电仪在快充接口处放电（图 3-43）。

③ 等待 1min 后使用万用表测量快充接口高压端子处于无电状态。

图 3-42　高压作业维修标志

图 3-43　放电仪放电

3）用毛巾盖在散热器盖上，轻轻转动散热器盖，打开散热器盖，以免烫伤。

4）使用举升机将车辆升到合适位置。

5）拆卸下护板螺栓并取下（图 3-44）。

6）松开散热器冷却液排放开关将冷却液回收（图 3-45）。

图 3-44　拆卸护板螺栓

图 3-45　回收冷却液

7）拆卸辅助蓄电池固定螺栓（图 3-46），将蓄电池与车身分离，拆卸蓄电池托盘（图 3-47）。

图 3-46　拆卸蓄电池固定螺栓

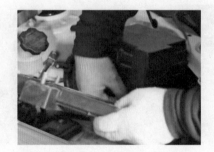

图 3-47　拆卸蓄电池托盘

8）拆卸电机控制器（图 3-48）。

① 拆卸电机控制器高低压插头并套好绝缘护套。

② 使用专用工具拆卸进出水管卡子。

③ 使用专用工具拆卸进出水管卡子螺栓。

④ 举升车辆放出冷却液。

⑤ 落下车辆，拔下进出水管。

⑥ 使用专用工具拆卸电机控制器固定螺栓。

⑦ 从前舱内拿出电机控制器。

图 3-48　拆卸电机控制器

9）拆卸底盘部件。拆卸前部两侧轮胎（图 3-49），拆卸左右驱动轴六角螺母，拆卸左右前悬下摆臂螺母（图 3-50）。

图 3-49　拆卸轮胎螺栓

图 3-50　拆卸前悬下摆臂螺母

10）拆卸驱动电机高压线束（图 3-51）。拆卸驱动电机高压线束固定螺栓，并拔出高压线束。

11）拆卸空调压缩机（图 3-52）。将空调压缩机固定螺栓拆下，使用绳索将压缩机固定到车身上。

图 3-51　拆卸驱动电机高压线束

图 3-52　拆卸空调压缩机

12）拆卸电子真空泵。

① 将电子真空泵真空管拆下。

② 拆卸电子真空泵固定螺栓（图3-53）使其与变速器分离。

③ 将电子真空泵插头拆下（图3-54）。

图3-53　拆卸电子真空泵固定螺栓

图3-54　拆卸电子真空泵

13）拆卸驱动电机部件。

① 将驱动电机插头拆下（图3-55）。

② 将驱动电机进、出水管拆下（图3-56）。

图3-55　拆下驱动电机插头

图3-56　拆下驱动电机进、出水管

14）拆卸驱动电机及变速器。

① 拆卸后悬置软垫固定螺栓并拿出（图3-57）。

② 使用举升托架托住驱动电机和变速器（图3-58）。

图3-57　拆下后悬置软垫固定螺栓

图3-58　托住驱动电机和变速器

15）完全拆下驱动电机及变速器。

① 将驱动电机以及变速器固定螺栓拆掉（图3-59）。

② 分离驱动电机以及变速器（图3-60）

图3-59　拆掉驱动电机和变速器固定螺栓

图3-60　分离驱动电机和变速器

二、更换并安装驱动电机

选择同型号驱动电机进行更换，按照拆卸相反顺序安装电机。

三、更换质量检查

1）螺栓拧紧力矩检查。

2）驱动电机及拆装部位外观检查。

3）仪表信息检查（图3-61）。

4）使用诊断仪对故障码进行读取和清除等操作（图3-62）。

图3-61　仪表信息检查

图3-62　诊断仪读取故障码

实训二　更换驱动电机控制器

一、拆卸步骤

1）车辆断电。

① 将钥匙妥善保管。

② 使用工具断开辅助蓄电池负极（图3-63）。

③ 拔下紧急维修开关（图3-64）。

2）车辆放电。

① 放置高压作业维修标志。

② 使用放电仪放电。

图 3-63　断开辅助蓄电池负极

图 3-64　拔下紧急维修开关

③ 等待 1min 后使用万用表测量快充接口高压端子，应处于无电状态。

3）拔下维修开关检测开关插头，拆卸电机控制器线束（图 3-65）。

维修开关检测开关

图 3-65　拆下电机控制器线束

4）拆卸电机控制器（图 3-66）。

① 拆卸电机控制器高低压插头，并套好绝缘护套。

② 使用专用工具拆卸进出水管卡子。

③ 举升车辆放出冷却液。

④ 落下车辆拔下进出水管。

⑤ 使用专用工具拆卸电机控制器固定螺栓。

⑥ 从前舱内拿出电机控制器。

图 3-66　拆卸电机控制器

二、更换安装驱动电机控制器

选择同一型号驱动电机控制器，按照电机控制器与拆装相反顺序安装。

三、查询标准并检查

1）按照维修手册拧紧力矩，进行螺栓拧紧力矩检查。
2）对驱动电机及相关连接部件进行外观检查。
3）对车辆仪表进行检查（图 3-67）。

图 3-67　检查车辆仪表

一、多项选择题

1. 电动汽车采用的驱动电机主要分为（　　　）。

A. 直流电机　　　　　B. 感应电机　　　　　C. 永磁电机　　　　　D. 开关磁阻电机

2. 定子磁链的测定主要有两种方法，分别是（　　　）。

A. 电流模型测定法　　　　　　　　　B. 电压模型测定法

C. 电阻模型测定法　　　　　　　　　D. 电子模型测定法

3. 驱动电机控制系统的散热方式通常分为（　　　）两类。

A. 水冷　　　　　　　B. 风水混合冷　　　　C. 风冷　　　　　　　D. 油冷

4. 异步电机的定子由（　　　）组成。

A. 定子铁心　　　　　B. 转轴　　　　　　　C. 定子绕组　　　　　D. 机座

5. 永磁同步电机可分为（　　　）。

A. 交流永磁同步电机　　　　　　　　B. 直流无刷永磁电机

C. 新型永磁电机　　　　　　　　　　D. 直流永磁电机

6. 直流电机的控制主要是通过（　　　）等方式来控制电机的转速及转矩。

A. 调节改变电枢电阻　　　　　　　　B. 调节改变电枢电压

C. 调节改变磁通　　　　　　　　　　D. 调节改变电枢电流

7. 智能控制主要是针对控制对象及其环境、目标、任务的不确定性和复杂性提出来的，分为
（　　　）。

A. 模糊控制　　　　B. 神经网络　　　　　C. 清楚控制　　　　　D. 遗传算法

8. 为兼顾电动汽车的（　　　）和排放性，要求新能源电动汽车的驱动电机具有比普通工业用

电机更为严格的技术规范。

A. 动力性　　　　B. 舒适性　　　　C. 环境适应性　　　　D. 经济性

9. 无刷直流电机的控制分为（　　　　）。

A. 带位置传感器　　　　　　　　B. 智能传感器

C. 无位置传感器　　　　　　　　D. 智能控制

二、判断题

1. 驱动电机性能的好坏直接影响新能源汽车的起步、停车、加减速性能、高速行驶以及爬坡等重要技术性能。（　　　　）

2. 新能源汽车驱动电机将主要朝着小型轻量化、高效性、优转矩特性、高可靠性和高性价比的方向发展。（　　　　）

3. 直流电机的控制方式分为改变电枢电阻调速系统、改变电枢电流调速系统和改变磁通调速系统三种方式。（　　　　）

4. 调速是指在某一具体负载情况下，通过改变电机或电源参数的方法，使机械特性得以改变，从而使电机转速发生变化或保持不变。（　　　　）

5. 逆变器和开关表是三相永磁同步电机直接转矩控制系统的重要组成部分。（　　　　）

6. 驱动电机控制系统是纯电动汽车四大核心之一，是车辆行驶的主要执行机构。（　　　　）

7. 电机控制器一般采用 PWM 斩波控制方式，其优点包括控制技术简单、成熟、成本低，缺点包括效率低、体积大等。（　　　　）

8. 在规定的持续时间内，电机允许的最大输出功率为最大功率。（　　　　）

9. 速度变化是指由于电机的负载转矩发生变化（增大与减小）而引起电机转速的变化。（　　　　）

10. 电枢调压控制是指通过改变电枢的端电压来控制电机的转速。（　　　　）

三、简答题

1. 三相永磁同步电机直接转矩控制主要包括哪几个部分？

2. 电机控制系统使用了几种传感器来提供电机的工作信息？其工作特点是什么？

3. 开环控制策略主要由哪几部分组成？

4. 请简要描述异步电机的特点。

5. 改变电枢回路串接电阻的大小来调速存在什么问题？

知识目标	了解电动汽车充电系统的分类、布局和建设要求
	能够掌握直流充电系统和交流充电系统的结构与原理
	能够根据需要正确选用车载充电系统
能力目标	能够根据维修手册对快充和慢充充电接口故障进行判断及检修
	能够按照操作规范对车载充电机进行更换，并确保更换后的充电机工作正常
素养目标	通过对充电系统布局和建设要求，培养学生的成本核算意识
	通过对快充和慢充充电接口的检修，培养学生的团队合作意识
	通过对车载充电机的更换，培养学生的劳动习惯

一辆比亚迪汉，累积行驶了 15000km，据车主反映，该车在正确连接充电枪后，充电系统反应正常，但一直无法充满，请你为该车进行故障诊断与排除。

一、电动汽车充电系统

电动汽车在使用过程中需要补充电能，以实现汽车的行驶。根据电动汽车补充电能方式，电动汽车可分为换电式和充电式两种。换电式电动汽车是通过更换充足电的电池来实现补充电能，充电式电动汽车是通过外接充电接口借助相关的设备对动力蓄电池补充电能。目前，常见的纯电动汽车和插电式混合动力电动汽车均配备外接充电接口。

1. 充电场站分类、布局和建设要求

电动汽车充电需要相应配套的充电场站提供充电服务。电动汽车充电模式和传统燃油汽车不同，其既可以在家充电，也可以到专用场站利用充电设备进行充电，但由于家庭充电受到充电桩、停车位等多重因素的限制，且车辆日常使用过程中也同样需要充电，因此大部分充电过程均在充电场站进行，充电场站外观如图 4-1 所示。

电动汽车充换电场站分为换电站和充电站，其中换电站主要服务于公交车和出租车等公共领域专用车辆，以及如蔚来等部分乘用车需要配备替换电池包及替换电池包的专用设备。充电站的常见充电模式有交流充电和直流充电两种。充换电站按照功能可以划分为配电系统、充电系统、充电站监控系统和电池调度系统四个子模块。充电站主要设备包括充电机、充电桩、有源滤波装置和电能监控系统，电动汽车充电站系统的结构如图4-2所示。

图4-1　电动汽车充电站

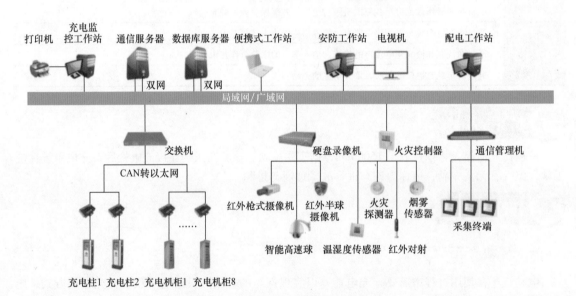

图4-2　电动汽车充电站系统的结构

　　电动汽车充电站根据动力蓄电池储存能量、为汽车充电服务的能力将充电站分为四级，其中一级充电站的蓄电池储存能量不小于6800kW·h，或单路配电容量不小于5000kV·A，一般可以日提供200台次以上大中型商用车的电池更换或充电服务，或可以提供500台次以上乘用车的电池更换或充电服务；二级充电站蓄电池储存能量为3400～6800kW·h，或单路配电容量为3000～5000kV·A，一般可以日提供100～200台次以上大中型商用车的电池更换或充电服务，或可以提供200～500台次以上乘用车的电池更换或充电服务；三级充电站蓄电池储存能量为1700～3400kW·h，或单路配电容量为1000～3000kV·A，一般可以日提供40～100台次以上大中型商用车的电池更换或充电服务，或可以提供100～200台次以上乘用车的电池更换或充电服务；四级充电站的电池储存能量小于1700kW·h，或单路配电容量小于1000kV·A的充电站，可以日提供40台次以下大中型商用车的电池更换或充电服务，或可以提供100台次以下乘用车的电池更换或充电服务。

在电动汽车充电站建设过程中，应遵循节约用地的原则，并充分结合电动汽车的使用特点，将充电站与现有公共服务设施相结合且不影响原有设施的安全与使用功能。为满足交通使用，城区内充电站宜靠近城市道路，但不宜设置在城市干道的交叉路口和交通繁忙路段附近。其中，公交用电动汽车充电站宜设置在公交场站内，其他专用电动汽车充电站设置在相应的停靠站内。同时，充电站不应设在有剧烈振动、高温、地势低洼和可能积水的场所。最后，充电站在选址过程中应符合城市电网规划的要求，重点关注电力系统对电力平衡、供电可靠性、电能质量、自动化等方面的要求。

在充电站安全设置方面，参考加油站等场站的建设规范和要求，充电站的设置也需要提前进行环境评价。同时应有整体围栏，充电机附近应设防撞柱（栏），其高度不低于0.8m。充电机的充电插接器放置处应有明显的文字标志和警示标志。充电站要在醒目位置张贴安全警告标志、消防安全标志和图像采集区域标志，并设置火灾自动报警装置。目前，中石化、中石油等石化企业也在积极参与充电基础设施建设，当充电场站与加油加气站共建时，充电设备应与危险性设备划定爆炸危险区域边界线，外缘距离柴油设备均不得小于3m。为了保证充电场站的交通秩序和站内流向，充电站的入口和出口应分开设置，车道宽度不小于4m，道路转弯半径不宜小于9m。

2. 充电系统及充电设备的分类

根据充电时间的快慢，电动汽车充电可分为快速充电和慢速充电两种方式。快速充电通过外部专业充电设备将交流电转换成直流电后直接通过快充接口对动力蓄电池进行充电，一般简称直流快充；慢速充电将外部交流电经充电桩直接接入慢充接口，经过车载充电机转换为直流电后对动力蓄电池进行充电，一般简称交流慢充。

直流快速充电系统由地面充电设备、高压配电系统、动力蓄电池和控制系统构成。地面充电设备一般使用三相交流电源供电（AC 380V），其总成可分为结构部分、配电部分、电源部分和控制系统，其中控制系统包括电源控制系统、计费鉴权系统和通信监测系统。直流快速充电系统具有充电速度快、充电设备自带配线、车辆仅需增加快充接口和相关软件即可实现快速充电功能等特点。但直流快速充电系统同样也有地面供电设备成本高、配电网要求高等缺点。

交流慢速充电系统由供电设备、高低压线束、车载充电机、高压配电系统、动力蓄电池及控制系统构成。供电设备包括交流充电桩、充电线缆及插头等，通过充电线束连接充电桩和车辆的交流充电接口，将220V交流电供给车载充电机，同时保证供电系统的安全，高压线束负责将车载充电机输出的高压直流电输送到动力蓄电池。

车载充电机是交流慢速充电系统的主要电源，其作用是将220V的交流电转换成高压直流电并提供给动力蓄电池充电，同时要减少对电网的谐波影响，保证供电设备的电源质量。由于车内空间较少且工作环境较恶劣，车载充电机的功率存在一定限定，同时还需要考虑其尺寸、防水防尘等级（IP等级）、抗振动性能等。从交流电转换到直流电存在一定的损耗并转化为热量，影响设备的使用寿命，因此需要保证车载充电机的散热性能。

3. 充电模式与连接方式

（1）充电模式　充电模式是指新能源汽车连接到电网，给新能源汽车充电的方法，主要有以下四种充电模式：

1）模式1。将新能源汽车连接到交流电网时，在电源侧使用标准化的插头和插座，在电源侧则使用相线、中性线和接地保护的导体。该种充电模式在新能源汽车充电系统中不再适用。

2）模式2。将新能源汽车连接到交流电网时，在电源侧使用标准化的插头和插座，在电源侧则使用相线、中性线和接地保护的导体，同时在充电连接时使用了缆上控制与保护装置。该模式一般指随车带的便携式交流慢充充电枪。

3）模式3。将新能源汽车连接到交流电网时，使用专门供电设备，将新能源汽车与交流电网直接连接，并且在专用供电设备上安装控制引导装置。该模式一般指专用交流慢充充电桩。

4）模式 4。将新能源汽车连接到交流电网或直流电网时，使用带控制引导功能的直流供电设备，即直流快充桩。

（2）连接方式　连接方式是指使用电缆和插接器将新能源汽车接入电网的方法，主要有以下三种连接方式：

1）连接方式 A（图 4-3）。将新能源汽车和交流电网连接时，使用和电动汽车永久连接在一起的充电电流和供电插头，其中电缆组件是新能源汽车的一部分。

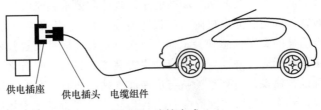

供电插座　供电插头　电缆组件

图 4-3　连接方式 A

2）连接方式 B（图 4-4）。将新能源汽车和交流电网连接时，使用带有车辆插头和供电插头的独立活动电缆组件，可拆卸的电缆组件既不是车辆也不是充电设备的组成部分。

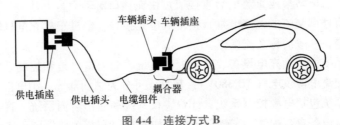

车辆插头　车辆插座

供电插座　供电插头　电缆组件　耦合器

图 4-4　连接方式 B

3）连接方式 C（图 4-5）。将新能源汽车和交流电网连接时，使用和供电设备永久连接在一起的充电电缆和车辆插头，充电电缆组件是充电设备的组成部分。

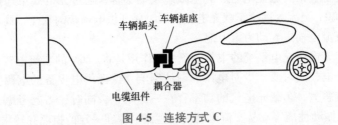

车辆插头　车辆插座

电缆组件　耦合器

图 4-5　连接方式 C

二、直流充电系统结构原理及检修

快速充电一般指采用直流电对动力蓄电池直接充电的充电方式，需要专业的直流充电设备，将电网交流电逆变为直流电，当快速充电枪与新能源汽车快充接口对接后，经过通信匹配参数，输出新能源汽车所需的电压和电流，并将输出的直流电直接与动力蓄电池的正负极对接，为动力蓄电池进行快速充电。

1. 直流快速充电系统的组成、充电操作流程及控制流程

（1）直流快速充电系统的基本组成　直流快速充电系统采用 380V 三相交流电，经直流快充桩内部的 AC-DC 转换后输出直流电，通过充电线缆经快速充电接口对动力蓄电池直接进行充电。直流快速充电系统的基本架构如图4-6所示。

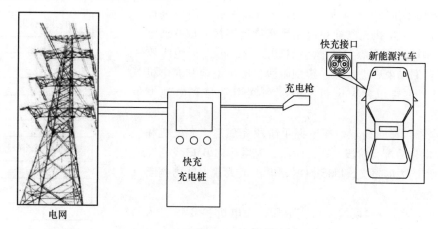

快充接口

新能源汽车

充电枪

快充
充电桩

电网

图4-6　直流快速充电系统的基本架构

（2）直流快速充电基本操作流程　直流快速充电的充电功率为30～100kW，甚至更大，依据不同车型的电池参数和电压平台输出不同的功率。随着高性能动力蓄电池技术的不断升级，直流充电机的性能也不断提高，功率也随之增大。由于直流充电电压高、电流大，对供电系统和场地要求较高，因此直流快充设备普遍设立在充电场站并有人值守。直流快充可在短时间内完成动力蓄电池的能量补充，实现$1C$～$5C$（C表示倍率，充电容量/电池容量=充电倍率）充电，即1～$0.2h$能完成动力蓄电池总能量80%以上的电能补充。但由于充电电流较大，快速充电模式对动力蓄电池的性能及使用寿命影响较大，因此通常情况下直流快充只作为能量补充的应急手段。随着动力蓄电池技术及电池管理技术的不断提高，快速充电对电池的影响也逐步降低。特别是随着纯电动汽车续驶里程增加，电池容量不断增大，交流充电桩的充电时间不断延长，因此大部分纯电动汽车均配备了直流快速充电接口，而部分插电式/增程式混动车为了保证车辆使用也同样具备快速充电功能。直流快速充电的基本操作流程如图4-7所示。

（3）直流快速充电的控制流程　直流快速充电运行过程中，直流充电机与电动汽车动力蓄电池管理系统（BMS）直接通信，当通信连接确认正确（充电握手）后，BMS与直流充电机就电压、电流等参数信息进行交互，BMS将动力蓄电池的充电需求告知直流充电机，直流充电机将其供电能力告知BMS，当两者通信正常且均符合充电要求时，直流充电机启动并输出电能对动力蓄电池进行充电。当动力蓄电池充满后，BMS通过数据端口告知直流充电机，直流充电机随即停止输出并进行电量统计和计费，整个充电过程完成。直流快速充电大致分成低压辅助上电阶段、充电握手阶段、充电参数配置阶段、充电阶段、充电结束阶段，

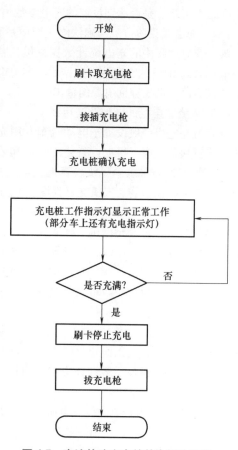

开始

刷卡取充电枪

接插充电枪

充电桩确认充电

充电桩工作指示灯显示正常工作
（部分车上还有充电指示灯）

是否充满？　　否

是

刷卡停止充电

拔充电枪

结束

图4-7　直流快速充电的基本操作流程

其总体控制流程如图 4-8 所示。

1）充电握手阶段。充电握手阶段分为握手启动阶段和握手识别阶段，当充电机充电枪和快充插座物理连接完成并通电后，开启低压辅助电源，计入握手启动阶段，再进行绝缘监测，在绝缘监测结束后进入握手辨别阶段，确定电池和充电机的必要信息，主要包含充电机型号、车辆识别号和电池型号等。

2）充电参数配置阶段。充电握手阶段完成后，充电机和 BMS 进入充电参数配置阶段。在此阶段，充电机向 BMS 发送充电机最大输出能力的报文，BMS 根据充电机最大输出能力判断是否能够进行充电。

3）充电阶段。充电配置阶段完成后，充电机和 BMS 进入充电阶段。在整个充电阶段，BMS 实时向充电机发送电池充电需求，充电机根据电池充电需求来调整充电电压和充电电流，以保证充电过程正常进行。在充电过程中，充电机和 BMS 相互发送各自的充电状态。此外，BMS 根据要求向充电机发送动力蓄电池具体状态信息及电压、温度等信息。BMS 根据充电过程是否正常、电池状态是否达到 BMS 自身设定的充电结束条件以及是否收到充电机终止充电报文来判断是否结束充电。充电机根据是否收到停止充电指令、充电过程是否正常、是否达到设定的充电参数值或者是否收到 BMS 终止充电报文来判断是否结束充电。

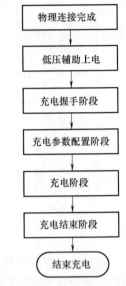

图 4-8　直流快速充电总体控制流程

4）充电结束阶段。当确认停止充电后，双方进入充电结束阶段。在此阶段 BMS 向充电机发送整个充电过程中的充电统计数据，包括初始和终了时的电池 SOC、电池最低电压和最高电压。充电机收到 BMS 的充电统计数据后，向 BMS 发送整个充电过程中的输出电量、累计充电时间等信息，最后停止低压辅助电源的输出。

2. 直流充电机的结构及使用要求

直流充电机一般设置于电动汽车专用充电场站，主要用于对电动汽车进行快速充电。根据设备使用环境和要求，直流充电机需要满足 IP54 或更高的防水防尘等级。直流充电机主要由充电模块、监控器、电度计量表、读卡器、人机交互界面、通信/计费模块及充电接口、执行机构和户外柜体等部分组成，如图 4-9 所示。为了安装调试方便、运行维护简单，直流充电机一般采用模块化设计，将充电机、充电接口、人机交互界面、通信、计费等部分集成一体。直流快充桩的充电架构如图 4-10 所示，将 AC 380V 动力电引入直流充电桩的 AC/DC 整流模块单元，通过控制单元对整流模块单元进行控制，之后连接充电线缆和充电枪。

（1）直流充电机整体结构　以华商三优的 37.5kW 电动汽车直流一体充电机为例，其正面和背面如图 4-11 所示，包括急停按钮、用于操作和计费的触摸显示屏和读卡器、门锁、充电指示灯、充电线和充电枪。

图 4-9　直流快速充电桩

图 4-12 分别为直流一体充电机正面和背面的内部视图，包括负责充电桩的主控制板、计费板、电表和辅助电源，同时还有主进线接线端口和开关，此外为了减少电网波动对充电桩的影响，还设置了浪涌保护等设备。

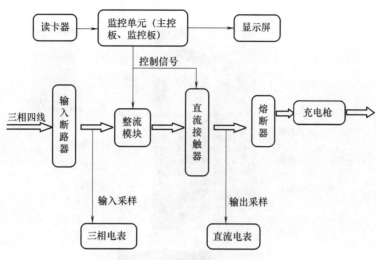

图 4-10　直流快充电桩的充电架构

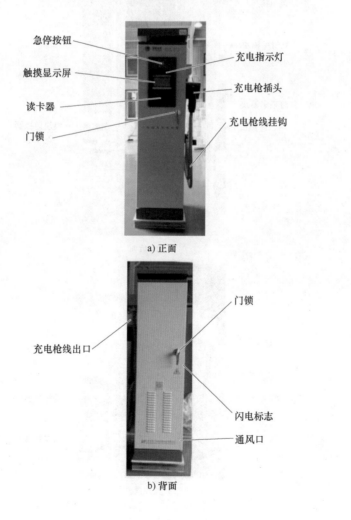

图 4-11　直流一体充电机外部结构图

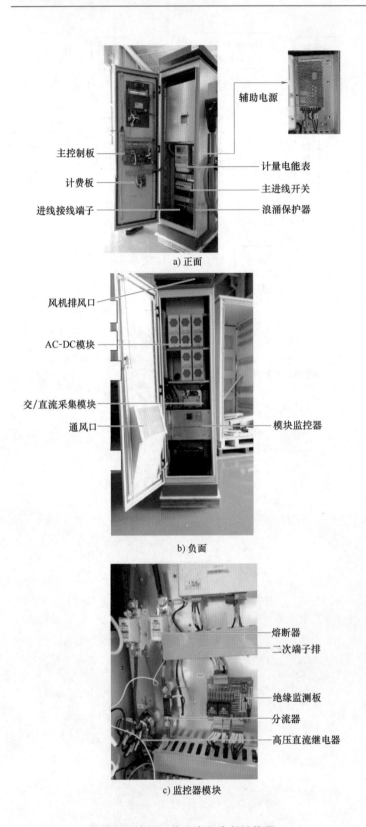

a) 正面

b) 负面

c) 监控器模块

图 4-12　直流一体充电机内部结构图

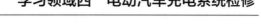

（2）直流快速充电桩的使用　直流快速充电桩使用的基本要求，详见表4-1。

表4-1　直流快速充电桩使用的基本要求

工作环境要求

1）海拔不超过1000m
2）设备运行环境温度为-25~50℃
3）周围空气的最大相对湿度不超过95%［当周围空气温度为（25±5）℃时］
4）安装地基无剧烈振动和冲击，垂直倾斜度不超过5%
5）运行地点无导电或爆炸尘埃，没有腐蚀金属和破坏绝缘的气体或蒸气

供电要求

380×（1±15%）V　（50±1）Hz

防护要求

户外运行，设备上方需安装顶棚，以防雨水直接落到设备上
1）三防（防潮湿、防霉变、防盐雾）保护：充电桩内印制电路板、接插件等电路进行防潮湿、防霉变、防盐雾处理，以保证充电桩在室外潮湿、含盐雾的环境下正常运行
2）防锈（防氧化）保护：充电桩的铁质外壳、支架和零件采用双层防锈处理，非铁质的金属外壳具有防氧化保护膜或进行防氧化处理
3）防风保护：安装在室外平台上的充电桩以及暴露在外的部件，能承受相关要求中规定的不同地区、不同高度处相对风速的侵袭
4）防盗保护：充电桩外壳门装有防盗锁，固定充电桩的螺栓是在打开外壳的门后才能安装或拆卸

安全要求

充电桩的插接器保证操作人员在正常使用时不会触及带电部件，同时保证带电部件不会接触到插接器的外壳。
1）充电桩具备漏电保护、过电流保护和防雷击保护装置
2）充电桩具备急停开关，紧急情况下能快速切断交流电源
3）充电桩的输入与输出回路对地的绝缘电阻不小于10MΩ
4）充电桩输入与输出回路对地，能够承受2kV历时1min的工频耐压试验
5）充电桩输入与输出回路对地，能够承受5kV标准雷电波的冲击电压试验
6）在车辆充电插座和供电插座上均需设置温度监测，当温度超过允许值时停止充电
7）在车辆充电插头端需设置电子锁止装置，当电子锁止装置未锁紧时，不允许启动充电

结构要求

1）充电桩采用坚固的金属外壳
2）充电桩的外壳防护等级不低于IP54
3）结构上防止手轻易触及带电部分

（3）**直流快速充电接口要求**　为统一各整车企业和充电设施生产企业的连接要求，保证车辆在使用过程中可以顺利完成直流快速充电，我国制定了直流充电相应的国家标准，其中GB/T 20234.3—2011《电动汽车传导充电用连接装置》中第3部分"直流充电接口"规定了直流快充接口的基本要求，直流充电桩充电枪及车端口如图4-13所示。

1）直流充电接口的额定值。直流快充充电接口的额定值见表4-2。

表4-2　直流快充充电接口的额定值

额定电压/V	额定电流/A
750	125
	250

图 4-13　直流充电桩充电枪及车端口

2）直流快充的接口定义。直流快充接口包含 DC 插头、CC1/CC2 等九对插头，接口布置位置如图 4-14 所示，其电气参数及功能定义见表 4-3。

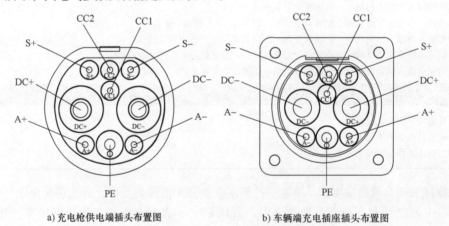

a) 充电枪供电端插头布置图　　　　b) 车辆端充电插座插头布置图

图 4-14　直流快充接口布置图

表 4-3　直流快充充电接口插头电气参数及功能定义

插头编号/标志	额定电压和额定电流	功能定义
1-（DC+）	750V、125A/250A	直流电源正极，连接直流电源正极与电池正极
2-（DC-）	750V、125A/250A	直流电源负极，连接直流电源负极与电池负极

（续）

插头编号/标志	额定电压和额定电流	功能定义
3-（GND）	—	保护接地（PE），连接供电设备地线和车辆地线
4-（S+）	30V、2A	充电通信 CAN-H，连接充电机与电动汽车的通信线
5-（S-）	30V、2A	充电通信 CAN-L，连接充电机与电动汽车的通信线
6-（CC1）	30V、2A	充电连接确认 1
7-（CC2）	30V、2A	充电连接确认 2
8-（A+）	30V、20A	低压辅助电源正极，连接充电机为电动汽车提供的低压辅助电源
9-（A-）	30V、20A	低压辅助电源负极，连接充电机为电动汽车提供的低压辅助电源

在充电连接操作过程中，首先接通的是保护接地插头，最后接通充电通信与供电端连接确认，顺序依次为：保护接地，直流电源正极和负极、车辆端连接确认，低压辅助电源正极和负极，充电通信与供电端连接确认；在脱开的过程中则刚好相反，首先脱开的是充电通信与供电端连接确认，最后脱开保护接地插头。与车辆相连的电气连接界面示意图如图 4-15 所示。

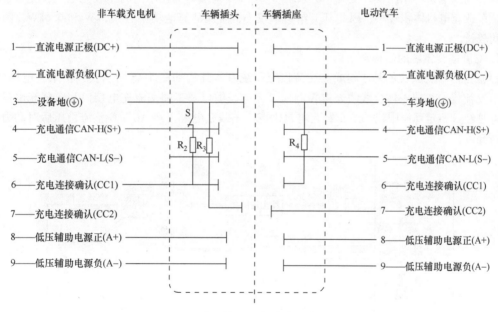

图 4-15　直流快充充电连接界面示意图

（4）直流快速充电过程状态　当快速充电桩的充电枪与车辆快充接口连接后，车辆将被锁止在不可行驶状态，当充电握手和配置成功后，操作人员对充电机进行充电设置，包括计费模式等，之后由充电桩启动充电模式，充电过程各状态定义见表 4-4。

表 4-4　充电过程各状态定义

充电过程状态	充电接口状态	开关	充电机自检	握手和配置	通信状态	可否充电	说明
状态 1	断开	断开	—	—	—	否	没有建立通信
状态 2	断开	闭合	—	—	—	否	没有建立通信

（续）

充电过程 状态	充电接口 状态	开关	充电机 自检	握手和 配置	通信 状态	可否 充电	说明
状态 3	连接	闭合	否	—	—	否	充电机没有完成自检，没有建立通信
状态 4	连接	闭合	是	否	有	否	闭合接触器 K3 和 K4，建立通信
状态 5	连接	闭合	是	是	有	是	闭合接触器 K5 和 K6，闭合接触器 K1 和 K2
状态 6	连接	闭合	是	是	无	否	通信中断，启动相应保护策略
状态 7	连接	断开	是	是	—	否	如在一定时间内（如 200ms）持续保持，则充电机启动相应保护策略
状态 8	断开	断开	是	是	—	否	充电机和车辆分别启动相应的保护策略

三、交流充电系统结构原理及检修

交流充电系统一般是指将 AC 220V 引入交流充电桩后，通过充电线缆和充电枪与新能源汽车交流充电接口对接后，车载充电机能将外部交流电网的电转化为直流电来对动力蓄电池进行充电的系统。

与直流充电系统相比较，交流充电系统将 AC/DC 系统集成在车内的车载充电机，受布置空间限制，车载充电机体积较小，因此其工作功率较小，常用的充电功率有 3.3kW 和 6.6kW，因此充电时间较长。

1. 交流慢充系统的结构和功用

（1）交流慢充系统的基本组成　交流慢充系统基本驾构如图 4-16 所示，包括来自电网的 AC 220V、交流慢充桩或一体化线缆充电控制盒、充电线缆以及车端交流充电接口和车载充电机。交流充电桩经过一定稳压限流后给车载充电机供电，车载充电机再经 AC/DC 整流稳压后对动力蓄电池进行充电。

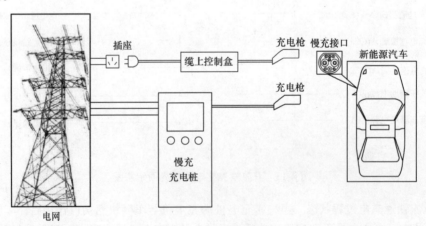

图 4-16　交流慢充系统基本架构

由于受到车载充电机的功率限制，交流慢充充电功率一般在 3~10kW 范围内，目前各整车生产企业的纯电动、插电式/增程式混合动力汽车均配备慢充充电接口。慢充接口还可通过线缆安装插头，直接接入 AC 220V 16A 插座。

（2）交流慢充系统操作流程　在慢充系统中，首先将充电枪的车辆端接入汽车慢充充电接口，将充电桩端接入交流充电桩接口，或将插头接入市电插座。待各部件自检完成后，即可合闸或启动开关进行交流慢充。充电的一般操作流程如图 4-17 所示，交流慢充桩与直流快充的整体操作流程基本一致。

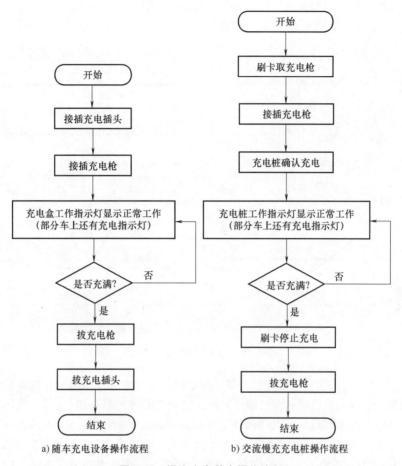

a) 随车充电设备操作流程　　　　b) 交流慢充充电桩操作流程

图 4-17　慢充充电基本操作流程

在充电过程中，动力蓄电池管理系统将电池组的充电电压和充电电流等充电需求状态告知充电机，充电机根据电池的充电需求，依据设定的策略输出电压电流值，对动力蓄电池进行充电。在交流慢充充电中，交流慢充充电桩或充电线缆控制盒（车载充电宝）的主要作用如下：

1）为车载充电机提供 220V 交流电输入。

2）当充电枪与慢充接口断开时，切断控制盒/慢充充电桩至充电枪的电路。

3）显示充电状态。

此外，交流慢充桩或线缆控制盒还能提供计费服务的功能，通过联网记账，智能 IC 卡虚拟计费实现结算。

（3）交流慢充的充电方式　电池的充电过程对电池的性能及使用寿命有一定的影响，合理的充电方式对保护动力蓄电池意义重大。按照动力蓄电池的最佳曲线充电会大大降低蓄电池的充电时间，并且会减小对电池造成的危害以及对电池的使用寿命及容量的影响。目前，交流慢充充电方法包括恒流充电法、恒压充电法和两阶段充电法三种。如图 4-18 所示，其中图 4-18a 所示为电池理论最佳充电曲线，可以保障电池的最佳状态和使用寿命。因此，在实际应用中以此为理论标准进行相应充电策略和方式的界定。

1）恒流充电法。恒流充电法在整个充电过程中电流保持恒定不变，在充电的过程中，由于电池内阻的增加，它两端的电压会慢慢增加，当达到电池的额定电压时就认为其已充满，恒流充电法的充电曲线如图 4-18b 所示。其特点是控制比较简单，但是在充电的整个过程中，电池接收电流的能力是呈下降的趋势，因此使用后期会不利于电池的长期维护。

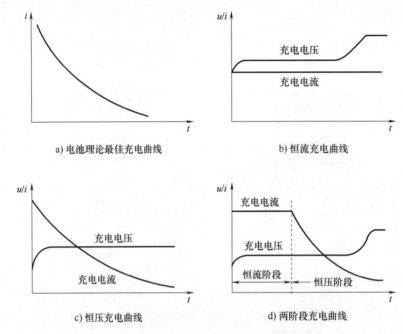

a) 电池理论最佳充电曲线　　　　　b) 恒流充电曲线

c) 恒压充电曲线　　　　　d) 两阶段充电曲线

图 4-18　动力蓄电池充电方式

2）恒压充电法。与恒流充电法相似，恒压充电法是在充电过程中电压保持不变，电流逐渐减小，当减小到接近 0 的设定值时认为电池已充满，其充电曲线如图 4-18c 所示。恒压充电法控制也较简单，由于其充电曲线和最佳充电曲线（图 4-18a）接近，因此有利于电池的维护和使用寿命。但是由于充电开始时电池内阻较小，因此充电电流很大，会造成电池一定程度的受损。

3）两阶段充电法。交流充电两阶段充电法综合了恒压充电法和恒流充电法的特点，在充电开始时，采用恒流限压充电模式，当电压达到一定值时，改为恒压限流充电模式，其充电曲线如图 4-18d 所示。两阶段法具有恒压充电法和恒流充电法的共同优点，先恒流充电避免了单恒压充电时电流过大的缺点，后恒压充电又避免了单恒流充电后期电池接收力不足的问题，同时还可以最大限度地减少电池充电时间。

2. 交流充电桩的结构、原理及性能

由于充电时间较长，交流充电桩主要为私人或者单位内部使用，建设在具备停车条件的地方，按照不同的建设地点，可分为壁挂式和直立式。壁挂式交流充电桩一般安装在室内，靠近墙面的停车位附近，比如地下停车场；直立式交流充电桩一般安装在室外，并具有较高的 IP 防尘防水要求防护等级。壁挂式和直立式交流充电桩的功能与原理一致，仅外部造型与安装要求不同，其实物图如图 4-19 所示。

交流充电桩电气系统架构如图 4-20 所示，其电气架构由主回路和二次回路组成，其中主回路由输入保护断路器、交流智能电能表、交流控制接触器和充电接口插接器组成；二次回路由控制继电器、急停按钮、运行状态指示灯、充电桩智能控制器和人机交互设备（显示、输入与刷卡）组成。

主回路的主要功能如下：

1）输入断路器具备过载、短路和漏电保护功能。

2）交流接触器控制电源的通断。

3）插接器提供与电动汽车连接的充电接口，具备锁紧装置和防误操作功能。

a) 壁挂式　　　　　　　　　　b) 直立式

图 4-19　壁挂式和直立式交流充电桩

二次回路的主要功能如下：

1）提供"启停"控制与"急停"操作。

2）信号灯提供"待机""充电"与"充满"状态指示。

3）交流智能电能表进行交流充电计量。

4）人机交互设备则提供刷卡、充电方式设置与启停控制操作。

（1）交流充电桩内外部结构　以华商三优 14kW 双接口交流充电桩为例，正面结构图如图 4-21a 所示，包括顶部的铭牌和背光灯、充电指示灯、急停按钮、充

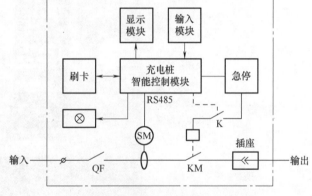

图 4-20　交流充电桩电气系统架构

电枪接口 A/B 和读卡器等。背面结构如图 4-21b 所示，包括门锁、高压危险警告标志和通风口。

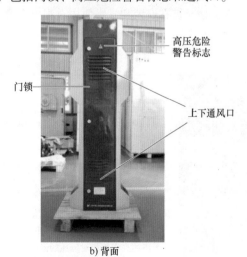

a) 正面　　　　　　　　　　　b) 背面

图 4-21　14kW 双接口交流充电桩外部结构图

交流充电桩的内部结构如图 4-22 所示，其包括防尘罩、充电枪插座、控制板、计费板、计量电表、辅助电源、交流接触器、进线开关和电缆抱箍、接线端子、浪涌保护器以及电流互感器等。

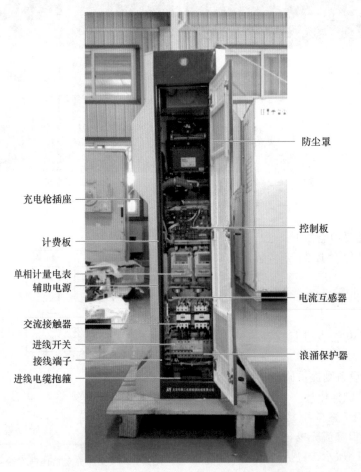

图 4-22　14kW 双接口交流充电桩的内部结构图

交流慢充桩在安装和日常使用过程中需遵循的一般要求见表 4-5，以保证其能安全、便捷、快速地提供充电需求。

表 4-5　交流慢充充电桩的一般要求

工作环境要求	1）工作温度：−20~50℃
	2）相对湿度：5%~95%
供电要求	1）单相交流电压：220×（1±15%）V
	2）交流频率：（60±1）Hz
防护要求	1）三防（防潮湿、防霉变、防盐雾）保护：充电桩内印制电路板、接插件等电路进行防潮湿、防霉变、防盐雾处理，以保证充电桩在室外潮湿、含盐雾的环境下正常运行
	2）防锈（防氧化）保护：充电桩的铁质外壳、支架和零件采用双层防锈处理，非铁质的金属外壳具有防氧化保护膜或进行防氧化处理
	3）防风保护：安装在室外平台上的充电桩以及暴露在外的部件，能承受相关要求中规定的不同地区、不同高度处相对风速的侵袭
	4）防盗保护：充电桩外壳门装有防盗锁，固定充电桩的螺栓是在打开外壳的门后才能安装或拆卸

（续）

安全要求	充电桩的插接器保证操作人员在正常使用时不会触及带电部件，同时保证带电部件不会接触到插接器的外壳 1）充电桩具备漏电保护、过电流保护和防雷击保护装置 2）充电桩具备急停开关，紧急情况下能快速切断交流电源 3）充电桩的输入与输出回路对地的绝缘电阻不小于 10MΩ 4）充电桩输入与输出回路对地，能够承受 2kV 历时 1min 的工频耐压试验 5）充电桩输入与输出回路对地，能够承受 5kV 标准雷电波的冲击电压试验 6）当充电额定电流大于 16A 时，在车辆充电插座和供电插座上均需设置温度监测，当温度超过允许值时停止充电 7）当充电额定电流大于 16A 时，在车辆充电插座端需设置电子锁止装置，当电子锁止装置未锁紧时，不允许启动充电
结构要求	1）充电桩采用坚固的金属外壳 2）充电桩的外壳防护等级室内不低于 IP32，室外不低于 IP54 3）结构上防止手轻易触及带电部分

（2）交流慢充接口要求　为了推进新能源汽车的发展，实现充电设施的规范统一，针对交流充电设施，我国制定了 GB/T 20234.2—2015《电动汽车传导充电用连接装置》，其中第 2 部分"交流充电接口"等，规定了交流慢充接口的基本要求及相关事宜。

1）交流慢充充电接口的额定电流。交流慢充充电接口的额定电压与电流为 250/440（V）和 16/32（A）。

2）交流慢充的接口定义。交流慢充接口包含七对插头，其电气参数及功能定义见表 4-6。

表 4-6　交流慢充充电接口插头电气参数及功能定义

插头编号/标志	额定电压和额定电流	功能定义
1-（L）	250V/440V、16A/32A	交流电源
2-（NC1）	—	备用插头
3-（NC2）	—	备用插头
4-（N）	250V/440V、16A/32A	中线
5-（GND）	—	保护接地（PE），连接供电设备地线和车辆车身地线
6-（CC）	30V、2A	充电连接确认
7-（CP）	30V、2A	控制确认

交流充电接口、充电线缆及充电枪如图 4-23 所示，交流慢充接口的布置方式如图 4-24 所示。

在充电连接操作过程中，首先接通的是保护接地插头，最后接通控制确认和充电连接确认插头；在脱开的过程中则刚好相反，首先脱开的是控制确认和充电连接确认插头，最后脱开保护接地插头。与车辆相连的电气连接界面示意图如图 4-25 所示。

典型交流慢充充电控制电路示意图如图 4-26 所示，该电路由供电控制装置，接触器 K_1 和 K_2（可仅有一个），电阻 R_1、R_2、R_3、RC，二极管 VD_1、开关 S_1、S_2、S_3，车载充电机和车辆控制装置（可集成于其他控制器中）组成，电阻 RC 安装在充电枪上。开关 S_1 为供电设备内部开关，S_2 为车辆内部开关，在车辆接口与供电口完全连接后，如果车载充电机自检无故障后，并且动力电池组处于可充电状态时，S_2 闭合。开关 S_3 为充电枪的内部常闭开关，与充电枪上的下压按钮联动（该下压按钮用于触发机械锁止装置），按下下压按钮的同时，S_3 处于断开状态。

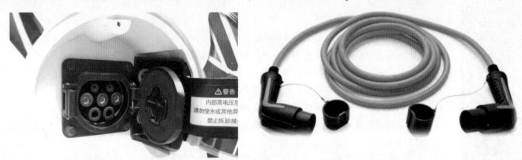

a) 交流充电接口　　　　　　　　　　　b) 充电线缆及充电枪

图 4-23　交流充电接口、充电线缆及充电枪

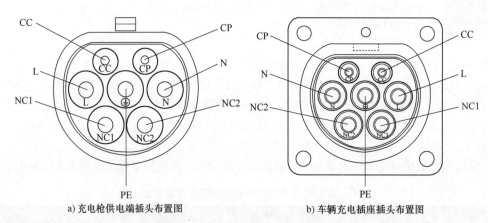

a) 充电枪供电端插头布置图　　　　　　b) 车辆充电插座插头布置图

图 4-24　交流慢充接口的布置方式

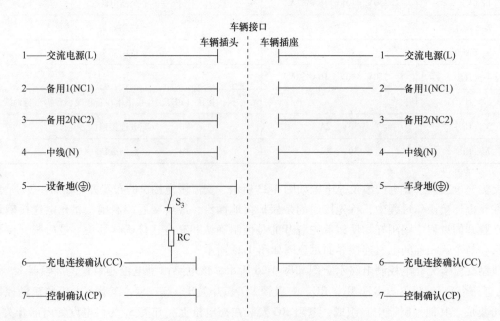

图 4-25　交流慢充充电连接界面示意图

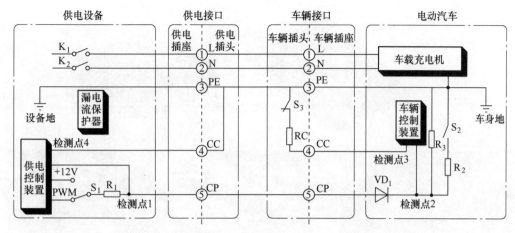

图 4-26　典型交流慢充充电控制电路示意图

充电枪连接状态的检测原理如下，当充电枪连接后，车辆控制装置通过检测点 3 的电阻值来判断是否正确连接，同时通过该电阻值来判断供电设备的额定供电容量；此后在各部件满足充电的情况下，闭合 S₂，车辆控制装置通过检测点 3 的 PWM 波形（脉冲宽度调制波形）来判断充电设备的最大供电电流，同时车辆控制装置可通过该 PWM 波进一步判断充电枪的连接状态。在正常充电过程中，供电端通过检测点 1 和 4 的电压值、车辆控制端通过检测点 2 的占空比（占空比是指脉冲信号的通电时间与通电周期之比）和检测点 3 的阻值，判断充电枪连接状态，当检测值出现异常时，断开相应的开关并停止充电。

3. 车载充电机的结构、原理及性能

（1）车载充电机结构原理　车载充电机使用交流 220V 电源进行供电，通过整流、调压和滤波等之后，转化成高压直流电进行输出。车载充电机除了功率转换功能，还需与充电桩、电池管理系统等设备进行交互，防止出现过电流、过充等安全隐患。

车载充电机是新能源汽车的随车部件，是交流充电系统的关键部件。车载充电机通过交流慢充接口接入外部供电电源，经过整流稳压后，将交流电转换为直流电，从而对动力蓄电池进行充电。车载充电机的布置位置和外形图如图 4-27 所示。结合车辆机舱布置空间、涉水防护等级、碰撞安全等方面的考虑，不同车型的车载充电机布置位置不同，纯电动汽车动力蓄电池一般布置在下地板，同时前驱式的布置结构使动力蓄电池的电气接口也靠近车辆前部，因此大部分纯电动汽车的车载充电机布置在前机舱，可缩短充电线缆的长度，从而提高效率降低成本。具体位置可在前保险杠侧部、下部或者机舱内。插电式/增程式汽车的动力蓄电池大部分布置在行李舱内，因此将充电机布置在行李舱，并将慢充接口布置在加油口左右对称的位置，同样可缩短充电线缆的长度，达到提高效率降低成本的目的。

车载充电机通过充电线缆与前端的交流充电桩或充电线缆控制器等设备相连接并进行通信，从而获得交流电能的供给，车载充电机完成交流电转直流电的 AC-DC 转换；车载充电机的后端与电池系统（包括动力电池组及电池管理系统）相连并进行通信，得到剩余电量、所需充电电压和充电电流等信息，并提供直流电能进行能量补充。车载充电机的主要功用就是信息交互通信，能量获取、有效处理及输送，同时有效提高电能的利用效率。在充电准备及过程中，电池管理系统（BMS）将动力电池组所需的充电电压、充电电流等充电需求状态经 CAN 总线发送给充电机，车载充电机则把充电回路的输出电压和输出电流等功率信息实时反馈给电池管理系统。充电机在地面充电装置与充电电池之间起到一个功率转换窗口的作用。交流充电桩通过交流充电接口将能量

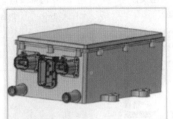

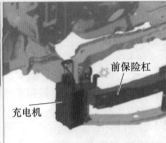
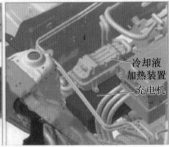

a) 车载充电机及布置方案

b) 车载充电机实车布置方案-1

c) 车载充电机实车布置方案-2（集成式）

图 4-27　车载充电机的布置位置和外形图

发送给车载充电机，车载充电机与电池管理系统通信，并将能量传递给动力蓄电池。整个交流充电系统由软硬件两部分构成：软件部分包括实时控制功率传输过程的程序系统；硬件部分包括动力蓄电池实现能量传输的主功率回路。车载充电机由输入端口、输出端口、低压辅助单元、功率单元及控制单元组成，其电气原理图如图 4-28 所示。

（2）车载充电机基本要求　车载充电机是交流电网电能与电动汽车动力蓄电池直接进行能量转换的重要装置，对充电机的性能要求主要包括以下几方面：能够通过软硬件的合理配置实现输出电压和输出电流的调节，从而改变输出功率，以适合电动汽车蓄电池组的充电需求；自动控制充电过程，

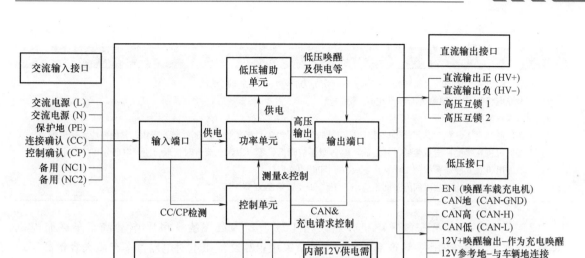

图 4-28 车载充电机电气原理图

实现智能充电；具有过电压、过电流等多重保护功能；符合国家及相关行业标准；安全系数高，对使用人员的人身安全不构成危害，使用简易方便；可实现快速充电，且能有效延长蓄电池的使用寿命；充电效率高，最大限度地合理利用电能。其他工作环境及设计等要求见表 4-7。

表 4-7　车载充电机的一般要求

工作环境要求
1）工作温度：-20～85℃
2）相对湿度：5%～95%

供电要求
1）单相交流电压：220（1±15%）V
2）交流频率：（50±1）Hz

防护要求
1）三防（防潮湿、防霉变、防盐雾）保护：车载充电机内印制电路板、接插件等电路进行防潮湿、防霉变、防盐雾处理，以保证充电桩在室外潮湿、含盐雾的环境下正常运行
2）防锈（防氧化）保护：车载充电机的外壳、支架和零件采用双层防锈处理，非铁质的金属外壳具有防氧化保护膜或进行防氧化处理

安全要求
1）限压保护：车载充电机运行时，当输出电压达到目标值时，可自动限制其输出电压的增加
2）限流保护：车载充电机运行时，当输出电流达到目标值时，可自动限制其输出电流的增加
3）过电压/欠电压保护：当车载充电机的输入/输入电压超过电压保护值或低于欠电压保护值时，将会自动关闭输出，并有相应报警提示，过电压/欠电压解除后可自动恢复
4）接地保护：车载充电机中人体可直接接触部位与电位均衡点的电阻不超过 0.1Ω，各独立电路与接地之间的电阻不小于 10MΩ

（续）

其他要求
1）车载充电机采用坚固的金属外壳，应能承受一定的力，不应有明显的变形
2）车载充电机的 IP 防护等级应达到 IP67
3）具有高压安全标志
4）产品应能经受 X、Y、Z 三个方向的扫频振动试验。产品经振动试验后，零部件应无损坏，紧固件应无松脱现象
5）车载充电机在接受冲击试验后，其性能、IP 等级不应降低，不应因永久或暂时变形而使带电部分和外壳相接触
6）车载充电机及其冷却系统的工作噪声不应大于 50dB（A）
7）车载充电机的平均无故障间隔时间不应小于 10000h（置信度为 85%）

（3）英飞凌 3.6kW 车载充电机介绍　图 4-29 所示为英飞凌 3.6kW 电动汽车车载充电机（NIF）外观及内部结构图，该产品实现了直接从家用单相交流市电对电动汽车车载大容量高压动力蓄电池的充电功能。在电路设计方面，采用无桥交错谐振式功率因数校正电路和 LLC 直流/直流转换拓扑，最大限度地实现了整体系统的工作效率和减小了对电网的谐波干扰。在控制方式上，采用先进的数字控制方式，实现了对整机工作的智能化控制和与外部设备及控制单元的通信功能。在机械工艺设计方面，采用水冷却方式和有效的散热设计，保证了设计的紧凑性，实现了体积小、重量轻、效率高和智能化的特点。该产品的性能指标见表 4-8。

图 4-29　英飞凌 3.6kW 电动汽车车载充电机（NIF）外观及内部结构图

表 4-8　英飞凌 3.6kW 电动汽车车载充电机（NIF）性能指标

参数	指标
额定输入电压范围	AC 85~264V
最大输入电流	AC 16A
额定输入电压频率范围	45~65Hz
最大允许输入功率	3.6kW
功率因数	满载时大于 0.99
总谐波干扰	满载时小于 5%
整机效率	半载至满载情况下大于 93%
230V 输入时最大输出功率	3.3kW
110V 输入时最大输出功率	1.2kW
额定输出电压范围	DC 200~420V
最大输出电流	DC 14A
冷却方式	水冷
控制方式	车载 ECU CAN 总线控制
充电模式	恒压和恒流
初次级绝缘	功能性绝缘（2500V）
密封防水等级	IP67
工作环境温度	−40~85℃ （器件温度 90℃降额输出，100℃关闭输出）
冷却液温度	−40~75℃
储存环境温度	−40~95℃
外壳	铝合金外壳
体积（长×宽×高）	282mm×200mm×89.5mm
质量	小于 5kg

四、充电系统日常维护重点和常见故障及检修

为了延长充电设备使用寿命，避免沙尘对设备通风及电器安全性能的影响，减少运行过程中的风险，应注重充电设备的日常维护工作，并在一定检修周期内对设备各关键项目进行检修，如设备工作环境较恶劣，应根据实际情况缩短检修周期。

1. 直流充电系统日常巡检及维护检修重点

（1）日常巡检项目　直流充电桩的日常巡检项目见表 4-9。

表 4-9　直流充电桩的日常巡检项目

序号	项目
1	外观及桩内清洁、干燥
2	固定平稳、牢固
3	充电插头外观完好、无损坏变形现象
4	指示灯状态符合运行状态
5	液晶屏无损坏，操作有响应
6	液晶屏显示电压、电流等数据与测量数据相符

（续）

序号	项目
7	液晶屏显示电压、电流等数据与充电机数据相符
8	能够自动完成设定充电过程
9	急停按钮外观无损坏，操作有效

（2）**检修项目** 因直流充电机输入、输出电压均为高压，使用过程中为避免发生触电危险，不能自行打开充电机外盖，检修工作需由专业技术人员操作完成，主要项目包括：根据需要对桩体内外进行清洁，定期检查接线端子、接地电缆、接触器、熔断器是否积尘和污垢过多，端子、接线电缆是否绝缘及坚固；检测接触器触点及动作，熔断器的接触力，检查电路板的跳线帽焊脚是否松动，构件是否坚固，以免造成故障。

（3）**安全检查** 直流充电设备首次投用或长时间停运后再次投运时，需对整机进行安全检查，主要内容包括：

1）电缆连接：

① 必须检查现场所有电气连接，按照设备电路图样，确保连接正确牢固。

a. 检查 PE 连接：检查设备是否连接到安装场地的等电位连接装置，检查连接是否牢靠。

b. 检查交流电网连接：确保全部固定到位，按照电路图检查连接是否正确。

c. 检查外部连接：检查连接，确保全部固定牢靠，按照电路图检查连接是否正确。

② 确定连接处力矩符合要求。

a. 检查连接处的螺栓是否已经达到要求的力矩值，检查完成后要做好合格标记，避免后续按照电路图中的力矩规格反复重新紧固连接处螺栓。

b. 仅在连接处螺栓变松时按照电路图中的力矩规格重新紧固连接。

2）上电调试：

连接错误可能导致火灾危险，在以上检查都合格后方可进行上电调试。调试过程中要严格按照调试操作的步骤进行。

（4）**注意事项**

1）充电完毕或充电过程中需要中途停止充电，需先结束充电，再拔下充电插头，切记不要带电插拔。

2）直流充电机周围严禁存放汽油、煤油、机油、板皮、棉纱、破布等易燃易爆物品。

3）下雨充电需严格注意安全，避免在雨中插拔充电枪。

4）车辆停车时，需与直流充电机保持必要间距，切勿碰撞机体。

5）在工作中，若直流充电机发生不正常声响、气味、振动或其他故障，应立即停止工作进行检查，根据情况及时反馈给技术服务人员。

2. 交流充电系统日常巡检及维护检修重点

（1）**日常巡检项目** 交流充电桩的日常巡检项目见表4-10。

表 4-10 交流充电桩的日常巡检项目

序号	项目
1	外观及桩内清洁干燥
2	固定平稳、牢固
3	充电插座外观完好、无损坏变形现象
4	指示灯状态符合运行状态

（续）

序号	项目
5	液晶屏无损坏，操作有响应
6	桩内接线牢固、无松脱
7	充电过程中充电线缆无明显发热迹象

（2）检修项目及周期　交流充电桩维护检修主要包括外观检查及除尘、电气连接检查及原件功能测试三方面。检修项目及建议检修周期见表4-11。

表 4-11　交流充电桩检修项目及建议检修周期

检修项目	检修周期（推荐）
外观检查及除尘 铜排及电缆 柜体（指示灯、操作手柄等） 一、二次回路原件（交流断路器、接触器等）	三个月
电气连接检查	三个月
保护开关电气性能测试—交流断路器	三个月
浪涌保护器功能测试	三个月
辅助电源电压测量	三个月
紧急停机按钮测试	三个月
检查各种安全标志	一个月
元件检查	三个月

（3）检修方法

1）外观检查及除尘。

① 设备内铜排电缆：

a. 观察铜排外绝缘热缩管有无因过热引起的发黑和烧焦现象，检查电缆绝缘层有无因过热引起的烧焦、老化现象。

b. 清除铜排及电缆表面灰尘。

② 柜内元件：

a. 清除一次回路交流断路器、接触器、熔断器表面的污垢。

b. 清除二次回路继电器、接触器、开关电源表面的灰尘。

③ 柜体除尘：

a. 清除设备内外壁灰尘。

b. 清除柜面断路器手柄表面灰尘。

c. 清除指示灯、显示屏表面灰尘，使之显示清晰。

2）电气连接检查。由于正常使用条件下的热循环，机械电气连接经过一段时间可能会松动。当机械电气连接松动时，接触电阻将变大，最终可能会导致火灾或零部件损坏。因此，对电气连接的检查是非常必要的。对于螺栓连接，应检查力矩是否达到要求；对于接线端子压接连接，应检查端子有无损坏：

① 检查各处电缆与铜排连接处、各元器件接线端子等螺栓连接的地方有无松动，必要时用扳手重新紧固一遍，并检查力矩是否达到要求。

② 检查各二次回路接线端子排、元件接线端子连接有无松动，端子有无损坏，必要时更换端子重新接线。

3）保护开关检修。组合柜配置有过电流保护开关，用以防止因短路故障或过载引起的过电流，定期测试保护开关动作可靠性是确保系统安全的重要手段。

保护开关功能测试程序为：先停止系统，切断电网电源开关，确保进入组合柜电源全部切断→断开交流断路器→打开柜门，手动闭合交流断路器→按下断路器测试按钮，断路器跳闸→关上柜门。

4）紧急停机按钮检测。紧急停机按钮是系统故障状态下紧急停机之用，定期检查紧急停机按钮的可靠性可以减少系统运行的风险。

5）安全标志检查。检查各种安全标志，如发现有脱落或模糊不清楚的标志应立即更换。

6）元器件检测。系统所配零部件均具有额定使用寿命，为避免因元件使用时间达到额定寿命造成失效，定期对设备使用寿命进行评估，及时更换元件对系统稳定可靠运行很有帮助。

（4）注意事项

1）柜体运行时切忌随意断开断路器或者按下急停按钮，遭遇特殊情况时，需请示专业人员，勿擅自操作，以免造成柜体重要设备的损坏。

2）切忌随意修改设备原设定值，以免在出现故障时影响出厂设计的保护功能。

3）柜体运行时禁止直接触碰或间接触碰带电单元。

4）柜体运行时操作人员及参观人员要与柜体保持一定的安全距离。

5）整个系统应该远离烟火，远离爆炸物、腐蚀物。

6）在使用完设备后，将负载断开，防止下次上电之前对设备造成伤害。

3. 充电系统常见故障及诊断

充电系统故障是新能源汽车故障检修的主要内容之一。根据故障所处的系统，可分为车载充电机故障和充电设施故障。本节主要列举新能源汽车充电系统常见故障及检修方法，详见表4-12。

表4-12　新能源汽车充电系统常见故障及检修方法

类型	故障现象	检测方法	维修方法及原因
操作性故障	正确连接充电枪，充电指示灯异常，无法充电	检测档位、钥匙状态	依据车辆使用说明，将档位和钥匙推至正确位置
车载充电机故障	正确连接充电枪，充电系统无反应，无法充电	检查充电枪车端和枪端各触点是否完好	修正损害的触点
		检测充电枪锁止按键电路是否断开	修复锁止按键电路
		检查电器盒充电熔丝是否熔断	更换充电熔丝
		检测充电枪输出端有无电压	充电枪控制盒损坏或供电网络断电
	正确连接充电枪，充电指示灯亮，无法充电	检测充电输出的辅助电压是否正常	其他高压节点未被唤醒
		检测动力蓄电池是否完成高压上电	
		检测充电机是否过热	将车移至阴凉处，检测冷却系统

（续）

类型	故障现象	检测方法	维修方法及原因
车载充电机故障	正确连接充电枪，充电系统正常反应，但一直无法充满	检测通信是否正常	读取故障码，依据故障码检修
		检测充电机电压输出是否正常	输出电压值低于动力蓄电池充电电压或充电机至动力蓄电池高压线缆接触不良
充电桩故障	桩体温度过高	检查系统是否过负荷运行	重新启动，若启动运行便死机且不能恢复，则立即关机停止充电，联系专业技术人员进行检测
	桩体无法刷卡或刷卡不灵敏	检查主板串口是否可靠连接	重新启动系统
		检查读卡区域或卡槽	用卡对齐刷卡器读卡区域，重新再次刷卡或输入密码

若经过以上处理后问题仍未得到解决，则必须联系专业技术人员进行检测。

 实训操作

实训一 检修快充、慢充充电接口

一、更换车载充电机准备工作

车辆与设备：纯电动汽车、常用（或专用）工具车及工具。
耗材：座椅护套、脚垫、转向盘套、变速杆套、绝缘手套、抹布。

二、检查快充、慢充系统

1）对车辆进行充电，检查充电桩及车内显示屏关于电压、电流等提示信息是否正常。

2）打开前机舱盖，如图 4-30 所示，检查车载充电机的指示灯是否显示正常；当接通交流电源后，POWER 灯亮起，表示电源接入正常；POWER 灯与 RUN 灯闪亮，表示车辆充电正常；当接入电源后，经过 1min 后仍只有 POWER 灯亮，说明电池未进行充电或已充满；当 FAULT 灯亮起后，提示车载充电机故障，需要检查维修。

3）检查交流充电线缆的车端和充电桩端的充电枪是否反接。

4）检查充电枪与充电端口是否连接到位，锁止按键是否正常。

图 4-30 车载充电机检查实物图

三、更换充电接口

1）将车辆停放好，拉紧驻车制动器。

工作前将防护用品安放在用户车辆的内外，防止灰尘或划伤，准备开始检查。具体操作如下：

① 驾驶人座椅：安装座椅护套、转向盘套、变速杆套、脚垫。

② 车辆的前部：打开机舱盖，放上左右翼子板布、前格栅布。

2）打开充电接口盖，将直流充电线缆或交流充电线缆插入桩体和车端。

3）启动交流充电桩，并检查车辆充电状态。

4）确认车辆是否进入充电状态，且充电桩、充电线缆、车载充电机等设备是否状态良好。

5）打开车端交流充电接口盖。

6）关闭钥匙门并取走钥匙。

确认全车电源已关闭，车辆处于静止停放状态，如图 4-31 所示。

7）断开前机舱内 12V 蓄电池的负极。

通过断开低压端电源，从而保证全车高压电断开。

8）断开 MSD 手动维修开关，保持车辆静置 10min，准备相关拆卸工具。

断开 MSD 手动维修开关，静置 10min 以上，保证车辆高压设备中的电容等元器件的残余电量自行释放完毕，如图 4-32 所示。

图 4-31　车辆电源关闭、静止停放状态

图 4-32　取下蓄电池负极，静置 10min

9）使用专用工具拆卸直流充电接口、交流充电接口端的固定螺栓，如图 4-33 所示。

10）断开接口后端与电池管理系统或车载充电机连接线，如图 4-34 所示。

11）更换可以正常工作的充电接口（图 4-35），并按接口连接相关线缆，并固定螺栓。

12）复位低压蓄电池负极，充电线缆插入桩体和车端。

13）启动直流或交流充电桩，并检查充电桩、车端显示屏或车载充电机指示灯。

14）确认交流充电正常后，关闭充电系统。

15）检查螺栓紧固情况，并检查其他设备情况。

图 4-33　拆卸充电接口固定螺栓

图 4-34　断开车端充电接口连接线

图 4-35　更换车端充电接口

16）拆卸翼子板布和前罩，关闭前机舱盖和充电接口盖。

17）拆卸座椅护套、脚垫和转向盘护套。

实训二　更换车载充电机

一、更换车载充电机准备工作

车辆与设备：纯电动汽车、常用（或专用）工具车及工具。

耗材：座椅护套、脚垫、转向盘套、变速杆套、绝缘手套、抹布。

二、检查车载充电机是否正常工作

1）对车辆进行充电，检查车载充电机的指示灯是否显示正常。

2）当接通交流电源后，POWER 灯亮起，表示电源接入正常。

3）POWER 灯与 RUN 灯闪亮，表示车辆充电正常。

4）当接入电源后，经过 1min 后仍只有 POWER 灯亮，说明电池未进行充电或已充满。

5）当 FAULT 灯亮起后，提示车载充电机故障，需要检查维修。

6）当接入交流电源但所有指示灯均不亮时，需要对充电系统进行检修。

三、更换车载充电机

1）将车辆停放好，拉紧驻车制动器。

工作前将防护用品安放在用户车辆的内外，防止灰尘或划伤，准备开始检查。具体操作如下：

① 驾驶人座椅：安装座椅护套、转向盘套、变速杆套、脚垫。

② 车辆的前部：打开机舱盖，放上左右翼子板布、前格栅布。

2）打开充电接口盖，将交流充电线缆两端分别插入桩体和车端。

3）启动交流充电桩，并检查车载充电机指示灯。目视、查看车载充电机指示灯点亮情况（参见图4-30）。

4）当确认车载充电机存在故障后，断开交流充电桩与车辆的连接线缆。

5）关闭车端交流充电接口保护盖，如图4-36所示。

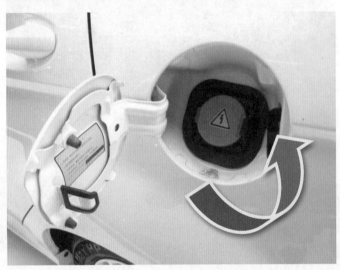

图 4-36　关闭充电接口保护盖

6）关闭钥匙门并取走钥匙。确认全车电源已关闭，车辆处于静止停放状态（参见图4-31）。

7）断开前机舱内12V蓄电池的负极。通过断开低压端电源，从而保证全车高压电断开。

8）保持车辆静置10min，断开MSD手动维修开关，准备相关拆卸工具。保证车辆高压设备中的电容等元器件的残余电量自行释放完毕（参见图4-32）。

9）使用专用工具拆卸固定螺栓，如图4-37所示。

图 4-37　拆卸车载充电机固定螺栓

10）断开低压通信端、直流输出端和交流输入端的连接线，如图 4-38 所示。

图 4-38　断开连接线

11）更换可以正常工作的车载充电机，并按接口连接相关线缆，固定螺栓。

12）复位低压蓄电池负极，打开充电接口盖，将交流充电线缆两端分别插入桩体和车端。

13）启动交流充电桩，并检查车载充电机指示灯。

14）确认交流充电正常后，关闭充电系统。

15）检查螺栓紧固情况，并检查机舱内其他设备情况，如图 4-39 所示。

图 4-39　紧固连接螺栓，检查机舱内的情况

16）拆卸翼子板布和前罩，关闭前机舱盖。

17）拆卸座椅护套、脚垫和转向盘护套。至此，更换任务完成。

练习与思考

一、不定项选择题

1. 根据电动汽车充电方式的分类，电动汽车也分为（　　）和（　　）两种。

A. 换电式　　　　　　B. 插电式　　　　　　C. 充电式　　　　　　D. 混电式

2. 直流快速充电的充电功率范围为（　　　）。

A. 5~15kW　　　　B. 100~300kW　　　　C. 30~100kW　　　　D. 0.5~1kW

3. 直流快速充电大致分成（　　　）几个阶段。

A. 充电握手阶段　　　　　　　　　　B. 充电参数配置阶段

C. 充电阶段　　　　　　　　　　　　D. 充电结束阶段

4. 在充电阶段，（　　　）实时向充电机发送电池充电需求，充电机根据电池充电需求来调整充电电压和充电电流，以保证充电过程正常进行。

A. BMS　　　　　B. ECU　　　　　C. MCU　　　　　D. PEU

5. 交流充电系统中车载充电机的功率一般为（　　　）。

A. 150kW　　　　B. 1kW　　　　C. 3.6kW　　　　D. 6.6kW

6. 户外直立式交流充电桩的防水防尘等级应该为（　　　）。

A. IP34　　　　B. IP55　　　　C. IP67　　　　D. IP89

7. 交流慢充接口包含（　　　）对插头，其中L插头是（　　　）。

A. 8，交流电源　　　B. 7，备用电源　　　C. 7，交流电源　　　D. 6，备用电源

8. 车载充电机由（　　　）及控制单元组成。

A. 输入端口　　　　B. 输出端口　　　　C. 低压辅助单元　　　　D. 功率单元

9. 车载充电机是新能源汽车交流充电系统的关键部件，其上游与（　　　）连接，下游与（　　　）连接。

A. 交流充电桩　　　　　　　　　　　B. 直流充电桩

C. 动力蓄电池及BMS　　　　　　　　D. 驱动电机

10. 车载充电机的安全特性包括（　　　）。

A. 限压保护　　　　　　　　　　　　B. 限流保护

C. 过电压/欠电压保护　　　　　　　　D. 接地保护

二、判断题

1. 四级充电站的电池储存能量小于2000kW·h，或单路配电容量小于1500kV·A的充电站。（　　　）

2. 直流快速充电系统采用220V三相交流电，经直流快充桩内部的AC/DC转换后输出直流电。（　　　）

3. 直流快充可在短时间内完成动力蓄电池的能量补充，实现$1C$~$5C$（倍率）充电。（　　　）

4. 在充电连接操作过程中，首先接通的是保护接地插头，最后接通充电通信与供电端连接确认，顺序依次为：保护接地、车辆端连接确认、直流电源正极和负极、低压辅助电源正极和负极、充电通信与供电端连接确认。（　　　）

5. 直流快充接口包含DC插头、CC1/CC2等5对插头。（　　　）

6. 交流充电系统一般是指将AC 220V引入交流充电桩后，通过充电线缆和充电枪与电动汽车交流充电接口对接后，车载充电机能将外部交流电网的电转化为直流电，对动力蓄电池进行充电的系统。（　　　）

7. 为了保证电池的性能及使用寿命，目前交流慢充充电方法包括恒流充电法、恒压充电法和两阶段充电法三种。（　　　）

8. 检修交流充电系统中的车载充电机可以随时进行，不需要断电。（　　　）

9. 车载充电机通过整流、调压和滤波等之后，将交流电转化成低压直流电进行输出。（　　　）

10. 充电系统等检修主要包括定期维护、清理尘埃、检查并紧固插头等。（　　　）

三、简答题

1. 充换电站的作用是什么？按照功能可以划分为几个模块？包括哪些主要设备？一级充换电站的标准是什么？

2. 直流充电系统由哪些设备组成？其工作特点是什么？

3. 交流充电系统与直流充电系统有哪些区别？

4. 车载充电机的设计要求是什么？

5. 判断图中充电接口种类并简述图中各触点的名称及功用。

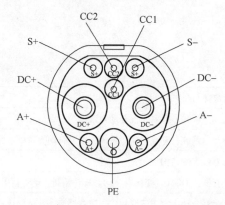

学习领域五　混合动力汽车检修

学习目标

知识目标	理解混合动力汽车的定义与特点
	能够正确区分串联式、并联式、混联式混合动力汽车
	能够正确区分微混合动力系统、轻混合动力系统、中混合动力系统、完全混合动力系统
	能够正确描述混合动力系统的结构
能力目标	能够在混合动力汽车上指认DC/DC变换器、动力管理控制、动力蓄电池等主要部件
	能够正确使用诊断仪对混合动力汽车读取故障码和数据流，并依据读取结果引导对其进行故障原因确定
	能够按照维修手册对混合动力汽车相关部件进行拆装更换
素养目标	通过了解混合动力汽车的特点，培养学生团队合作意识
	通过学习不同类型混合动力汽车驱动模式等，培养学生的自主学习能力

情景导入

现有一辆比亚迪F3 HEV（混合动力轿车）行车过程中加速不良，经检查后发现控制系统出现故障，请结合所学知识进行故障分析，列出检修步骤。

知识准备

一、混合动力汽车的定义

混合动力汽车（Hybrid Electrical Vehicle，HEV）是指同时装备两种动力来源——热动力源（由传统的汽油机或者柴油机产生）与电动力源（电池与电机）的汽车。通过在混合动力汽车上使用电机，使动力系统可以按照整车的实际运行工况要求灵活调控，而发动机保持在综合性能最佳的区域内工作，从而降低油耗与排放。

二、混合动力汽车的特点

1）采用复合动力后可按平均需用的功率来确定内燃机的最大功率，此时处于油耗低、污染少的最优工况下工作。需要大功率内燃机功率不足时，由电池来补充；负荷少时，富余的功率可发电给电池充电，由于内燃机可持续工作，电池又可以不断得到充电，故其行程和普通汽车一样。

2）因为有了电池，可以十分方便地回收制动时、下坡时、急速时的能量。

3）在繁华市区，可关停内燃机，由电池单独驱动，实现"零"排放。

4）有了内燃机可以十分方便地解决耗能大的空调、取暖、除霜等纯电动汽车遇到的难题。

5）可以利用现有的加油站加油，不必再投资。

6）可让电池保持在良好的工作状态，不发生过充、过放，延长其使用寿命，降低成本。

三、混合动力汽车的分类

1. 按动力传动类型来分

混合动力汽车按动力传动类型主要分为串联式、并联式和混联式三种形式。

（1）串联式混合动力汽车（Series Hybrid Electric Vehicle，SHEV）

1）结构模型：串联式混合动力汽车是由发动机、发电机和驱动电机三大动力总成组成的，发动机、发电机和驱动电机采用"串联"的方式组成 SHEV 的驱动系统。串联式混合动力汽车的结构图如图 5-1 所示，串联式混合动力汽车元件分布图如图 5-2 所示。

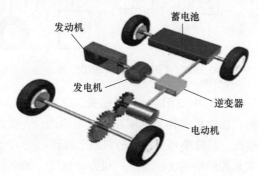

图 5-1　串联式混合动力汽车结构图

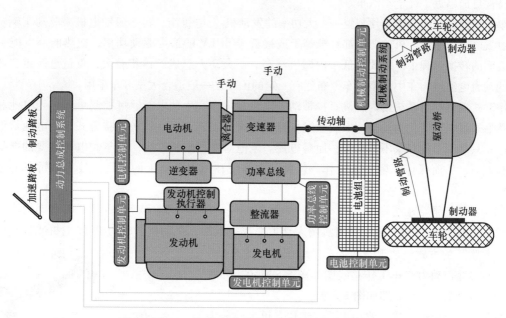

图 5-2　串联式混合动力汽车元件分布图

2）驱动模式：

① 以发动机-发电机组发电为主要动力源。

② 以动力电池组的电能为辅助动力源。

③ 驱动电机驱动是唯一的驱动模式。

　　串联式混合动力汽车用发动机-发电机组均衡地发电，电能供应驱动电机或动力电池组，使SHEV 的行驶里程得到延长。

　　实际上，串联式混合动力汽车的发动机-发电机组只能看作一种电能供应系统，发动机并不直接参与 SHEV 的驱动。串联式混合动力汽车工作路线图如图 5-3 所示。

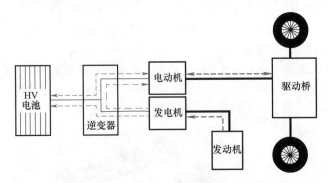

图 5-3　串联式混合动力汽车工作路线图

　　串联式混合动力汽车的发动机，可采用四冲程内燃机、二冲程内燃机、转子发动机和燃气轮机。发动机是发电机组动力源，发动机的转速控制在一定范围内，不受串联式混合动力汽车运行工况的影响，经常保持在低能耗、高效率和低污染的状态下运转。

　　串联式混合动力汽车驱动系统的结构比较简单，动力电池组、发动机-发电机组和驱动电机在底盘上的布置有较大的自由度，控制系统也比较简单，因为只有唯一的电机驱动模式，其特点是动力特性更加趋近于纯电动汽车。

　　串联式混合动力汽车必须装置一个大功率的发动机-发电机组，再用驱动电机来驱动车辆。发动机、发电机和驱动电机的功率都要求等于或接近于 SHEV 的最大驱动功率，在热能→电能→机械能之间的转换过程中，总效率低于内燃机汽车。三大动力总成的体积较大，重量也较重，还有庞大的动力电池组，在中小型汽车上布置有一定的困难，一般适合大型客车采用。

　　串联式混合动力系统由内燃机直接带动发电机发电，产生的电能通过控制单元传到电池和电机，然后通过电机转化为动能，最后通过变速机构来驱动汽车。在这种连接方式下，电池就像一个水库，只是调节的对象不是水量，而是电能。电池对在发电机产生的能量和电机需要的能量之间进行调节，从而保证车辆正常工作。这种动力系统在城市公交上的应用比较多，轿车上很少使用。

　　（2）并联式混合动力汽车（Parallel Hybrid Electric Vehicle，PHEV）　并联式混合动力汽车是由发动机、电动机/发电机或驱动电机两大动力总成组成的，发动机、电动机/发电机或驱动电机采用"并联"的方式组成 PHEV 的驱动系统，如图 5-4 所示。并联式混合动力汽车工作路线图如图 5-5 所示。并联式混合动力汽车元件分布图如图 5-6 所示。

　　按并联式混合动力汽车的动力系统组成，可大致分为发动机-驱动系统（变速器和驱动桥）-驱动轮和电机驱动系统两大动力系统。电机的动力要与发动机动力相组合，可以：①在发动机输出轴处进行组合；②在变速器（包括驱动桥）处进行组合；③在驱动轮处进行组合。因此，并联式混合动力汽车的驱动力有以下几种组合模式：

图 5-4　并联式混合动力汽车的结构图

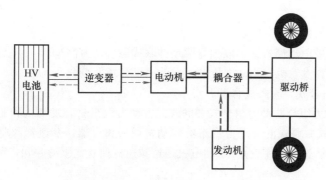

图 5-5　并联式混合动力汽车工作路线图

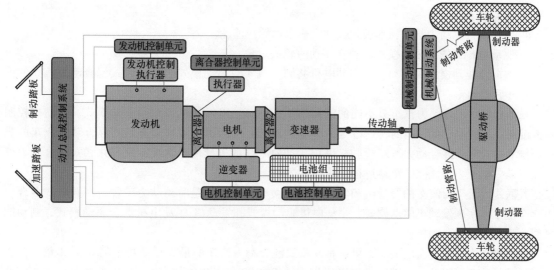

图 5-6　并联式混合动力汽车元件分布图

1）发动机轴动力组合式并联式混合动力汽车。

① 结构模型：发动机轴动力组合式并联式混合动力汽车只有发动机和电动机/发电机两大动力设备，发动机和电动机/发电机的动力在发动机输出轴上进行组合，然后通过由离合器、变速器、驱动桥和半轴组成的传统的驱动系统带动车轮行驶，称为发动机轴动力组合式并联式混合动力汽车。

② 驱动模式：

a. 以发动机驱动为基本驱动模式。

b. 电动机/发电机为辅助动力。

c. 电动机/发电机只在发动机起动，车辆加速、爬坡时起辅助作用，与发动机组成混合动力模式。

d. 在混合驱动时，发动机与电动机/发电机动力在发动机轴上组合。

2）动力组合器动力组合式并联式混合动力汽车。

① 结构模型：动力组合器动力组合式并联式混合动力汽车只有发动机和驱动电机两大动力设备，发动机和驱动电机的动力在动力组合器上进行组合，然后通过差速器和半轴带动车轮行驶。由于发动机和驱动电机的动力在动力组合器上进行组合，称为动力组合器动力组合式并联式混合动力汽车。

② 驱动模式：

a. 以发动机驱动为基本驱动模式。

b. 驱动电机为辅助驱动模式，可以独立驱动并联式混合动力汽车。

c. 在混合驱动时，发动机与驱动电机动力在动力组合器上组合。

3）驱动轮动力组合式并联式混合动力汽车。

① 结构模型：动力组合器动力组合式并联式混合动力汽车只有发动机和驱动电机两大动力设备，驱动轮动力组合式并联式混合动力汽车的发动机通过离合器、变速器和驱动桥独立驱动并联式混合动力汽车的后驱动轮（前轮），驱动电机通过减速器独立地驱动并联式混合动力汽车前驱动轮（后轮）。

由于在发动机与驱动电机混合驱动时，发动机和驱动电机的动力（牵引力）在驱动轮上组合，因此成为驱动轮动力组合式并联式混合动力汽车。

② 驱动模式：

a. 以发动机驱动为基本驱动模式，独立驱动后轮或前轮。

b. 驱动电机为辅助驱动模式，独立驱动前轮或后轮。

c. 在混合驱动模式时发动机与驱动电机共同组成4轮驱动模式驱动并联式混合动力汽车的前驱动轮和后驱动轮。

虽然并联式混合动力汽车有不同的结构模型，但都是以发动机为主要驱动模式。发动机控制在低油耗、高效率和低污染的转速范围内稳定地运转。发动机直接带动并联式混合动力汽车的驱动系统驱动并联式混合动力汽车行驶，采用传动效率高的机械传动系统，没有并联式混合动力汽车在热能→电能→机械能的转换过程中的能量损耗。

并联式混合动力汽车的发动机和驱动电机两大动力总成都是驱动动力装置，在并联式混合动力汽车上可以实现发动机驱动模式、驱动电机驱动模式和发动机-驱动电机混合驱动模式、制动能量回收模式等四种驱动模式。

发动机和发电机各自的功率，可以是并联式混合动力汽车的最大驱动功率的0.5~1倍，两大动力总成的功率可以叠加，因此可以采用较小功率的发动机和驱动电机，使整个动力总成的尺寸较小，重量较轻，造价也较低，可以应用在中小型并联式混合动力汽车上。由于是以发动机驱动模式为主要驱动模式的，其特点是动力特性更加趋近于内燃机汽车。

（3）混联式混合动力电动汽车（Split Hybrid Electric Vehicle，PSHEV）　混联式混合动力电动汽车（PSHEV）是综合串联式混合动力汽车和并联式混合动力汽车结构特点组成的，由发动机、电动机/发电机和驱动电机三大动力总成组成。混联式混合动力电动汽车工作路线图如图5-7所示。

由于电动机/发电机是装在发动机的输出轴上，因此起到发动机飞轮和起动机的作用，也能保持发动机稳定运转并进行发电。

因此，电机的动力要与车辆驱动系统相组合，只有：①在变速器（包括驱动桥）处进行组合；②在驱动轮处进行组合。

因此，混联式混合动力汽车的驱动力组合有以下不同的组合模式：

1）动力组合器动力组合式混联式混合动力汽车。

① 结构模型：动力组合器动力组合式混联式混合动力汽车有发动机、电动机/发电机和驱动电机三大动力总成，在发动机的输出轴上，装有一个电动机/发电机，电动机/发电机一般只用于快速起动发动机和发电机。发动机和驱动电机的动力在动力组合器上进行组合，然后通过差速器和半轴带动车轮行驶。由于发动机和驱动电机的动力在动力组合器上进行组合，称为动力组合器组合式混联式混合动力汽车。

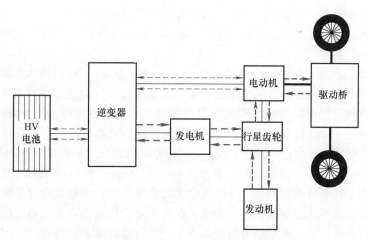

图 5-7　混联式混合动力电动汽车工作路线图

② 驱动模式：

a. 以发动机驱动为基本驱动模式，带动电动机/发电机，通过动力组合器驱动车辆行驶。

b. 驱动电机能够以电机驱动模式，通过驱动动力组合器驱动车辆行驶。

c. 在加速爬坡时，驱动电机与发动机组合成混合驱动模式，发动机与驱动电机的动力通过动力组合器组合。

丰田普锐斯所采用的混合驱动方式，是将发动机、发电机和电机通过一个行星齿轮装置连接起来。动力从发动机输出到与其相连的行星架，行星架将一部分转矩传送到发电机，另一部分传送到电机并输出到驱动轴。此时车辆介于串联和并联之间，充分利用两种驱动方式的优点，从而综合调节内燃机与电机之间的转速关系。与并联式混合动力系统相比，混联式动力系统可以更加灵活地根据工况来调节内燃机的功率输出和电机的运转。此连接方式系统复杂，成本高。

2）驱动轮动力组合式混联式混合动力汽车。

① 结构模型：驱动轮动力组合式混联式混合动力汽车有发动机、电动机/发电机和驱动电机三大动力总成，在发动机的输出轴上，装有一个电动机/发电机，电动机/发电机一般只用于快速起动发动机和发电。由于在发动机与驱动电机混合驱动时，发动机和驱动电机的动力（牵引力）在驱动轮上组合，因此称为驱动轮动力组合式混联式混合动力汽车。

② 驱动模式：

a. 以发动机驱动为基本驱动模式，带动电动机/发电机，并独立驱动后轮（前轮）。

b. 驱动电机为辅助驱动模式，能独立驱动前轮（后轮）。

c. 在混合驱动模式时发动机与驱动电机共同组成 4 轮驱动模式，驱动 PHEV 的前驱动轮和后驱动轮。

混联式混合动力汽车兼有串联式混合动力汽车和并联式混合动力汽车的优点，可以组合成更多种形式的混合驱动的驱动模式，性能更加完善、经济。

2. 按混合度分类

混合动力汽车按照混合度来分可分为微混合动力系统、轻混合动力系统、中混合动力系统、完全混合动力系统四类。混合度是电机的输出功率在整个系统输出功率中占的比重。

（1）微混合动力系统（也就是常说的 Belt-alternator Starter Generator，BSG 系统）　微混合动力系统代表车型是 PSA 的混合动力版 C3 和丰田的混合动力版 Vitz。这种混合动力系统在传统内燃机的起动电机（一般为 12V）上加装了传动带驱动起动电机。该电机为发电起动（Stop-Start）一体式电机，用来控制发动机的起动和停止，从而取消了发动机的怠速，降低了油耗和排放。从严格意义上来讲,这种微混合动力系统的汽车不属于真正的混合动力汽车,因为它的电机并没有为汽车行驶提供持续的动力。在微混合动力系统里,电机的电压通常有 12V 和 42V 两种。其中 42V 主要用于柴油混合动力系统。

(2)**轻混合动力系统**(Integrated Starter Generator,ISG 系统) 轻混合动力系统代表车型是通用的混合动力皮卡车。该混合动力系统采用了集成起动电机。与微混合动力系统相比,轻混合动力系统除了能够实现用发电机控制发动机的起动和停止,还能够实现:①在减速和制动工况下,对部分能量进行吸收;②在行驶过程中,发动机等速运转,发动机产生的能量可以在车轮的驱动需求和发电机的充电需求之间进行调节。轻混合动力系统的混合度一般在 20% 以下。

(3)**中混合动力系统** 本田旗下混合动力的 Insight,Accord 和 Civic 都属于这种系统。该混合动力系统同样采用了轻混合动力系统。与轻混合动力系统不同,中混合动力系统采用的是高压电机。另外,中混合动力系统还增加了一个功能:在汽车处于加速或者大负荷工况时,电机能够辅助驱动车轮,从而补充发动机本身动力输出的不足,更好地提高整车的性能。这种系统的混合程度较高,可以达到 30% 左右,目前技术已经成熟,应用广泛。

(4)**完全混合动力系统** 丰田的普锐斯和未来的 Estima 属于完全混合动力系统。该系统采用了 272~650V 的高压起动电机,混合程度更高。与中混合动力系统相比,完全混合动力系统的混合度可以达到甚至超过 50%。技术的发展将使完全混合动力系统逐渐成为混合动力技术的主要发展方向。

四、混合动力系统的结构

轿车混合动力系统的结构如图 5-8 所示。

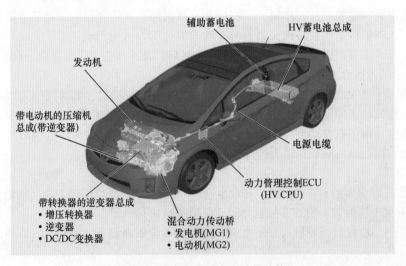

图 5-8　轿车混合动力系统的结构

混合动力系统主要零部件系统图如图 5-9 所示。

五、蓄电池

以比亚迪 F3 混合动力汽车(图 5-10)为例,低压电源由蓄电池(图 5-11)和 DC/DC 变换器(图 5-12)并联提供,供车辆低压用电设备工作。

DC/DC 变换器是将动力蓄电池 330V 直流电转变成汽油车低压直流电(12V),提供给蓄电池和整车低压负载使用。

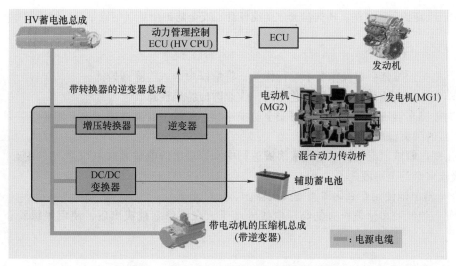

图 5-9　混合动力系统主要零部件系统图

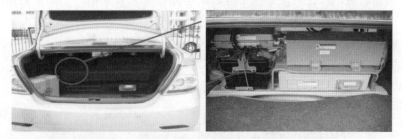

图 5-10　比亚迪 F3 混合动力汽车蓄电池位置图

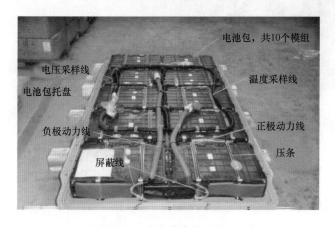

图 5-11　动力蓄电池结构图

图 5-12　DC/DC 变换器

混合动力汽车的检修

一、混合动力汽车检修准备工作

车辆与设备：混合动力汽车、常用（或专用）工具车及工具、专用诊断设备、维修手册。

耗材：座椅护套、脚垫、转向盘套、变速杆套、安全防护用具（绝缘手套、绝缘胶布）、抹布。

二、检修注意事项

1）严格按照维修手册操作要求进行作业，将维修中的风险降到最低。

2）车辆中的高压部分都采用橙色导线，作业时应特别注意。

3）对故障车辆进行维修时穿戴好安全防护用具，绝缘手套要适用于电工作业，并且采用防止电解液飞溅的耐碱橡胶制造。

4）出现电解液泄漏时，采用硼酸溶液进行中和，溢出的电解液被中和后，使用吸水毛巾或者吸水布吸收多余的电解液。

5）HV 蓄电池使用二氧化碳类型灭火器。

6）使用绝缘胶布覆盖所有的高压电线或端子，在维修塞被拔出后，使用绝缘胶布包住维修塞槽。

三、检修流程

当进行维护或维修、处理损坏车辆、进行事故恢复或急救工作时，严格按照以下流程进行操作：

1）将变速杆置于 P 位。

2）拉起驻车制动器。

3）拔下钥匙。

4）断开辅助电池负极端子，如图 5-13 所示。

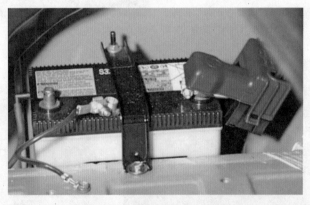

图 5-13　断开辅助电池负极端子

5）戴上维修手套，拆下维修塞，如图 5-14 所示。

图 5-14　拆下维修塞

6）如果因为损坏或其他的原因无法取下 HV 电池维修塞，在发动机舱内接线盒中取下 HV 熔丝，如图 5-15 所示。

图 5-15　取下 HV 熔丝

一、选择题

1. 下列内容不是混合动力汽车的特点是（　　）。

A. 需要大功率内燃机功率不足时，由电池来补充

B. 负荷较小时，富余的功率可发电给电池充电

C. 可以十分便利地回收制动、下坡、急速时的能量

D. 同样会出现夏季空调、冬季取暖高能量消耗，电能迅速下降的困难

2. 按照动力传动类型来分，混合动力汽车主要分为三种形式，其中（　　）简称为 SHEV。

A. 串联式混合动力汽车　　　　　　　　B. 并联式混合动力汽车

C. 混联式混合动力汽车　　　　　　　　D. 以上答案均不正确

3. 下列不属于并联式混合动力汽车的驱动模式的是（　　）。

A. 以发动机驱动为基本驱动模式

B. 以动力电池组的电能为辅助动力源

C. 电动机/发电机只在发动机起动，车辆加速、爬坡时起辅助作用，与发动机组成混合动力模式

D. 在混合驱动时，发动机与电动机/发电机动力在发动机轴上组合

4. 下列属于混联式混合动力电动汽车结构模型的是（　　）。

A. 在发动机的输出轴上，装有一个电动机/发电机，电动机/发电机一般只用于快速起动发动机和发电

B. 只有发动机和驱动电机两大动力设备

C. 发动机和驱动电机的动力在动力组合器上进行组合，然后通过差速器和半轴带动车轮行驶

D. 内燃机直接带动发电机发电，产生的电能通过控制单元传到电池和电机，然后通过电机转化为动能，最后通过变速机构来驱动汽车

二、判断题

1. 按照混合度分类，混合动力汽车可以分为微混合动力系统、轻混合动力系统、中混合动力系统和完全混合动力系统。（　　）

2. 比亚迪 F3 混合动力汽车低压电源由蓄电池和 DC/DC 变换器串联提供。（　　）

3. 发动机轴动力组合式并联式混合动力汽车结构模型是只有发动机和电动机/发电机两大动力设备，发动机和电动机/发电机的动力在发动机输出轴上进行组合。（　　　）

三、简答题

1. 简述混合动力汽车的定义。

2. 简述混合动力汽车的特点。

3. 简述混合动力汽车的分类。

4. 简述客车混合动力系统的组成。

5. 简述混合动力汽车检修注意事项。

学习领域六

 **学习目标**

知识目标	了解燃料电池电动汽车不同类型的特点
	掌握燃料电池电动汽车的结构及原理
	能够举例说出量产的燃料电池电动汽车的品牌
	能够描述天然气汽车的特点及组成
	能够正确描述生物燃料汽车的特点及组成
	能够正确理解氢燃料电池的工作原理
能力目标	能够根据车辆的相关标志，判断该车型属于哪种类型的新能源汽车
	能够分析对比天然气汽车、生物燃料汽车、燃油车能量消耗及成本
	能够了解氢的制取、储运、加氢工艺、技术
素养目标	通过对比天然气、生物燃料、氢汽车的特点，培养学生沟通表达能力
	通过学习不同新能源汽车技术，培养学生自主学习、快速提炼关键信息的能力

 **学习情景一 燃料电池电动汽车认知**

 **情景导入**

　　小李同学在假期打工期间，接触过甲醇汽车。在其产品说明书上，标注甲醇汽车也是新能源汽车。小李同学感到很困惑，这和平时学习的新能源汽车不太一样。那么除了纯电动汽车与混合动力汽车之外，新能源汽车还有哪些类型呢？

知识准备

一、燃料电池电动汽车的类型

　　燃料电池电动汽车是指以氢气、甲醇等为燃料，通过化学反应产生电流，依靠电机驱动的汽车。其电池的能量是通过氢气和氧气的化学作用，而不是经过燃烧，直接变成电能或动能的。燃料电池的化学反应过程不会产生有害物质，因此，燃料电池车辆是无污染汽车，燃料电池的能量转换效率比内燃机要高 2~3 倍。从能源的利用和环境保护方面而论，燃料电池电动汽车是一种理想的车辆。

　　单个的燃料电池必须结合成燃料电池组，以便获得必需的动力，满足车辆使用的要求。燃料电池电动汽车的优点包括零排放或近似零排放、减少了机油泄漏带来的水污染、降低了温室气体的排放、提高了燃油经济性和发动机燃烧效率并且运行平稳、无噪声。

燃料电池电动汽车电池的种类繁多，通常可以依据其工作温度、燃料种类、电解质类型进行分类。按照工作温度，燃料电池可分为高、中、低温型三类。工作温度从常温至100℃为低温燃料电池，工作温度100~300℃为中温燃料电池，工作温度在500℃以上的为高温燃料电池。按燃料来源，燃料电池可分为两类，第一类是直接式燃料电池，即燃料直接使用氢气；第二类是间接式燃料电池，其燃料是通过某种方法把氢气（H_2）、甲烷（CH_4）、甲醇（CH_3OH）或其他烃类化合物转变成氢或富含氢的混合气供给燃料电池。按电解质划分，燃料电池大致上可分为碱性燃料电池（AFC）、磷酸型燃料电池（PAFC）、固体氧化物燃料电池（SOFC）、熔融碳酸盐燃料电池（MCFC）和质子交换膜燃料电池（PEMFC）五类。

氢燃料电池电动汽车排放无污染，被认为是最理想的汽车。氢燃料电池电动汽车（FCEV）按氢燃料的储存方式可分为压缩氢燃料电池电动汽车、液氢燃料电池电动汽车和合金碳纳米管吸附氢燃料电池电动汽车。按"多电源"的配置不同，可分为纯燃料电池驱动（PFC）的燃料电池电动汽车、燃料电池与辅助蓄电池联合驱动（FC+B）的燃料电池电动汽车、燃料电池与超级电容联合驱动（FC+C）的燃料电池电动汽车以及燃料电池与辅助蓄电池和超级电容联合驱动（FC+B+C）的燃料电池电动汽车。其中，采用燃料电池与辅助蓄电池联合驱动的燃料电池电动汽车使用较为广泛。

二、燃料电池电动汽车的结构原理

燃料电池电动汽车主要由燃料电池、高压储氢罐、辅助动力源、DC/DC变换器、驱动电机和VCU等组成。

1. 燃料电池

燃料电池是燃料电池电动汽车的主要动力源，它是一种不燃烧燃料而直接以电化学反应方式将燃料的化学能转变为电能的高效发电装置。

丰田MIRAI的燃料电池（图6-1）内部有370枚燃料电池原件储存，燃料电池堆栈中每片电池发电的电压为0.6~0.8V。

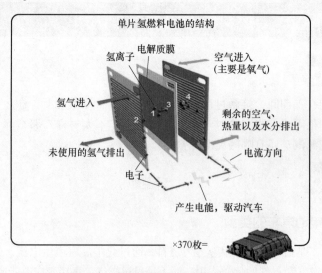

图6-1　丰田MIRAI汽车燃料电池

如图6-2所示，燃料电池发电的基本原理是：电池的阳极（燃料极）输入氢气（燃料），氢分子（H_2）在阳极催化剂的作用下被离解成为氢离子（H^+）和电子（e^-），氢离子（H^+）穿过燃料

电池的电解质层向阴极（氧化极）方向运动，电子（e⁻）因通不过电解质层而由一个外部电路流
向阴极；在电池阴极输入氧气，氧气在阴极
催化剂的作用下离解成为氧原子 O，与通过
外部电路流向阴极的电子（e⁻）和燃料穿过
电解质的氢离子（H⁺）结合生成稳定结构
的水（H₂O），完成电化学反应，放出热量。
这种电化学反应与氢气在氧气中发生的剧烈
燃烧反应是完全不同的，只要阳极不断输入
氢气，阴极不断输入氧气，电化学反应就会
连续不断地进行下去，电子（e⁻）就会不断
通过外部电路流动形成电流，从而连续不断
地向汽车提供电力。

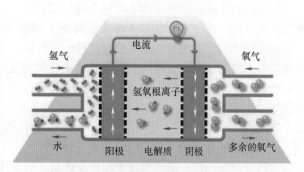

图 6-2　燃料电池发电的基本原理

　　催化剂是一种化学物质，可以提高反应速度且不被消耗；在反应之后，它可以从反应混合物
中恢复，化学性质不变。催化剂可以降低活化能所需能量，允许更快地或在较低的温度进行反应。
在燃料电池中催化剂催进氧化剂和燃料的反应。燃料电池中的催化剂通常是由薄铂粉涂到碳纸或
布上的，催化剂为粗糙和多孔状，因此铂的最大表面面积可以接触到氢或氧。催化剂的铂镀在面
朝燃料电池中的膜上。燃料电池反应堆是一个化学"发电厂"，利用电解水的逆反应过程从氢气和
氧气化学反应过程中电荷转移得到电能。

2. 储氢罐

　　储氢罐（图 6-3）是气态氢的储存装置，用于给燃料电池提供氢气。为了保证燃料电池电动汽
车一次充气有足够的续驶里程，就需要多个高压储气罐来储存气态氢气。一般轿车需要 2~4 个高
压储气罐，大客车需要 5~10 个高压储气罐。

3. 辅助动力源

　　因燃料电池电动汽车的设计方案不同，其所采用的辅助动力源也有所不同，可以用蓄电池组、
飞轮储能器（图 6-4）或超大容量电容器等共同组成双电源系统。

图 6-3　储氢罐在燃料电池车辆上的布置

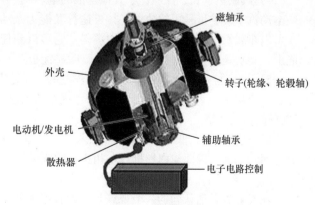

图 6-4　飞轮储能器

4. DC/DC 变换器

　　燃料电池电动汽车的燃料电池需要装置单向 DC/DC 变换器，蓄电池和超级电容器需要装置双
向 DC/DC 变换器。DC/DC 变换器的主要功能有调节燃料电池的输出电压，能够升压到 650V；调
节整车能量分配，稳定整车直流母线电压。

5. 驱动电机

　　燃料电池电动汽车使用的电机主要有直流电机、交流电机、永磁同步电机和开关磁阻电机等。

6. VCU

整车控制系统是燃料电池电动汽车的控制核心，由燃料电池管理系统、电池管理系统和驱动电机控制器等组成，它一方面接收来自驾驶人的需求信息，如点火开关、加速踏板、制动踏板、档位位置信号等，实现整车工况控制；另一方面基于反馈的实际工况如车速、制动、电机转速等，以及动力系统的状况如燃料电池及动力蓄电池的电压、电流等，根据预先设定多能源控制策略进行分配调节控制。

三、燃料电池电动汽车的特点

1. 优点

与传统汽车、纯电动汽车技术相比，燃料电池电动汽车具有以下优点：

1）零排放或近似零排放，绿色环保。燃料电池电动汽车在本质上是一种零排放汽车，燃料电池没有燃烧过程，若以纯氢作为燃料，通过电化学的方法，将氢和氧结合，生成物是清洁的水；采用其他富氢有机化合物用车载重整器制氢作为燃料电池的燃料，生成物除水外还可能有少量的 CO_2，但其排放量比内燃机要少得多，且没有氧化氮、氧化硫、碳氢化物或微粒等其他污染排放问题，接近零排放。与传统汽车相比既减少了机油泄漏带来的水污染，又降低了温室气体的排放。

2）能量转换效率高，节约能源。燃料电池的能量转换效率极高。燃料电池没有活塞或涡轮等机械部件及中间环节，不经历热机过程，不受热力循环限制，故能量转换效率高，燃料电池的化学能转换效率在理论上可达100%，实际效率已达60%~80%，是普通内燃机热效率的2~3倍。因此，从节约能源的角度来看，燃料电池电动汽车明显优于使用内燃机的普通汽车。

3）燃料多样化，优化了能源消耗结构。燃料电池所使用的氢燃料来源广泛，自然界中，氢能大量储存在水中，可采用水分解制氢，也可以从可再生能源获得，可取自天然气、丙烷、甲醇、汽油、柴油、煤以及再生能源。燃料来源的多样化有利于能源供应安全和利用现有的交通基础设施，如加油站等。燃料电池不依赖石油燃料，各种可再生能源可以转化为氢能加以有效利用，减少了对石油资源的依赖，优化了交通能源的构成。

4）续驶里程长，性能优于其他电池的电动汽车。采用燃料电池发电系统作为能量源，克服了纯电动汽车续驶里程短的缺点，其长途行驶能力及动力性已经接近于传统汽车。燃料电池电动汽车可以车载发电，只要带上足够的燃料，它可以到任何地方。燃料电池电动汽车在成本和整体性能上，特别是行程和补充燃料时间上，明显优于其他电池的电动汽车。

5）过载能力强。燃料电池除了在较宽的工作范围内具有较高的工作效率外，其短时过载能力可达额定功率的200%或更大，更适合于汽车的加速和爬坡等工况，燃料电池的短时过载能力可达200%的额定功率。

6）运行平稳、低噪声。燃料电池属于静态能量转换装置，除了空气压缩机和冷却系统以外无其他运动部件，因此与内燃机汽车相比，摆脱了电动机的轰鸣，运行过程中噪声和振动都较小。

2. 缺点

汽车业界普遍认同的一个观点是，燃料电池技术是内燃机技术最好的替代物，代表了汽车未来的发展方向。但如果将发展燃料电池汽车的几个制约因素考虑进来，则会发现燃料电池汽车目前和今后一段时间尚不具备商业化的条件。

1）燃料电池电动汽车的制造成本和使用成本过高。制约燃料电池电动汽车推广应用的最大因素之一是燃料电池的生产成本一直居高不下。如何降低燃料电池的生产成本成为燃料电池电动汽车实用化的关键。据美国能源部测算，目前燃料电池的生产成本已降为500美元/kW。专家估计，只有当燃料电池的生产成本降至50美元/kW的水平才能为消费者所接受。也就是说，当一台80kW的汽车用燃料电池的成本降到目前汽油发动机的3500美元的价格时，才能创造巨大的市场

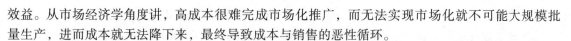

效益。从市场经济学角度讲，高成本很难完成市场化推广，而无法实现市场化就不可能大规模批量生产，进而成本就无法降下来，最终导致成本与销售的恶性循环。

另一方面，燃料电池电动汽车的使用成本过高，氢气的售价并不廉价，因此燃料电池电动汽车的运行成本并不乐观。目前由燃料电池发电系统提供 1kW·h 电能的成本远高于各种动力蓄电池，这从一个侧面反映了作为汽车动力源，燃料电池还有相当远的距离。

2）起动时间长，系统抗振能力还需提高。采用氢气为燃料的燃料电池电动汽车起动时间一般需要超过 3min，而采用甲醇或者汽油重整技术的燃料电池电动汽车则长达 10min，比起内燃机汽车起动的时间长得多，影响其机动性能。此外，当燃料电池电动汽车受到振动或者冲击时，各种管道的连接和密封的可靠性需要进一步的提高，以防止泄漏，降低效率，严重时引发安全事故。

3）经济且无污染地获取纯氢燃料还存在技术难点。通过重整或改质技术转化传统的化石燃料获取纯氢天然气，不仅要消耗大量的能量，而且并没有从根本上摆脱对化石能的依赖，也没有从根本上消除对环境的污染。自然界中，氢能大量储存在水中，虽然取之不尽，但直接使用热分解或是电解的办法从水中制氢显然不划算。因此多数科学家都将目光转向了利用太阳能，但是还存在许多技术障碍。目前，他们正在进行太阳能分解水制氢、太阳能发电电解水制氢、阳光催化光解水制氢、太阳能生物制氢等方面的研究。只有到了能以再生性能源廉价地生产出氢燃料，氢燃料电池民用汽车的燃料问题才算获得了根本性解决。

4）氢燃料电池汽车燃料的供应还有大量的技术问题有待解决。通常氢能以三种状态储存和运输：高压气态、液态、氢化物形态。用常用的压缩气体罐储存的氢，只能供燃料电池汽车行驶150km，续驶里程太短，还不如蓄电池驱动的汽车。由于氢气是最小的分子，很容易造成泄漏。哪怕是微量的泄漏，都有可能造成极度可怕的后果。而在 -253℃ 的条件下储存液氢的深度制冷技术目前还很不成熟，就全球来说，目前能够加液氢的加氢站也没有几家。值得欣慰的是，储氢材料的开发已取得了一定的进展。

5）供应燃料辅助设备复杂，且质量和体积较大。在以甲醇或者汽油为燃料的燃料电池电动汽车中，经重整器出来的"粗氢气"含有使催化剂"中毒"失效的少量有害气体，必须采用相应的净化装置进行处理，增加了结构和工艺的复杂性，并使系统变得笨重。目前，普遍采用氢气燃料的燃料电池电动汽车，因需要高压、低温和防护的特种储存罐，导致体积庞大，也给燃料电池电动汽车的使用带来了许多不便。

6）稀有金属铂金（Pt）被大量应用也制约着燃料电池电动汽车的推广应用。稀有金属铂金作为燃料电池必不可少的反应催化剂，按照现有燃料电池对铂金的消耗量，地球上所有的铂金储量都用来制作车用燃料电池，也只能满足几百万辆车的需求。

7）加氢站等基础网络设施建设几乎为零，目前全球范围内投入使用的加氢站仅有 100 多家，且大部分是用于实验用途的。如果说技术和成本是科研机构和企业通过努力可以自行解决的问题，那么相应的配套设施建设则不是举一人之力可以完成的，需要国家政策、产业链条、基础设施建设等多方面的准备，并及时制定完善的行业标准和规范。加氢站等基础设施建设，既涉及城市规划、交通和电力等问题，又要解决投资和经营者的获利问题，同时还要有效解决加氢的核心技术和统一标准等问题。对于有一定行驶区间的公交车而言，这个问题可能容易解决，但是对于私家车而言要解决这些问题就任重而道远了。

四、燃料电池电动汽车实例

1. 本田燃料电池电动汽车

本田 FCX 自 1999 年首次发布"FCX-V1"燃料电池试验车后，先后经过了"FCX-V2""FCX-V3"

"FCX-V4"和"FCX"5代开发历程。2002年"FCX"世界首次取得美国政府认定；同年9月"FCX"世界首次获得美国环境保护厅（EPA）"零污染车辆"认定。2002年12月2日，本田同时向日本政府和美国洛杉矶市政府交付了首批FCX（图6-5），成为世界上第一家实现商品化销售的燃料电池电动汽车生产厂家。

本田于2016年3月10日，正式发布新一代的氢燃料汽车CLARITY FUEL CELL（图6-6）。此款轿车实现了五座车内布局，达成了更好的实用性和承载能力。搭载的储氢罐容量为141L，填充压力为70MPa，可使用5.0kg的氢燃料行驶。在日本JC08测试中，CLARITY FUEL CELL续驶里程达到了750kW。CLARITY FUEL CELL的车身尺寸为长（4915mm）、宽（1875mm）、高（1480mm），轴距为2750mm，是与雅阁尺寸相仿的中级车型，车质量为1890kg。它所搭载的电机具备最大130kW输出功率及300N·m转矩。燃料电池堆最大输出功率为103kW，输出功率密度为3.1kW/L，配备了锂离子二次电池。CLARITY FUEL CELL沿用了插电混动版雅阁的部分部件，包含DC/DC变换器、电池单元及逆变器电路板等。

图6-5　首辆量产氢燃料汽车本田FCX

图6-6　新一代的氢燃料汽车CLARITY FUEL CELL

2. 丰田燃料电池电动汽车

丰田汽车从1992年就开始研究燃料电池的技术（图6-7），在进行了不断的研发和改进后，丰田燃料电池的发电效率达到了业界顶峰，并于2014年生产出真正能够量产和实用化的燃料电池汽车——丰田MIRAI（图6-8），而它也成为全世界新一代燃料电池汽车的代表。

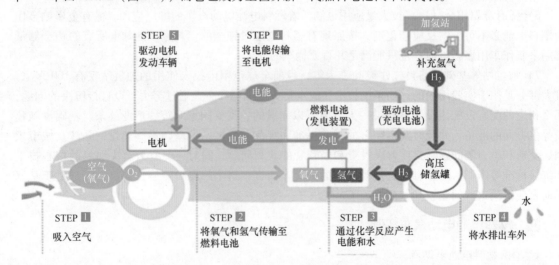

图6-7　燃料电池技术

　　丰田 MIRAI 作为一款量产的氢燃料电池电动汽车，它与我们之前所见到的氢动力车又有什么区别呢？其实这个问题很简单，氢燃料电池电动汽车（图 6-9）是通过氢来产生电能，最终驱动车辆的是电机；而之前亮相过的氢动力车（如宝马 7 系氢动力版）则是通过以氢为燃料的内燃机直接驱动车辆。

图 6-8　丰田氢燃料电池轿车的量产版本——丰田 MIRAI

　　相比传统的依靠充电的纯电动汽车来说，丰田 MIRAI 最大的优势就是自己发电，而且补充氢气（图 6-10）与加油一样方便，只需要 3min 便可以充满，充满一次可以行驶 650km。除此之外，MIRAI 还可以充当真正的移动发电站，备有对外供电口（图 6-11），为外部设备供电。

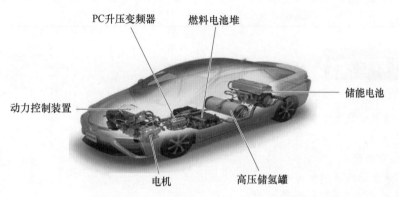

图 6-9　丰田 MIRAI 动力系统主要部件

图 6-10　丰田 MIRAI 氢燃料加注口

图 6-11　丰田 MIRAI 对外供电口

实训操作

燃料电池电动汽车结构认知

一、燃料电池电动汽车结构认知准备

车辆与设备：纯电动汽车、天然气汽车、氢燃料汽车。

耗材：座椅护套、脚垫、转向盘套、变速杆套、翼子板布等。

二、燃料电池电动汽车实车部件认知

1）查阅维修手册，看实训车辆是否安装有下列部件。

2）在实车上根据维修手册指引记录或者拍照记录其安装位置。

部件名称	该车型是否安装此部件	部件安装位置
燃料电池	□是　　　□否	
储气罐	□是　　　□否	
辅助动力源	□是　　　□否	
辅助动力源类型	□蓄电池组　　□飞轮储能组	
DC/DC 变换器	□是　　　□否	
驱动电机	□是　　　□否	
整车控制器	□是　　　□否	

练习与思考

一、多项选择题

1. 燃料电池电动汽车主要包括（　　　）。

A. 燃料电池　　　　　　　　　　B. 高压储氢罐

C. DC/DC 变换器　　　　　　　　D. 驱动电机

2. 燃料电池电动汽车的优点有（　　　）。

A. 零排放或近似零排放，绿色环保

B. 能量转换效率高，节约能源

C. 燃料多样化，优化了能源消耗结构

D. 续驶里程长，性能优于其他电池的电动汽车

二、判断题

1. 燃料电池电动汽车是指以氢气、甲醇和天然气等为燃料，通过化学反应产生电流，依靠电机驱动的汽车。（　　　）

2. 天然气电动汽车排放无污染，被认为是最理想的汽车。（　　　）

三、简答题

1. 简述燃料电池电动汽车的定义。

2. 简述燃料电池电动汽车主要由哪几部分组成。

3. 简述燃料电池电动汽车的优点。

学习情景二　气体燃料汽车认知

情景导入

某城市的出租车有一定数量的天然气汽车，请调研天然气汽车与燃油汽车行驶相同里程的费用对比，并说明天然气汽车的特点。

知识准备

一、天然气（CNG）汽车

天然气汽车（图6-12）是以油改天然气为燃料的一种气体燃料汽车。天然气甲烷含量一般在90%以上，是一种很好的汽车发动机燃料。车用压缩天然气的压力一般为20MPa左右。可将天然气经过脱水、脱硫净化处理后，经多级加压制得，其使用时的状态为气体。

1. 天然气汽车的特点

1）燃烧稳定，不会产生爆燃，并且冷热起动方便。

2）压缩天然气储运、减压、燃烧都在严格的密封状态下进行，不易发生泄漏。另外，其储气瓶经过各种特殊的破坏性试验，安全可靠。

3）压缩天然气燃烧安全，积炭少，减少气阻和爆燃，有利于延长发动机各部件的使用寿命，减少维修保养次数，大幅度降低维修保养成本。

4）可减少发动机的机油消耗量。

5）使用压缩天然气与汽油相比，可大幅度降低一氧化碳、二氧化硫、二氧化碳等的排放。并且没有苯、铅等致癌和有毒物质危害人体健康。

图6-12　天然气汽车

2. 天然气汽车的结构

天然气汽车采用定型汽车改装（图6-13），在保留原车供油系统的情况下增加一套车用压缩天然气转换装置。

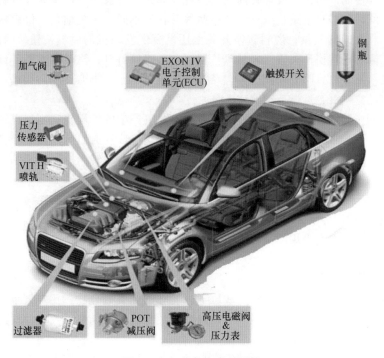

图6-13　天然气汽车的结构

改装部分由以下三个系统组成：

1）天然气系统。主要由充气阀、高压截止阀、天然气钢瓶（图6-14）、高压管线、高压插头、压力表、压力传感器及气量显示器等组成。

天然气钢瓶的瓶口处安装有易熔塞和爆破片两种安全装置，当气瓶温度超过100℃，或压力超过26MPa时，安全装置会自动破裂卸压，减压阀上设有安全阀；气瓶及高压管线安装时，均有防振胶垫，卡箍牢固。因此，该系统在使用中是最安全可靠的。

2）燃气供给系统。主要由燃气高压电磁阀、三级组合式的减压阀和混合器等组成。汽车以天然气作为燃料时天然气经三级减压后，通过混合器与空气混合进入气缸，压缩天然气由额定进气压减为负压，其真空度为49～69kPa。减压阀与混合器配合可满足发动机不同工况下混合气体的浓度要求。减压阀总成设有怠速阀，用以供给发动机怠速用气；压缩机减压过程中要膨胀做功对外吸热，因此在减压阀上还设有利用发动机循环水的加温装置。

3）油气燃料转换系统。主要由三位油气转换开关（图6-15）、点火时间转换器和汽油电磁阀组成。

图6-14　天然气钢瓶

图6-15　三位油气转换开关

为了提高操作性能，驾驶室设置有油气燃料转换开关，用来统一控制油气电磁阀及点火时间转换器，点火时间转换器有电路系统自动转换两种燃料的不同点火提前角；仪表板上气量显示器的四只绿灯显示气瓶的储气量；燃料转换开关上还设有供发动机的供气按钮。因此，功能齐全，操作非常方便。当燃料转换开关置于天然气位置时，电磁阀打开，汽油阀关断。储气瓶中天然气流经总气阀、滤清器、电磁阀进入减压器，经多级减压至负压，再通过动力阀进入混合器，并与空气滤清器中来的空气混合点燃推动发动机曲轴转动。

混合器可在减压器的调节下，根据发动机不同工况下产生的不同真空度，自动调节供气量和空气与天然气均匀混合，满足发动机的供燃要求。动力阀可改变天然气低压管横截面面积，调节混合气阀关断，原车供油系统恢复状态正常供油，发动机正常运转。控制系统主要由燃料转换开关组成，通过控制汽油电磁阀和燃气电磁阀的开关，实现供油供气选择。

天然气汽车的工作原理与汽油汽车的原理一致。简言之，天然气在四冲程发动机的气缸中与空气混合，通过火花塞点火，推动活塞上下移动。尽管天然气与汽油相比，可燃性和点火温度存在一些差别，但天然气汽车采用的是与汽油汽车基本一致的运行方式。

二、液化石油气汽车

液化石油气（LPG）是一种在常温、常压下为气态的烃类混合物，比空气重，有较高的辛烷值，具有混合均匀、燃烧充分、不积炭、不稀释润滑油等优点，能够延长发动机的使用寿命，而且一次载气量大、行驶里程长。

使用液化石油气时，液态的液化石油气靠自身的蒸发压力被压出容器，通过高压管路、滤清器和电磁阀进入调节器。在调节器内降压、汽化和调压，变成气态后通过混合器与空气混合，形成可燃混合气进入发动机。

与传统的汽油和柴油车用燃料相比，液化石油气具有优良的理化特性，是公认的清洁燃料，液化石油气汽车在全世界的应用是目前所有替代能源汽车中最为广泛的。从最初主要考虑替代能源的第一代技术，到目前可与最先进的燃油喷射相媲美的，可与 OEM 配套，适应 OBD，具有独立控制策略和燃料成分自适应功能的第四代技术，液化石油气汽车的相关技术伴随着传统汽车技术的发展、排放标准的日益严格而得到了快速的发展。

液化石油气单燃料发动机汽车，发动机的燃料供给系统专为燃用液化石油气燃料设计，其结构保证燃料能有效利用。

当前大多数汽油和液化石油气两用燃料汽车，已全面到达商品化阶段。没有两套燃料供给系统，利用选择开关实现发动机从一种燃料到另一种燃料的转换，但两种燃料不允许同时混用，主要有以下几种：

1）化油器式汽油车改装的两用燃料发动机。两用燃料指汽油和液化石油气。

2）电控燃油喷射系统的车辆改装为开环两用燃料的液化石油气汽车。

3）电控燃油喷射系统的车辆改装为闭环两用燃料的液化石油气汽车。

液化石油气-柴油双燃料发动机汽车、液化石油气-柴油双燃料发动机以通常的方式喷入少量柴油作为点燃液化石油气与空气混合气的引燃燃料，而把液化石油气作为主要燃料。

目前有 38 个国家或地区的超过 900 万辆汽车使用液化石油气作为燃料。液化石油气可少排放 50% 一氧化碳、40% 碳氢化合物、35% 氮氧化物（NO_x），形成臭氧的可能性小于 50%。

天然气汽车结构认知

一、天然气汽车结构认知准备

车辆与设备：天然气汽车。

耗材：座椅护套、脚垫、转向盘套、变速杆套、翼子板布等。

二、天然气汽车实车部件认知

1）查阅维修手册，看实训车辆是否安装有下列部件。

2）在实车上根据维修手册指引记录或者拍照记录其安装位置。

部件名称	该车型是否安装此部件		部件安装位置
天然气钢瓶	□是	□否	
压力表	□是	□否	
压力传感器	□是	□否	
气量显示器	□是	□否	
充气阀	□是	□否	
高压截止阀	□是	□否	
减压阀	□是	□否	
油气转换开关	□是	□否	
点火时间转换器	□是	□否	
混合器	□是	□否	

一、多项选择题

1. 下列关于天然气汽车的特点描述正确的是（　　）。

A. 燃烧稳定，不会产生爆燃

B. 天然气不易发生泄漏

C. 使用天然气汽车更加环保

D. 可减少机油消耗量

2. 下列哪些部件属于天然气汽车的组成（　　）。

A. 天然气系统　　　　　　　　　　B. 燃气供给系统

C. 油气燃料转换系统　　　　　　　D. 以上选项都不正确

3. 下列关于液化石油气汽车描述正确的是（　　）。

A. 常温常压下为气态的烃类混合物

B. 比空气重

C. 有较高的辛烷值

D. 具有混合均匀、燃烧充分、不积炭

二、判断题

1. 天然气的主要成分是甲烷，一般质量分数在90%以上。（　　）

2. 车用压缩天然气的压力一般为30MPa左右。（　　）

3. 天然气钢瓶当压力超过某值时，安全装置会自动破裂卸压，减压阀上设有限压阀。（　　）

三、简答题

1. 简述天然气汽车的特点。

2. 简述天然气汽车的组成。

学习情景三　氢燃料汽车认知

有的汽车消耗的是汽油，排放的是温室气体。有的汽车消耗的却是氢气，排放的只有水。氢气作为未来汽车的燃料，你了解氢气的制取和储存等方面的技术吗？

能源是国民经济社会发展的基础和命脉，能源安全直接关乎国家和社会安全。当前我国对海外原油资源依赖程度较高，能源安全存在隐患，同时，化石能源使用产生的碳排放也构成了一定的环保压力。

氢作为一种来源广泛、清洁无碳、灵活高效、应用场景丰富的二次能源，是推动传统化石能源清洁高效利用和支撑可再生能源大规模发展的理想互联媒介，也是实现交通运输、工业和建筑等领域大规模深度脱碳的最佳选择。加快发展氢能产业，是应对全球气候变化、保障国家能源供应安全和实现可持续发展的战略选择。氢能及燃料电池逐步成为全球能源技术革命的重要方向。

一、氢能源介绍

氢（H），在元素周期表中排名第一位，是地球的重要组成元素，也是宇宙中最常见的物质。氢主要以化合态的形式出现，通常的单质形态是氢气（H_2）。氢气可从水、化石燃料等含氢物质中制取，是重要的工业原料和能源载体。氢能是指氢在物理与化学变化过程中释放的能量，可用于储能、发电、各种交通工具用燃料、家用燃料等。

1. 氢的特点

（1）来源多样　作为二次能源，氢不仅可以通过煤炭、石油、天然气等化石能源重整、生物质热裂解或微生物发酵等途径制取，还可以来自焦化、氯碱、钢铁、冶金等工业副产气，也可以利用电解水制取，特别是与可再生能源发电结合，不仅实现全生命周期绿色清洁，更拓展了可再生能源的利用方式。

（2）清洁低碳　不论氢燃烧还是通过燃料电池的电化学反应，产物只有水，没有传统能源利用所产生的污染物及碳排放。此外，生成的水还可继续制氢，反复循环使用，真正实现低碳甚至零碳排放，有效缓解温室效应和环境污染。氢高热值（140.4MJ/kg），是同质量焦炭、汽油等化石燃料热值的 3~4 倍，通过燃料电池可实现综合转化效率90%以上。氢能可以成为连接不同能源形式（气、电、热等）的桥梁，并与电力系统互补协同，是跨能源网络协同优化的理想互联媒介。

（3）应用场景丰富　氢可广泛应用于能源、交通运输、工业和建筑等领域。既可以直接为炼化、钢铁、冶金等行业提供高效原料、还原剂和高品质的热源，有效减少碳排放；也可以通过燃料电池技术应用于汽车、轨道交通和船舶等领域，降低长距离高负荷交通对石油和天然气的依赖；还可应用于分布式发电，为家庭住宅、工业建筑等供电供暖。

2. 氢的安全

氢气具有燃点低、爆炸区间范围宽和扩散系数大等特点，长期以来被作为危化品管理。氢气是已知密度最小的气体，比重远低于空气，扩散系数是汽油的 12 倍，发生泄漏后极易消散，不容易形成可爆炸气雾，爆炸下限浓度远高于汽油和天然气。氢气与汽油蒸气、天然气的性质比较见表 6-1。因此，在开放空间情况下安全可控。

表 6-1　氢气与汽油蒸气、天然气的性质比较

技术指标	氢气	汽油蒸气	天然气
爆炸极限（%）	4.1~75	1.4~7.6	5.3~15
燃烧点能量/MJ	0.02	0.2	0.29
扩散系数/（m^2/s）	$6.11×10^{-5}$	$0.55×10^{-5}$	$1.61×10^{-5}$
能量密度/（MJ/kg）	143	44	42

燃料电池电动汽车是氢能较为常见的终端应用项目，主要涉及车载供氢系统和车辆的安全性。美国、日本以及我国就车载供氢系统均有专门的技术要求，不仅规定了压力等级，同时也涵盖了应力、腐蚀、泄漏、振动等规范以及极端条件下的安全测试，从而保证供氢系统的安全运行。燃料电池电动汽车在设计和运行中，对储氢瓶材料选择、储氢罐保护、氢系统管路、燃气管设计等关键环节从技术设计和材料选用上双管齐下，同时辅以严格的性能测试与密切的氢气监控体系，确保整车安全。相关测试表明，与燃油汽车和纯电动汽车相比，燃料电池汽车在事故和极端试验环境下，发生爆炸的可能性更低，安全系数相对更高。

二、氢的制取

目前，氢的制取产业主要有以下三种较为成熟的技术路线：一是以煤炭、天然气为代表的化

石能源重整制氢；二是以焦炉煤气、氯碱尾气、丙烷脱氢为代表的工业副产气制氢，三是电解水制氢，年制取氢气规模占比约为3%。生物质直接制氢和太阳能光催化分解水制氢等技术路线仍处于实验和开发阶段，产收率有待进一步提升，尚未达到工业规模制氢要求。

1. 化石能源重整制氢

煤制氢历史悠久，通过气化技术将煤炭转化为合成气，再经水煤气变换分离处理，以提取高纯度的氢气，是制备合成氨、甲醇、液体燃料、天然气等多种产品的原料，广泛应用于煤化工、石化和钢铁等领域。煤制氢技术路线成熟高效，可大规模稳定制备，是当前成本最低的制氢方式。其中，原料煤是煤制氢最主要的消耗原料，约占制氢总成本的50%。以技术成熟成本较低煤气化技术为例，每小时产能为54万方合成气的装置，在原料煤价格600元/t情况下，制取氢气成本约为8.85元/kg。

天然气制氢技术中，蒸气重整制氢较为成熟，也是国外主流制氢方式。其中，天然气原料占制氢成本的比重达70%以上，天然气价格是决定制氢价格的重要因素，在我国仅有少数地区可以探索开展。

为控制氢气制取环节的碳排放，化石能源重整制氢需结合碳捕集与封存（CCS）技术。CCS作为一项有望实现化石能源大规模低碳利用的新技术，是中国未来减少二氧化碳排放、保障能源安全和实现可持续发展的重要手段。当前，国内CCS技术尚处于探索和示范阶段，需要通过进一步开发技术来推动能耗和成本的下降，并拓展二氧化碳的利用渠道。

2. 工业副产提纯制氢

工业副产氢气主要分布在钢铁和化工等行业，提纯利用其中的氢气，既能提高资源利用效率和经济效益，又可降低大气污染，改善环境。

中国是全球最大的焦炭生产国，每吨焦炭可产生焦炉煤气为$350\sim450m^3$，焦炉煤气中氢气质量分数占54%~59%。除用于回炉助燃、城市煤气、发电和化工生产外，剩余部分可采用变压吸附（PSA）提纯技术制取高纯氢。中国烧碱年产量基本稳定在3000万~3500万t范围内，副产氢气为75万~87.5万t。其中，约60%的氢气被配套聚氯乙烯和盐酸利用，剩余28万~34万t。甲醇及合成氨工业、丙烷脱氢（PDH）项目的合成气氢的质量分数在60%~95%，可通过纯化技术制取满足燃料电池应用的氢气。

目前，工业副产氢气的提纯成本为0.3~0.6元/kg，考虑副产气体成本后的综合制氢成本为10~16元/kg。工业副产提纯制氢可提供百万吨级氢气供应，能为氢能产业发展初期就近提供低成本、分布式氢源。但该路线同样面临CCS问题，从中长期来看，钢铁、化工等工业领域需要引入无碳制氢技术替代化石能源实现深度脱碳。

3. 电解水制氢

目前，电解水制氢技术主要有碱性水电解槽（AE）、质子交换膜水电解槽（PEM）和固体氧化物水电解槽（SOE）。其中，碱性水电解槽技术最为成熟，生产成本较低，国内单台最大产气量为$1000m^3/h$；质子交换膜水电解槽流程简单，能效较高，国内单台最大产气量为$50m^3/h$，但因使用贵金属电催化剂等材料，成本偏高；固体氧化物水电解槽采用水蒸气电解，高温环境下工作，能效最高，但尚处于实验室研发阶段。

电解水制氢具有绿色环保、生产灵活、纯度高以及副产高价值氧气等特点，但其单位能耗为4~5kW·h/立方氢，制取成本受电价的影响很大，电价占到总成本的70%以上。若采用市电生产，制氢成本为30~40元/kg，且考虑火电占比较大，依旧面临碳排放问题。一般认为当电价低于0.3元/kW·h，电解水制氢成本会接近传统化石能源制氢。按照当前中国电力的平均碳强度计算，电解水制得1kg氢气的碳排放为35.84kg，是化石能源重整制氢单位碳排放的3~4倍。

未来，可再生能源发电制氢的潜力很大。一方面作为全周期零碳排放技术，随着可再生能源

发电并网，电解水制氢成本将持续下降；另一方面当波动性可再生能源在电源结构中占到较高比重时，单纯依靠短周期（小时级）储能将无法满足电力系统稳定运行需要。日间、月度乃至季节性储能将是实现高渗透率可再生能源调峰的主要手段。国家发展和改革委员会与国家能源局先后发文，支持高效利用廉价且丰富的可再生能源制氢。

三、氢的储运

氢能可储可输，提高氢能储运效率，降低氢能储运成本，是氢能储运技术的发展重点。

1. 储氢技术

目前，氢的储存主要有气态储氢、液态储氢和固态储氢三种方式。高压气态储氢已得到广泛应用，低温液态储氢在航天等领域得到应用，有机液态储氢和固态储氢尚处于示范阶段。

（1）气态储氢 高压气态储氢具有充放氢速度快、容器结构简单等优点，是现阶段主要的储氢方式，分为高压氢瓶和高压容器两大类。其中，钢质氢瓶和钢质压力容器技术最为成熟，成本较低。20MPa钢质氢瓶已得到了广泛的工业应用，并与45MPa钢质氢瓶、98MPa钢带缠绕式压力容器组合应用于加氢站中。储氢瓶组类别见表6-2。碳纤维缠绕高压氢瓶的开发应用，实现了高压气态储氢由固定式应用向车载储氢应用的转变。70MPa碳纤维缠绕Ⅳ型瓶已是国外燃料电池乘用车车载储氢的主流技术，35MPa碳纤维缠绕Ⅲ型瓶目前仍是我国燃料电池商用车的车载储氢方式，70MPa碳纤维缠绕Ⅲ型瓶已少量用于我国燃料电池乘用车中。

表 6-2　储氢瓶组类别

类型	Ⅰ型瓶	Ⅱ型瓶	Ⅲ型瓶	Ⅳ型瓶
材质	铬钼钢	钢制内胆 纤维环向缠绕	铝内胆 纤维环向缠绕	塑料内胆 纤维环向缠绕
工作压力/MPa	17.5~20	26.3~30	30~70	30~70
应用情况	加氢站等固定式储氢应用		国内车载	国际车载

（2）液态储氢 液态储氢具有储氢密度高等优势，可分为低温液态储氢和有机液体储氢。

低温液态储氢将氢气冷却至-253℃，液化储存于低温绝热液氢罐中，储氢密度可达70.6kg/m³，但液氢装置一次性投资较大，液化过程中能耗较高，储存过程中有一定的蒸发损失，其蒸发率与储氢罐容积有关，大储罐的蒸发率远低于小储罐。国内液氢已在航天工程中成功使用，民用缺乏相关标准。

有机液体储氢是利用某些不饱和有机物（如烯烃、炔烃或芳香烃）与氢气进行可逆加氢和脱氢反应，实现氢的储存，加氢后形成的液体有机氢化物性能稳定，安全性高，储存方式与石油产品相似，但存在着反应温度较高、脱氢效率较低、催化剂易被中间产物毒化等问题。国内已有燃料电池客车车载储氢示范应用案例。

（3）固态储氢 固态储氢是以金属氢化物、化学氢化物或纳米材料等作为储氢载体，通过化学吸附和物理吸附的方式实现氢的储存。固态储氢具有储氢密度高、储氢压力低、安全性好、放氢纯度高等优势，其体积储氢密度高于液氢。国外固态储氢已在燃料电池潜艇中商业应用，在分布式发电和风电制氢规模储氢中得到示范应用；国内固态储氢已在分布式发电中得到示范应用。

2. 氢运输技术

目前，氢的运输方式主要有气态运输、液态运输和固态运输三种方式。氢不同运输方式的技术比较见表6-3。

表 6-3　氢不同运输方式的技术比较

运输方式	运输工具	压力/MPa	载氢量/(kg/车)	体积储氢密度/(kg/m³)	质量储氢密度/(wt%)	成本/(元/kg)	能耗/(kW·h/kg)	经济距离/km
气态运输	长管拖车	20	300~400	14.5	1.1	2.02	1~1.3	≤150
	管道	1~4	—	3.2	—	0.3	0.2	≥500
液态运输	液氢槽罐车	0.6	7000	64	14	12.25	15	≥200
固态运输	货车	4	300~400	50	1.2	—	10~13.3	≤150

（1）气态运输　高压气态运输可分为长管拖车和管道运输两种方式。高压长管拖车是氢气近距离运输的重要方式，技术较为成熟，国内常以 20MPa 长管拖车运氢，单车运氢约为 300kg，国外则采用 45MPa 纤维全缠绕高压氢瓶长管拖车运氢，单车运氢可提至 700kg。

管道运输是实现氢气大规模、长距离运输的重要方式，管道运行压力一般为 1.0~4.0MPa，具有输氢量大、能耗小和成本低等优势，但建造管道一次性投资较大。美国已有 2500kg 的输氢管道，欧洲已有 1598km 的输氢管道，我国则仅有 100km 的输氢管道。在初期可积极探索掺氢天然气方式，以充分利用现有管道设施。

（2）液态运输　液氢运输通常适用于距离较远、运输量较大的场合。其中，液氢槽罐车可运 7t 氢，铁路液氢罐车可运 8.4~14t 氢，专用液氢驳船的运量则可达 70t。采用液氢储运能够减少车辆运输频次，提高加氢站单站供应能力。日本、美国已将液氢罐车作为加氢站运氢的重要方式之一。我国尚无民用液氢运输案例。

（3）固态运输　轻质储氢材料（如镁基储氢材料）兼具高的体积储氢密度和重量储氢率，作为运氢装置具有较大潜力。将低压高密度固态储罐仅作为随车输氢容器使用，加热介质和装置固定放置于充氢和用氢现场，可以同步实现氢的快速充装及其高密度高安全运输，提高单车运氢量和运氢安全性。

目前，我国氢能示范应用主要围绕工业副产氢和可再生能源制氢产地附近（小于 200km）布局，氢能储运以高压气态方式为主。氢能市场渗入前期，车载储氢将以 70MPa 气态方式为主，辅以低温液氢和固态储氢，氢的运输将以 45MPa 长管拖车、低温液氢、管道运输等方式，因地制宜，协同发展。到 2030 年左右，氢能市场中期车载储氢将以气态、低温液态为主，多种储氢技术相互协同，氢的运输将以高压、液态氢罐和管道运输相结合，针对不同细分市场和区域同步发展。到 2050 年左右氢能市场远期氢气管网将密布于城市、乡村，车载储氢将采用更高储氢密度、更高安全性的储氢技术。

四、加氢基础设施

加氢基础设施是氢能利用和发展的中枢环节，是为燃料电池电动汽车充装燃料的专门场所。不同来源的氢气经氢气压缩机增压后，储存在高压储罐内，再通过氢气加注机为氢燃料电池汽车加注氢气。在商业运行模式下，乘用车氢气加注时间一般控制在 3~5min。

根据氢气来源不同，加氢站分为外供氢加氢站和站内制氢加氢站两种。外供氢加氢站通过长管拖车、液氢槽罐车或者管道运输氢气至加氢站后，在站内进行压缩、储存和加注等操作。站内制氢加氢站是在加氢站内配备了制氢系统，制得的氢气经纯化、压缩后进行储存、加注。站内制氢包括电解水制氢、天然气重整制氢等方式，可以省去较高的氢气运输费用，但是增加了加氢站系统复杂程度和运营水平。因氢气按照危化品管理，制氢站只能放在化工园区，尚未有站内制氢加氢站。

根据加氢站内氢气储存相态不同，加氢站有气氢加氢站和液氢加氢站两种。在全球 369 座加氢站中，30%以上为液氢储运加氢站，主要分布在美国和日本。相比气氢储运加氢站，液氢储运加氢站占地面积小，同时液氢储存量更大，适宜大规模加氢需求。

根据供氢压力等级不同，加氢站有 35MPa 和 70MPa 压力供氢两种，用 35MPa 压力供氢时，氢气压缩机的工作压力为 45MPa，高压储氢瓶的工作压力为 45MPa，一般供乘用车使用；用 70MPa 压力供氢时，氢气压缩机的工作压力为 98MPa，高压储氢瓶的工作压力为 87.5MPa。

截至 2018 年年底，中国已建成加氢站共有 23 座，占全球加氢站的比例约为 6.23%。其中固定式 11 座，撬装站 10 座，厂内站两座；加氢规模在 500kg 以上的有 9 座，占比 39%；建站手续齐备的商业化加氢站 6 座，占比 26%；多数加氢站的规划设计、工艺流程及设备配置、氢源选择、自动控制系统等尚不能满足商业化运营要求，耐久性验证较少。随着相关政策的逐渐完善，技术标准的逐步规范，装备技术的不断进步，中国加氢站建设将进入快速发展阶段，国内已建和在建加氢站合计约 40 座。

五、燃料电池介绍

1. 氢燃料电池原理

燃料电池是氢能高效利用的重要途径。氢燃料电池原理就是氢与氧结合生成水的同时将化学能转化为电能和热能。该过程理论效率可达 90% 以上，具有很高的经济性。燃料电池的阳极和阴极中间有一层坚韧的隔膜，以隔绝氢气和氧气，有效规避了氢气和氧气直接接触发生燃烧和爆炸的危险。氢气进入燃料电池的阳极，在催化剂的作用下分解成氢离子和电子。随后，氢离子穿过隔膜到达阴极，在催化剂的作用下与氧结合生成水，电子则通过外部电路向阴极移动形成电流，如图 6-16 所示。不同于传统的铅酸、锂电等储能电池，燃料电池类似于"发电机"，且整个过程不存在机械传动部件，没有噪声和污染物排放。

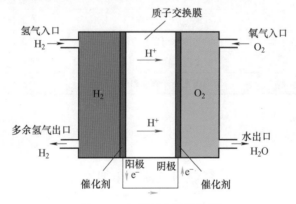

图 6-16　氢燃料电池原理图

2. 氢燃料电池类型与特点

目前，燃料电池技术主要有碱性燃料电池、磷酸燃料电池、固体氧化物燃料电池、熔融碳酸盐燃料电池和质子交换膜燃料电池。从商业应用上来看，熔融碳酸盐燃料电池、质子交换膜燃料电池和固体氧化物燃料电池是最主要的三种技术路线。其中，质子交换膜燃料电池由于其工作温度低、启动快、比功率高等优点，非常适合应用于交通和固定式电源领域，逐步成为现阶段国内外主流应用技术。固体氧化物燃料电池具有燃料适应性广、能量转换效率高、全固态、模块化组装和零污染等优点，常用在大型集中供电、中型分电和小型家用热电联供领域作为固定电站。

我国主要集中在质子交换膜燃料电池和固体氧化物燃料电池领域开展研发和产业化。自"十五"

新能源汽车重大科技专项启动以来，在国家一系列重大项目的支持下，燃料电池技术取得了一定的进展，初步掌握了燃料电池电堆与关键材料、动力系统与核心部件、整车集成等核心技术；部分关键技术实验室水平已接近国际先进水平，国内外质子交换膜燃料电池技术指标对比见表6-4。

表6-4　国内外质子交换膜燃料电池技术指标对比

领域	技术指标	国内先进水平	国际一流水平
燃料电池电堆	额定功率等级	36kW（在用）	60~80kW
	体积功率密度	1.8kW/L（在用）	3.1kW/L
		3.1kW/L（实验室）	
	耐久性	5000h	>5000h
	低温性能	−20℃	−30℃
	应用情况	百台级别（在用）	数千台级别
核心零部件	膜电极	电流密度为1.5A/cm²	电流密度为2.5A/cm²
	空气压缩机	30kW级实车验证	100kW级实车验证
	储氢系统	35MPa储氢系统—Ⅲ型瓶组	70MPa储氢系统—Ⅳ型瓶组
	双极板	金属双极板-试验阶段；石墨双极板小规模使用缺少耐久性和工程化验证	金属双极板技术成熟，完成实车验证；石墨双极板完成实车验证
	氢循环装置	氢气循环泵-技术空白，30kW级引射器-可量产	100kW级燃料电池系统用氢气循环泵技术成熟
关键原材料	催化剂	铂载量约为0.4g/kW	铂载量约为0.2g/kW
		小规模生产	产品化生产阶段
	质子交换膜	性能与国际相当，中试阶段	产品化生产阶段
	炭纸/炭布	中试阶段	产品化生产阶段
	密封剂	国内尚无公开资料和产品	产品化批量生产阶段

实训操作

氢燃料电池汽车加氢

一、准备工作

车辆与设备：氢燃料电池汽车、测漏仪。

二、氢燃料电池汽车加氢流程

1）选择正规的加氢站进行氢的加注。

2）打开加氢口和行李舱，如图6-17和图6-18所示。

3）充氢前安全检查。使用测漏仪对储氢罐和管路进行泄漏检查（图6-19）；检查要仔细，围绕车辆环绕一圈，包括车辆前端发动机舱、储氢罐管路、车辆右侧底部、行李舱和加氢口等。

4）去除手部和身体静电（图6-20）。氢气是比较活跃的气体，在进行氢气加注前，使用专用设备去除手部和身体静电，防止由静电引发的安全事故。

图6-17　打开加氢口

图6-18　打开行李舱

图6-19　使用测漏仪进行泄漏检查

图6-20　去除静电

5）开始加注氢气。将加氢枪插入加氢口（图6-21），并锁止。在整个加氢过程中不能关闭行李舱，避免加注过程中氢气泄漏导致安全隐患。

6）拔下加氢枪，如图6-22所示。

图6-21　插入加氢枪加氢

图6-22　拔下加氢枪

练习与思考

一、多项选择题。

1. 氢能源有哪些特点（　　　）。

A. 来源多样　　　　B. 清洁低碳　　　　C. 应用场景多　　　　D. 储存不易

2. 氢的储存方式有（　　　）。

A. 气态储氢　　　　B. 液态储氢　　　　C. 固态储氢　　　　D. 以上答案均不对

3. 根据氢气来源不同，加氢站分为（　　　）。

A. 外供氢加氢站　　　　　　　　　B. 站内制氢加氢站

C. 混合制氢加氢站　　　　　　　　D. 以上答案均不对

4. 氢燃料电池原理就是氢与氧结合生成水的同时将（　　）能转化为（　　）能和（　　）能。

A. 化学   B. 电能   C. 热能   D. 机械

5. 氢的制取方式有（　　）。

A. 化石能源重整制氢   B. 工业副产提纯制氢

C. 电解水制氢   D. 以上答案均不对

二、判断题

1. 氢气具有燃点低、爆炸区间范围宽和扩散系数大等特点。（　　）

2. 液态储氢具有储氢密度高等优势，可分为低温液态储氢和有机液体储氢。（　　）

3. 根据供氢压力等级不同，加氢站有 40MPa 和 80MPa 压力供氢两种。（　　）

三、简答题

1. 简述氢燃料电池的工作原理。

2. 简述氢燃料电池的特点。

参 考 文 献

［1］ 杨光明. 新能源汽车结构与原理［M］. 北京：化学工业出版社，2019.
［2］ 何泽刚. 新能源汽车认知与使用安全［M］. 北京：机械工业出版社，2019.
［3］ 瑞佩尔. 新能源汽车原理与维修［M］. 北京：化学工业出版社，2020.
［4］ 陈黎明，冯亚朋. 电动汽车结构原理与故障诊断［M］. 2版. 北京：机械工业出版社，2021.
［5］ 吴荣辉. 新能源汽车结构原理与检修［M］. 北京：机械工业出版社，2022.
［6］ 李怀俊，杨俊伟. 新能源汽车结构原理与检修［M］. 北京：机械工业出版社，2022.